高等职业教育财务会计类专业系列教材

财务大数据基础

主　编　刘　卫　王曾怡
副主编　杨秀琼　李佳乐
参　编　龚　玲　段莹莹　詹合霞

机械工业出版社

当前，我国的信息化发展已进入"数字中国"的新阶段。在商业与信息技术深度融合的时代背景下，数据成为企业的一项重要战略资源，而对于大部分企业而言，其发展前景的好坏将更多地取决于数据运用水平的高低。

本书遵循"岗课赛证"综合育人理念，对接企业财务分析岗、全国职业院校技能大赛会计技能赛项以及"1+X"大数据财务分析（初级）职业技能等级证书相关内容，以Power BI为教学工具，系统讲授了财务大数据的认知、采集、清洗、建模、分析以及可视化等方面的知识与技能，重点培养学生的大数据分析思维以及对大数据分析工具的运用能力。

本书内容新颖、应用性强、易学易懂，可以作为高等职业教育专科、高等职业教育本科以及应用型本科院校财经类相关专业的教材，也可以作为社会会计从业人员自主学习的参考用书。

图书在版编目（CIP）数据

财务大数据基础 / 刘卫，王曾怡主编. -- 北京：机械工业出版社，2024.6（2025.1重印）. --（高等职业教育财务会计类专业系列教材）. -- ISBN 978-7-111-75969-0

Ⅰ．F275

中国国家版本馆CIP数据核字第2024VG1066号

机械工业出版社（北京市百万庄大街22号　邮政编码100037）
策划编辑：乔　晨　　　　责任编辑：乔　晨
责任校对：韩佳欣　陈　越　封面设计：王　旭
责任印制：常天培
固安县铭成印刷有限公司印刷
2025年1月第1版第2次印刷
184mm×260mm・16印张・387千字
标准书号：ISBN 978-7-111-75969-0
定价：49.00元

电话服务　　　　　　　　网络服务
客服电话：010-88361066　机 工 官 网：www.cmpbook.com
　　　　　010-88379833　机 工 官 博：weibo.com/cmp1952
　　　　　010-68326294　金　书　网：www.golden-book.com
封底无防伪标均为盗版　机工教育服务网：www.cmpedu.com

前　言

PREFACE

为深入贯彻党的二十大精神，严格落实《国家职业教育改革实施方案》等有关职业教育发展相关文件要求，持续推进会计专业转型升级，编者在充分酝酿、集思广益的基础上编写了本书。

本书的编写遵循"以学生为中心，以产出为导向，持续改进"的教育理念，聚焦学生知识、技能与素养的全面提升。本书充分对接企业数据分析相关岗位的生产过程和职业要求，并有效融合大数据财务分析职业技能等级证书标准，内容主要分为财务大数据认知、财务大数据采集、财务大数据清洗、财务大数据建模、财务大数据分析、财务大数据可视化以及财务大数据综合实训七大项目。本书以 Power BI 软件为工具讲授财务大数据的具体操作，并配套相关数据和操作演示视频，以便学生学习使用。

本书由重庆财经职业学院刘卫、王曾怡两位老师担任主编，重庆财经职业学院杨秀琼、李佳乐两位老师担任副主编，重庆财经职业学院龚玲、段莹莹以及重庆青年职业技术学院詹合霞参与了编写工作。本书由刘卫拟定提纲，具体编写分工如下：项目一由刘卫编写，项目二由杨秀琼编写，项目三由詹合霞、龚玲编写，项目四和项目七由王曾怡编写，项目五和项目六由李佳乐编写，书中数据案例的整理工作由段莹莹完成，同时感谢机械工业出版社、重庆翰海睿智大数据科技股份有限公司为本书的出版提供的大力支持和帮助。

由于编者水平和实践经验有限以及大数据技术的不断发展，书中难免有不当之处，望广大读者批评指正，以使本书日臻完善。

编　者

二维码索引

QR Code Index

序号	名称	二维码	页码	序号	名称	二维码	页码
1	Power BI 软件的下载与安装		6	11	案例数据 ALL 函数操作		88
2	Power BI 的基本操作		7	12	案例数据 DIVIDE 函数操作		89
3	批量采集上市公司资产负债表		31	13	案例数据 SAMEPERIODLASTYEAR 函数操作		91
4	数据清洗案例		50	14	资产负债表结构分析		104
5	案例数据表关系的手动创建		64	15	利润表对比分析		112
6	案例数据表的追加查询		71	16	现金流量表趋势分析		121
7	案例数据表的合并查询		73	17	财务指标比率分析1——数据采集、清洗、关联		131
8	案例数据 RELATED 函数操作		81	18	财务指标比率分析2——财务报表新建度量值		135
9	案例数据 CALCULATE 函数操作		84	19	财务指标比率分析3——财务指标新建度量值		136
10	案例数据 FILTER 函数操作		85	20	财务指标比率分析4——可视化呈现		137

（续）

序号	名称	二维码	页码	序号	名称	二维码	页码
21	业财融合综合分析1——数据采集、清洗、建模		138	31	环形图绘制		176
22	业财融合综合分析2——利润数据分析		144	32	瀑布图绘制		178
23	业财融合综合分析3——门店营收、数量数据分析		144	33	散点图绘制		180
24	业财融合综合分析4——业务财务数据综合分析		145	34	表与矩阵绘制		181
25	柱状图绘制		160	35	KPI绘制		184
26	条形图绘制		163	36	仪表盘绘制		186
27	折线图绘制		165	37	卡片图绘制		187
28	分区图绘制		168	38	切片器绘制		189
29	组合图绘制		171	39	综合案例 数据采集、清洗		192
30	饼图绘制		174	40	综合案例数据建模		196

（续）

序号	名称	二维码	页码	序号	名称	二维码	页码
41	综合案例 第一张画布设计		203	46	利润表画布操作		235
42	综合案例 第二张画布设计		210	47	现金流量表画布操作		238
43	综合案例排版布局		211	48	财务指标 （四大能力） 分析画布操作		241
44	插入公司 Logo 和报表日期切片器		227	49	杜邦分析画布操作		243
45	资产负债表画布操作		231	50	关闭可视化视觉 对象交互功能操作		243

目录 CONTENTS

前言

二维码索引

项目一 财务大数据认知 ... 1

- 任务一 了解财务大数据的基础知识 ... 2
- 任务二 下载与安装 Power BI 软件 ... 5
- 任务三 初步掌握 Power BI 软件的使用 ... 7

项目二 财务大数据采集 ... 13

- 任务一 采集 Excel 数据源 ... 14
- 任务二 采集网页数据 ... 22
- 任务三 采集数据库中的数据表 ... 32
- 任务四 运用调查问卷采集数据 ... 35

项目三 财务大数据清洗 ... 39

- 任务一 掌握数据清洗的基本方法 ... 40
- 任务二 运用 Power BI 完成数据清洗 ... 49

项目四 财务大数据建模 ... 55

- 任务一 运用 Power BI 实现数据建模 ... 56
- 任务二 掌握数据表的追加与合并 ... 64
- 任务三 使用度量值与 DAX 函数 ... 75

项目五 财务大数据分析 ... 95

- 任务一 了解数据分析的基础知识 ... 96
- 任务二 运用 Power BI 实现资产负债表结构分析 ... 101
- 任务三 运用 Power BI 实现利润表对比分析 ... 109
- 任务四 运用 Power BI 实现现金流量表趋势分析 ... 118

目录 CONTENTS

  任务五 运用 Power BI 实现财务指标比率分析 126

  任务六 运用 Power BI 实现业财数据的综合分析 137

项目六 财务大数据可视化 149

  任务一 了解数据可视化的基础知识 150

  任务二 运用 Power BI 绘制常用数据可视化图形 157

  任务三 运用 Power BI 制作数据可视化作品 190

项目七 财务大数据综合实训 215

  任务一 分析上市公司财务报表数据 216

  任务二 分析公司销售业务数据 244

参考文献 246

项目一
财务大数据认知

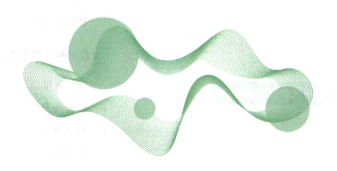

◎ **知识目标**
- 了解大数据分析的背景和基本概念
- 掌握大数据分析的流程
- 理解常用的数据分析思维
- 理解Power BI与Excel之间的区别

◎ **技能目标**
- 能够区分传统数据和大数据
- 能够下载并安装Power BI软件
- 能够掌握Power BI的基本操作

◎ **素质目标**
- 具备理性分析的工作思维
- 具备自学能力，能适应行业的不断变革发展
- 具备技术强国、价值创造的学习意识
- 树立正确的数据价值观
- 培养尊重数据、严谨务实的科学态度

[知识导图]

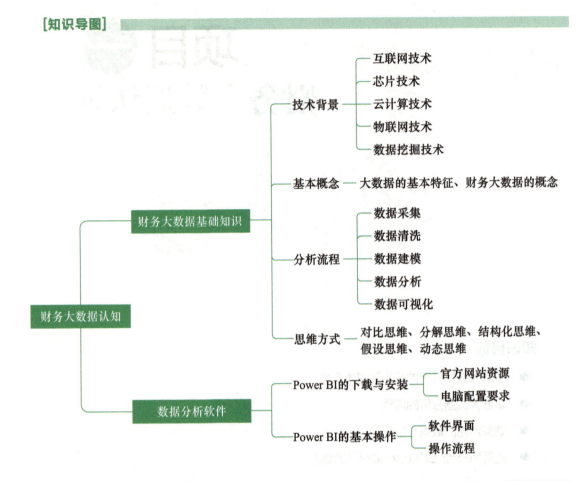

[情景引入]

小杨同学曾就读于重庆某高职院校会计专业，2020年毕业后进入当地一家服装批发公司从事会计工作。她工作勤奋、善于思考，不到半年时间就熟练掌握了公司日常财务核算和纳税申报等工作，深受公司财务部张总的赏识。一天，张总把小杨叫进办公室，说："现在是一个大数据的时代，公司正面临数字化转型，我打算在财务部单独设立一个数据分析岗。你比较年轻，又善于学习，希望你好好努力能够胜任这个岗位。"小杨刚听到这个消息时不免有些忐忑，但回想起在学校时老师的教导："会计是一个与数据打交道的职业，要学会运用数据为企业创造价值。"她抬起头看到张总眼中期许的目光，于是选择接受这个挑战。

任务一　了解财务大数据的基础知识

[任务描述]

通过阅读财务大数据相关知识，了解财务大数据的基本概念和运用场景，掌握财务大数据的分析流程，能够理解和运用对比思维、分解思维等常用的数据分析思维方法，为后续内容的学习打好基础。

[知识准备]

一、大数据产生的背景

半个世纪以来，随着计算机技术全面深入地融入社会生活中，其产生的信息逐渐积累到足以引发变革的程度。当今世界充斥着比以往更多的信息，而且呈现出几何式的增长速度。大数据的产生与以下信息技术的发展密不可分。

（1）互联网技术。互联网又称国际网络，指的是网络与网络之间所串连成的庞大网络，这些网络以一组通用的协议相连，形成逻辑上的单一巨大国际网络。互联网技术的兴起及发展是大数据产生的第一个技术条件。大数据按照数据内容一般分为自然环境数据、商务过程数据和人的行为数据三类数据，如地理位置数据、商品采购数据以及兴趣爱好数据等，这些数据的获取会随着互联网技术的发展变得更加便捷。

> **思考分析**
>
> 请分别列举一个日常生活中与自然环境数据、商务过程数据和人的行为数据相关的App，并简述它们产生了哪些数据。

（2）芯片技术。1965年，英特尔的创始人之一戈登·摩尔提出了"同一面积芯片上可容纳的晶体管数量，每经过一到两年将增加一倍"的观点，即摩尔定律。当前，人工智能新一轮浪潮爆发，超级算力作为"AI军备竞赛"皇冠上的明珠，其重要性更加凸显。随着多地超级计算中心和大型数据中心建设升级项目兴起，CPU（中央处理器）、GPU（图形处理器）、DPU（数据处理器）、FPGA（现场可编程门阵列）等处理器芯片的需求也在不断扩大。

（3）云计算技术。云计算是大数据使用价值的软技术和价值保障。云计算基于互联网相关服务的增加、使用和交付模式，通过互联网提供动态易扩展且经常是虚拟化的资源，这种资源可以简单理解为一种公共资源。

（4）物联网技术。物联网技术的核心和基础仍然是互联网技术。物联网技术是在互联网技术基础上延伸和扩展的一种网络技术，其用户端延伸和扩展到了任何物品和物品之间，进行信息交换和通信。万物互联更会加快数据信息的增长速度。

（5）数据挖掘技术。数据挖掘是指通过算法从大量的数据中搜索隐藏于其中的信息的过程。它不仅使统计学发生革命，同时也是大数据产生的又一重要技术条件，成为促使大数据时代来临的核心力量。

二、财务大数据的概念

最早提出"大数据"这一概念的是世界知名管理咨询公司麦肯锡。麦肯锡认为："大数据指的是那些大小超过标准数据库工具软件能够收集、存储、管理和分析的数据集，具有海量的数据规模、快速的数据流转、多样的数据类型以及较低的价值密度四个基本特征。"

财务大数据是指与财务工作相关的大数据。财务大数据与传统财务数据的区别不仅在于其数据量大，还体现在范围广泛、类型复杂、价值量大等方面。

大数据时代的来临给传统财务人员带来了冲击与挑战。面对来自企业外部、内部的各种数据，财务人员需要具备更高的数据敏感性，对经济社会中各种大数据有目的地进行数据挖掘，从而实现财务管理的价值。

当前，财务大数据在我们的日常生活中有大量的应用场景。例如：学校的食堂可以利用大数据有效控制营运成本，同时对食材流通进行精准掌控，进一步保障食品安全与膳食质量；国家税务局的金税系统目前已实现全国税收数据的大集中、全互联，系统每一秒钟都在高效采集并同步处理着全国范围的税收数据，为电子税务局、自助办税终端实现"非接触式"办税缴费功能提供了有力的后台支撑；当我们在淘宝、京东等购物网站购买或浏览商品时，这些网站就会对我们的购物行为进行记录，然后通过大数据分析为我们推荐可能会购买的商品，从而实现精准营销。

三、财务大数据的分析流程

财务大数据分析的基本流程一般包含数据采集、数据清洗、数据建模、数据分析、数据可视化五个步骤。

数据采集是指从特定的数据源中得到所需的数据。巧妇难为无米之炊，要进行大数据分析首先要获得数据，这也是大数据分析的第一步。

数据清洗是对所获得的数据进行清洗与整理。由于我们得到的数据中一般都会存在无用数据、缺失数据以及无效数据等情况，因此在进行数据分析之前需要将这些数据进行清洗与整理，否则会影响后续数据分析的结果。数据清洗是大数据分析流程中必不可少的环节。

数据建模是指建立多个数据表之间的关联，以便从不同的维度、不同的逻辑来聚合分析数据。

数据分析是大数据分析的关键环节，需要利用数据分析思维与数据分析工具从大量数据中获取有价值的信息。

数据可视化是指借助图形化手段将数据分析所获取的有价值信息以图像形式呈现出来，起到清晰有效传达与沟通信息的作用。

此外，撰写报告也是数据分析人员应当具备的一项重要能力，要学会把数据分析的目标、过程以及结论等要素以文字的形式进行呈现。

四、财务大数据的分析思维

财务大数据分析的核心之一是建立数据分析思维，良好的数据分析思维有助于我们在分析大量繁杂无序的数据时确立数据分析的方向。下面介绍几种常用的财务大数据分析思维方式。

（1）对比思维。对比思维是数据分析最基本、最常用的思维方式。单独看一个数据可能不会有感觉，然而和另外一个数据对比起来可能就会有所发现。

（2）分解思维。分解思维是指一种将研究对象进行科学的分离或分解，使研究对象的本质属性和发展规律从复杂现象中暴露出来，从而使研究者能够理清研究思路，抓住主要矛盾，以获得新思路或新成果的思维方式。

（3）结构化思维。结构化思维是指一个人在面对工作任务或者难题时能从多个侧面进行思考，深刻分析导致问题出现的原因，系统制定行动方案，并采取恰当的手段使工作得以高效率开展、取得高绩效的思维方式。

（4）假设思维。假设思维是根据已知的科学原理和一定的事实材料对事物存在的原因、普遍规律或因果性做出推测性分析的思维方式。

（5）动态思维。动态思维是指一种运动的、调整性的、不断择优化的思维活动。具体地讲，它是根据不断变化的环境、条件来改变自己的思维程序、思维方向，对事物进行调整、控制，从而达到优化的思维方式。

> **拓展阅读**　　　　　　经典财务分析法——杜邦分析法
>
> 1912年，杜邦公司的销售人员法兰克·唐纳德森·布朗为了向公司管理层阐述公司运营效率问题，写了一份报告。报告中写道"要分析用公司自己的钱赚取的利润率"，并且他将这个比率进行拆解。拆解的结果可以描述为：净资产收益率＝销售净利率×总资产周转率×权益乘数。即把影响股东获利能力的因素拆解为企业的盈利能力、营运能力以及偿债能力三个因素。这份报告中体现的分析方法后来被杜邦公司广泛采用，被称为"杜邦分析法"。

> **直通职场**　　　　　　　　商务数据分析师
>
> 2022年6月14日，人力资源和社会保障部官网发布《机器人工程技术人员等18个新职业信息向社会公示》，其中就有一个新兴职业——商务数据分析师。商务数据分析师是指从事商业数据搜集、整理、分析和研究，挖掘商业数据应用价值，进行数据评估、预测和业务指导的专业人员。在数字经济时代，企业中的销售、市场、运营、策划、产品等岗位需要通过数据分析实现有效增长，财务、法务、人事等岗位需要通过数据分析来提升效率。即便不从事商务数据分析，掌握一定的数据处理能力也将成为职场中绝对的加分项。

任务二　下载与安装Power BI软件

[任务描述]

登录微软Power BI官方网站下载免费的Power BI Desktop软件，并安装在实训室或自己的电脑上，通过浏览Power BI官方网站上的学习资料初步了解软件的功能。

[知识准备]

古人云："工欲善其事，必先利其器。"如果工作中需要处理大量的数据，通常需要借助数据分析软件来完成。一款强大的数据分析软件是数据分析师最得力的助手，而当前最普及的数据分析软件莫过于Excel。Excel是一款操作简单且功能强大的数据分析软件，但在处理大量且复杂的数据时就较为吃力。于是，微软公司在Excel软件的基础之上，开发出一款能够支持海量数据且操作简单的商业智能软件——Power BI。Power BI与Excel之间的差异主要表现在以下几个方面：

（1）数据处理能力不同。Excel适合小数据分析，由于它的最小操作单位是单元格，因此如果数据量很大，Excel的处理速度就会很慢，容易造成电脑死机；而Power BI适合大数据分析，它的最小操作单位是列，能轻松处理几千万行数据，并且速度很快。

（2）外部数据连接能力不同。Excel通常是单机版操作的，能够导入的外部数据源较少；而Power BI能导入和连接几百种数据文件和数据库，可以轻松实现与ERP（企业资源计划）系统的集成使用。

（3）数据清洗能力不同。Excel的数据清洗功能有限，而且较为烦琐；而Power BI内置多种智能数据清洗功能，可以轻松实现数据的透视与逆透视、日期智能处理等数据清洗功能，并且还记录了数据清洗的操作步骤，可以在记录窗口中对数据清洗的步骤进行撤销。

（4）数据建模能力不同。Excel无法进行有效的跨表关联，而Power BI可以轻松构建多表关系模型，通过鼠标拖拽建立各个表之间的关联。

（5）数据可视化能力不同。Excel中的可视化图表较少，复杂图表制作的难度较大；而Power BI有几百种图表可以选择，只需通过鼠标拖拽即可完成，并且可以生成可视化动态仪表盘。

目前，大部分世界500强公司都在使用Power BI进行数据分析。随着大数据时代的发展，Power BI也许会像Excel一样得到广泛的应用。

[任务实施]

步骤一 登录微软Power BI官方网站。打开电脑桌面上的浏览器，在地址栏输入网址：https://powerbi.microsoft.com/zh-cn/。或通过百度搜索"Power BI官方网站"，然后通过链接进行登录。微软Power BI官方网站界面如图1-1所示。

图1-1 微软Power BI官方网站界面

步骤二 下载免费的Power BI Desktop软件。Power BI有多个版本，其中Power BI Desktop可以免费下载使用。单击官方网站界面中"产品"右侧的下拉菜单中的"Power BI Desktop"，然后选择"中文简体"，单击"Download"，最后选择与电脑操作系统匹配的软件版本，通常选择

Power BI软件的下载与安装

64位的软件版本,单击"Next"进行下载,如图1-2所示。

步骤三　软件安装。 双击下载好的安装程序,按照默认选项进行安装。安装成功后,电脑桌面会出现一个Power BI Desktop快捷方式,双击快捷方式打开软件,无须注册账号即可使用。

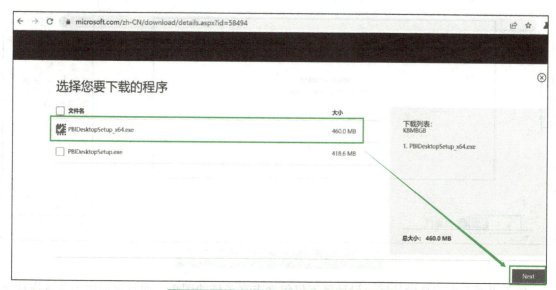

图1-2　下载Power BI Desktop软件

任务三　初步掌握Power BI软件的使用

[任务描述]

实践运用Power BI软件对本任务中的数据进行分析,能够准确识别Power BI操作界面中的元素,进一步理解财务大数据的分析流程以及Power BI与Excel之间的功能差异,掌握数据采集、数据清洗以及数据可视化的基本操作。本任务中的数据详见配套资源包的教材数据D1-01。

[知识准备]

在动手操作软件之前,我们先要了解一下Power BI软件的操作界面,这对后续的软件操作会起到事半功倍的效果。打开Power BI软件之后,其操作界面如图1-3所示。Power BI的操作界面可以分为五个区域,具体包括功能区、数据区、设计区、画布区以及页面区。

Power BI的
基本操作

位于界面最上方的是功能区。单击不同的菜单选项会显示不同的功能,例如单击"主页"选项会显示"获取数据""输入数据""转换数据""新建视觉对象"等功能。

位于界面左侧的是数据区。数据区由报表视图、数据视图和模型视图三个部分构成。在报表视图中可以创建具有可视化内容的报表页,在数据视图中可以对数据进行检查和处理,而在模型视图中可以对多个数据源进行建模。

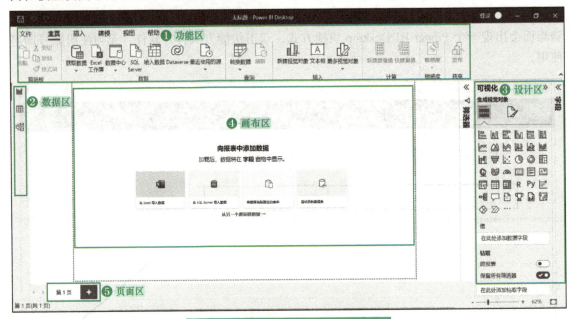

图1-3 Power BI软件的操作界面

位于界面右侧的是设计区。设计区不仅包含丰富多样的图表，而且仅通过勾选或拖拽字段的方式即可配置图表。值得注意的是，设计区中还提供了一些具有人工智能（AI）的视觉对象，如"分解树""问答"等，能够识别使用者提出的需求，自行分析数据。

位于界面中间的是画布区。可以在画布区中创建多个视觉对象用于呈现我们的数据分析结果，并且不同的视觉对象之间还可以进行数据交互，尤其是要掌握"切片器"的用法。此外，也可以在画布区中添加文本框用于呈现一些重要的数据分析结论。

位于界面下方的是页面区。页面区的功能与Excel中的工作页十分类似，当需要分析的数据内容较为复杂时，可以添加多个页面分别呈现不同的分析视角或分析内容。

[任务实施]

步骤一 数据采集。本任务中的数据存储于一个Excel文件之中，因此在使用Power BI获取数据时，依次单击功能区中的"主页"→"获取数据"下方的下拉菜单→"Excel工作簿"，然后找到Excel文件的存储位置，单击"打开"，最后勾选数据所在的工作页，单击"转换数据"。数据采集的结果如图1-4所示。

步骤二 数据清洗。数据清洗界面可以对被采集数据中存在的数据类型错乱、数据缺失、数据重复等问题进行处理，数据清洗的步骤会在"应用的步骤"中列示。通过勾选功能区中的"视图"→"列质量"选项，数据表中每一列数据的有效程度就会显示出来，可以作为数据清洗质量的重要依据。本任务中的数据较为简单，每一列的有效性均为100%，具体如图1-5所示。单击功能区左上方的"关闭并应用"，将数据加载到Power BI。

步骤三 数据分析。由于要分析的数据只涉及一个数据表，因而无需建立数据表之间的关联，直接进行数据分析。数据表中的内容是阿里巴巴、京东、拼多多三家公司2018—2021年的营业收入数据，可以运用趋势分析法来分析营业收入的变化趋势，或者运用比较分析法来分析三家公司营业收入的大小比较，也可以运用结构分析法以分析三家公司营业收入的占比情况。在处理不同的数据时，需要灵活运用不同的数据分析方法以发现有价值的信息。

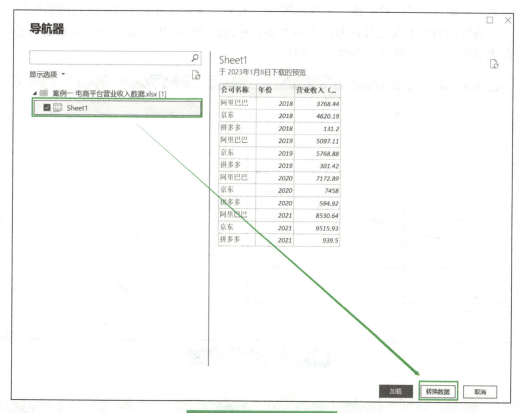

图1-4 数据采集的结果

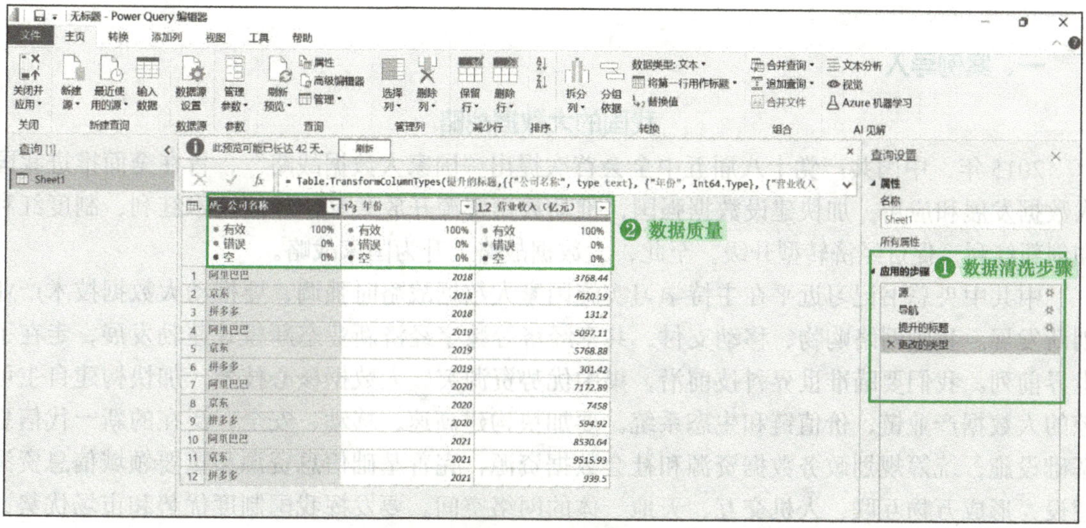

图1-5 数据清洗界面

步骤四 **数据可视化**。接下来通过创建可视化图表的方式将上一步数据分析思路中的趋势分析法予以实现。依次单击功能区中的"主页"→"新建视觉对象"，然后单击设计区中的"折线图",此时画布区中就创建好了一个"折线图"视觉对象。单击选中"折线图",然后将设计区"字段"下方"Sheet 1"中的"年份"字段拖拽到"X轴","营业收入"字段拖拽到"Y轴","公司名称"字段拖拽到"图例",折线图就呈现出我们所需的数据分析结果。最后调整一下视觉对象的位置和大小,并通过设计区中的设置视觉对象格式进一步完善折线图的效果,可视化结果如图1-6所示。

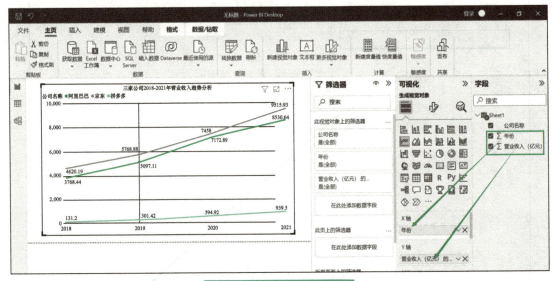

图1-6　数据可视化结果

◆ 拓展知识 ◆

一、案例导入

我国的大数据战略

2015年,中国共产党十八届五中全会首次提出"国家大数据战略",旨在全面推进我国大数据发展和应用,加快建设数据强国,推动数据资源开放共享,释放技术红利、制度红利和创新红利,促进经济转型升级。至此,大数据战略上升为国家战略。

中共中央总书记习近平在主持学习实施国家大数据战略时强调,要推动大数据技术产业创新发展。我国网络购物、移动支付、共享经济等数字经济新业态新模式蓬勃发展,走在了世界前列。我们要瞄准世界科技前沿,集中优势资源突破大数据核心技术,加快构建自主可控的大数据产业链、价值链和生态系统。要加快构建高速、移动、安全、泛在的新一代信息基础设施,统筹规划政务数据资源和社会数据资源,完善基础信息资源和重要领域信息资源建设,形成万物互联、人机交互、天地一体的网络空间。要发挥我国制度优势和市场优势,面向国家重大需求,面向国民经济发展主战场,全面实施促进大数据发展行动,完善大数据发展政策环境。要坚持数据开放、市场主导,以数据为纽带促进产学研深度融合,形成数据驱动型创新体系和发展模式,培育造就一批大数据领军企业,打造多层次、多类型的大数据人才队伍。

二、案例讨论

大数据时代背景下财务人员应当具备哪些职业素养？

三、分析与建议

党的二十大报告指出："加快发展数字经济，促进数字经济和实体经济深度融合，打造具有国际竞争力的数字产业集群。"作为财务人员，需要转变观念，加强数据分析、技术应用、风控管理、沟通协作等能力，让大数据成为提升财务工作价值的新动力。

一、知识测试（单选）

1. 下列（　　）已经成为全球经济发展的重要趋势。
   A. 农业经济　　B. 工业经济　　C. 网络经济　　D. 数字经济
2. 下列（　　）不属于大数据的典型特征。
   A. 数据量大　　B. 多样性　　C. 价值密度大　　D. 速度更新快
3. 下列（　　）属于结构化的文件。
   A. Word　　B. Excel　　C. PPT　　D. 图片
4. 下列（　　）不属于财务大数据的分析流程。
   A. 数据认知　　B. 数据清洗　　C. 数据采集　　D. 数据分析
5. 下列（　　）方式是根据不断变化的环境、条件来改变思维程序的。
   A. 对比思维　　B. 结构化思维　　C. 动态思维　　D. 假设思维

二、技能测试

通过配套资源包中教材数据 D1-02，运用 Power BI 软件采集和清洗数据，并创建一个视觉对象，展示数据表中各公司的净利润情况。

项目评价

评价项目	评价要求	分值	得分
1. 课堂表现	按时出勤，认真听课并积极参与课堂活动	20	
2. 知识掌握	了解大数据分析的背景和基本概念，掌握大数据分析的流程，理解常用的数据分析思维以及 Power BI 与 Excel 之间的区别	20	
3. 技能水平	能够区分传统数据和大数据，下载并安装 Power BI 软件，并掌握 Power BI 的基本操作	30	
4. 职业素养	具备理性分析的工作思维、一定的自学能力，能适应行业的不断变革发展，以及具备技术强国、价值创造的学习意识	30	
合计		100	

项目二
财务大数据采集

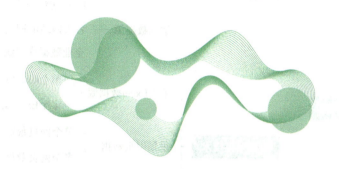

◎ **知识目标**
- 理解数据采集的概念与作用
- 能够正确表述数据表的基本结构
- 能够识别调查问卷的基本要素

◎ **技能目标**
- 熟练使用Power BI软件采集Excel数据源
- 熟练使用Power BI软件采集文件夹中多个Excel数据源
- 掌握Power BI软件采集网页数据的基本方法

◎ **素质目标**
- 具备灵活采集数据的基本素养
- 具备自学能力，能适应行业的不断变革发展
- 树立重视数据真实性与可靠性的意识
- 引导学生树立正确的人生价值标准

[知识导图]

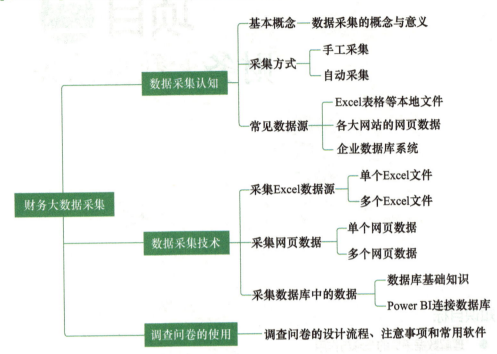

[情景引入]

在公司财务部张总的鼓励下，小杨同学选择接受新岗位——数据分析岗，为此她专门上网了解我国的大数据战略，学习常用的数据分析思维和大数据分析流程，并且在自己的电脑上安装了大数据分析软件——Power BI。古人云："巧妇难为无米之炊。"如果没有数据，就无法进行数据分析，数据分析岗的一个重要职责就是采集数据。那么，企业的数据一般存放在哪些地方？如何完成数据的采集工作？数据采集过程中有哪些注意事项？

任务一　采集Excel数据源

[任务描述]

通过阅读数据采集相关文字和视频资料，理解数据采集的重要性，识别常见的数据源并掌握数据采集的方式，为后续内容的学习打好基础。运用 Power BI 软件采集单个 Excel 文件中的多个工作页数据以及同时采集单个文件夹中的多个 Excel 文件数据。

[知识准备]

数据采集又称数据获取，是指根据数据分析的需求获取相关原始数据的过程。经过数据采集这一过程后，就可以进入数据清洗阶段。数据采集是数据分析的重要基础。

数据采集的方式一般有两种：一种是通过人工调查、观察等方式收集数据。这种方式适用于小规模的数据采集，效率较低。另一种是利用自动化设备和技术，如传感器、扫描仪等，实现数据的自动采集。这种方式适用于大规模的数据采集，效率较高。

常见的数据源包括本地文件、网页数据以及企业数据库系统数据等。本地文件是指存放在本地电脑中的文本、Excel、PDF等常见文件。网页数据是指开放式网络环境中的电子数据,如新浪财经网页中的表格数据。数据库数据是由数据库及其管理软件组成的系统中存储的数据,如用友财务软件中的数据。

> **思考分析**
>
> 请列举一个使用电子设备自动获取数据的生活场景。

> **直通职场**　　　　　　　　　　数据采集员
>
> 数据采集员是负责收集和整理各种数据的专业人员。他们通过各种途径获取数据,包括但不限于互联网、调研、问卷调查、市场分析等,并将数据进行整理、分类、统计和分析,为公司的决策提供依据。其工作内容主要包括参与公司数据的采集、整理和分析;协助领导完成数据相关的工作,如协助建立数据库;负责公司数据的安全保管等。

[任务实施]

一、在Power BI中输入数据

步骤一　启动 Power BI 并创建表。 双击电脑桌面上的 Power BI 快捷方式进入操作界面。在"主页"选项卡下的"数据"组中单击"输入数据"按钮,打开"创建表"窗口,如图 2-1 所示。

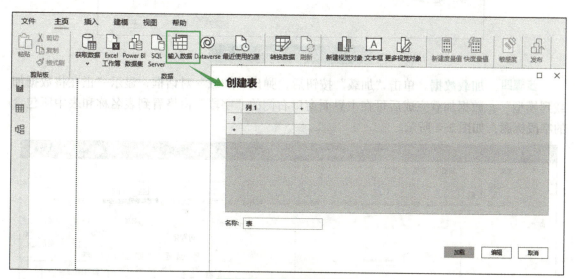

图 2-1 "创建表"窗口

步骤二　输入数据。 选中单元格后,直接输入列名或数据即可。单击行号下方或者列名右边的"+"按钮,在新增的空白行或者空白列中输入数据,在"名称"文本框中修改表名为"销售订单表",如图 2-2 所示。

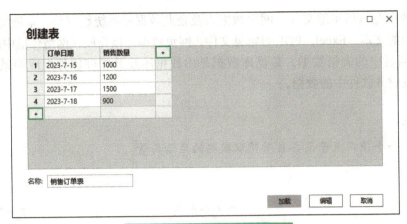

图2-2 创建"销售订单表"

步骤三 修改数据。如果想要删除多余的行（列）或者插入行（列），可以右击相关的行或列，在弹出的菜单中选择"插入"或者"删除"命令，如图 2-3 所示。

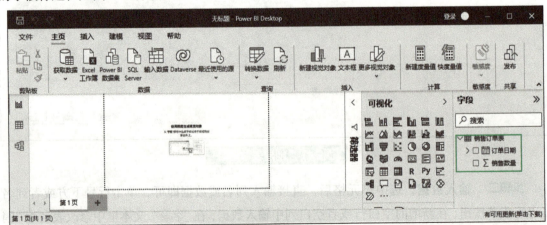

图2-3 插入或删除行、列

步骤四 加载数据。单击"加载"按钮后，弹出"加载"对话框，显示"正在将数据加载到模型"。数据加载完成后可在主界面窗口右侧的"字段"窗格看到表名称和表中所包含的字段标题，如图 2-4 所示。

至此，我们已经了解了如何在 Power BI 中输入数据。Power BI 提供的数据输入环境较为简单，创建表的窗口中仅仅提供了剪切、复制、粘贴、插入、删除等少数功能。当需要输入的数据较多时，直接在 Power BI 中输入数据不仅费时费力，而且容易出错。相较而言，Excel 的数据输入功能更为强大，如序列填充、数据验证等。

因此，在实际工作中可以事先在 Excel 中输入数据，将其保存为工作簿，然后将工作簿中的数据导入 Power BI。需要注意的是，Power BI 中的数据与 Excel 数据源之间仍然存在着关联，如果修改了 Excel 数据源中的数据，可在 Power BI 中单击"刷新"同步更新数据。

二、将Excel中的工作表导入Power BI

本任务以某上市公司 2023 年 1 月份的资产负债表、利润表和现金流量表为例，介绍如何实现对 Excel 工作簿中多张工作表的采集。相关案例数据可从配套数据包中教材数据 D2-01 获取。

步骤一 选择 Excel 数据源。对 Excel 中数据的采集有以下两种方式：一是通过单击画布区中的"从 Excel 导入数据"；二是通过单击功能区中的"获取数据"→"Excel 工作簿"。具体操作分别如图 2-5 和图 2-6 所示。

图2-5　Excel数据采集方式1

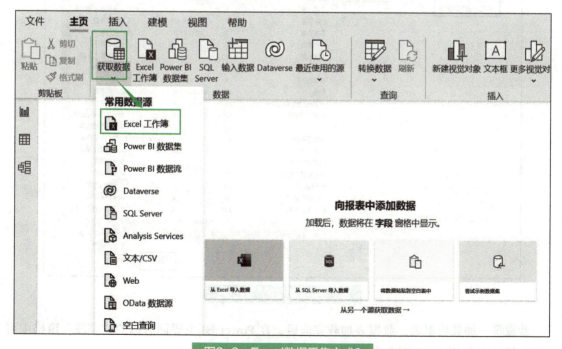

图2-6　Excel数据采集方式2

步骤二 连接数据文件。选中"2023年1月"工作簿,单击"打开按钮",如图2-7所示。

图2-7 "打开"对话框

步骤三 勾选数据表。进入"导航器"对话框,在左侧"显示选项"下勾选"利润表""现金流量表""资产负债表",再单击"加载"按钮,如图2-8所示。

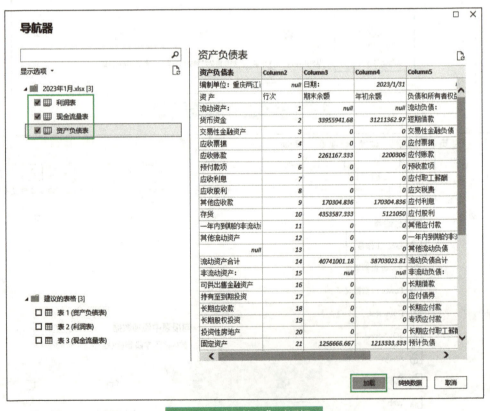

图2-8 "导航器"对话框

步骤四 加载数据表。数据表加载完成后,在Power BI主界面右侧的"字段"窗格中可看到加载后的表字段,如图2-9所示。

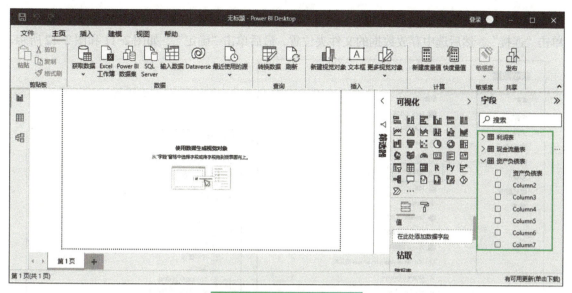

图2-9 数据表加载完成

步骤五 保存文件。单击操作界面左上角的"文件"→"另存为",选择文件保存的地址,在对话框中输入"2023年1月财务报表",单击"保存"即可,如图2-10所示。

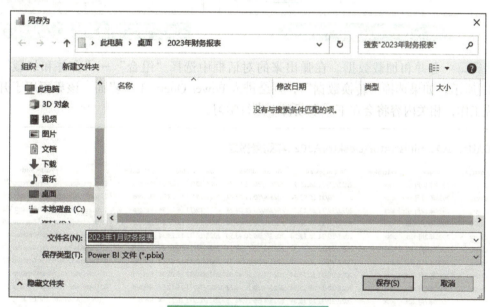

图2-10 "另存为"对话框

三、将多个Excel工作簿导入Power BI

如果需要批量导入多个Excel工作簿,可以事先把多个Excel工作簿放在同一个文件夹中。Power BI支持导入文件夹,需要注意的是,文件夹中的多个Excel工作簿要保持相同的格式,即多个Excel工作簿的列数和列名要相同,Power BI才可以进行批量合并多个Excel工作簿。本任务以某上市公司2023年1—12月份的财务报表为例,介绍如何实现批量合并多个Excel工作簿。相关案例数据可通过配套资源包教材数据D2-02获取。

步骤一 连接文件夹。单击功能区中的"获取数据"→"更多"→"文件"→"文件夹",单击"连接",然后选中存放数据的文件夹位置,最后单击"确定",如图2-11和图2-12所示。

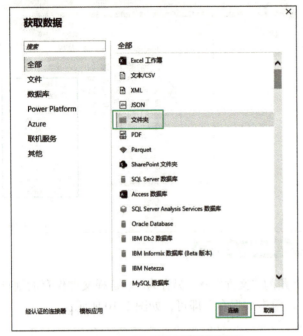

图2-11 "获取数据"对话框

图2-12 "浏览文件夹"对话框

步骤二 合并和加载数据。在弹出来的对话框中选择"组合"→"合并和加载",如图2-13所示。如果选择"转换数据",则会进入Power Query工作界面,该界面用于开展数据清洗工作,相关内容将会在下一个项目中进行学习。

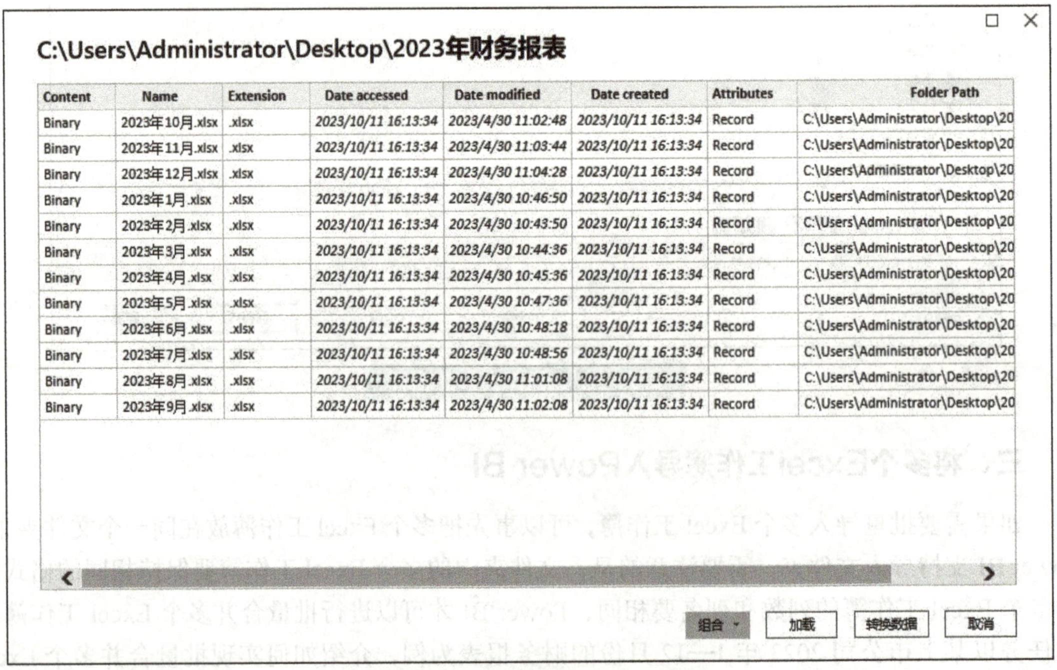

图2-13 "合并和加载"界面

步骤三 勾选数据表。在左侧的"显示选项"中选中"资产负债表",单击"确定",如图2-14所示。

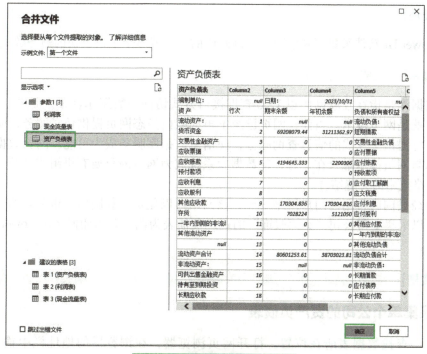

图2-14 "合并文件"界面

步骤四 浏览数据视图。加载完成后,在右侧的"字段"列表中可以看到加载进来的文件夹名称。单击左侧"数据"图标,在数据视图下,可以浏览Power BI合并加载后的资产负债表,如图2-15所示。

图2-15 数据视图界面

任务二　采集网页数据

[任务描述]

运用 Power BI 软件采集“新浪财经”网站中的一个或多个上市公司的财务数据。

[知识准备]

网页数据库是指在互联网中以 Web 查询接口方式访问的数据库资源。促进 Internet 发展的因素之一就是网页技术。当前，网页已经不再局限由静态网页提供信息服务，而改变为动态的网页，可提供交互式的信息查询服务，使信息数据库服务成为可能。网页数据库就是将数据库技术与网页技术融合在一起，使数据库系统成为网页的重要有机组成部分，从而实现数据库与网络技术的无缝结合。

新浪财经是国内常用的门户网站之一，该网站可以免费下载国内上市公司的财务报表信息。本任务以采集上市公司“美邦服饰”的资产负债表为例，介绍如何运用 Power BI 进行网页数据采集。

[任务实施]

一、采集单个公司的资产负债表

步骤一　查找数据表所在位置。打开网页浏览器，在浏览器的地址栏中输入：https://money.finance.sina.com.cn/corp/go.php/vFD_BalanceSheet/stockid/002269/ctrl/2020/displaytype/4.phtml，即可打开美邦服饰的资产负债表页面。或者使用浏览器打开新浪财经官方网站，然后在页面搜索框中输入“美邦服饰”，进入“美邦服饰”行情页面，在该页面左边栏“财务数据”中选择“资产负债表”即可，如图 2-16 所示。

财务报表：　财务摘要　资产负债表　利润表　现金流量表
历年数据：　2024　2023　2022　2021　2020　2019　2018　2017　2016　2015

美邦服饰(002269) 资产负债表　单位：万元

报表日期	2024-09-30	2024-06-30	2024-03-31	2023-12-31	2023-09-30
流动资产					
货币资金	10,683.59	17,010.71	33,081.93	22,009.78	8,599.73
交易性金融资产	—	—	—	—	—
衍生金融资产	—	—	—	—	—
应收票据及应收账款	15,637.70	17,029.28	14,784.32	19,549.96	25,321.43
应收票据	—	—	—	—	—
应收账款	15,637.70	17,029.28	14,784.32	19,549.96	25,321.43
应收款项融资	—	—	—	—	—
预付款项	9,728.42	8,043.74	5,786.76	4,995.94	8,110.01
其他应收款(合计)	14,191.64	14,677.61	23,382.08	25,823.61	23,852.15

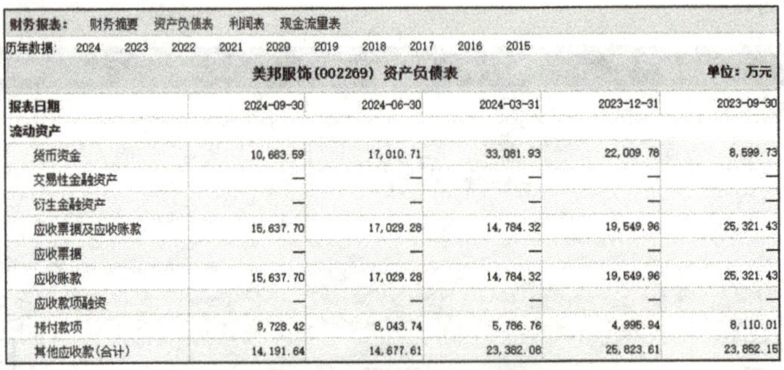

图2-16　资产负债表网页地址

步骤二　连接网页地址。打开 Power BI 软件，单击功能区中的“获取数据”→“Web”，然后将步骤一的网址复制粘贴到 URL 栏中，单击“确定”，如图 2-17 所示。

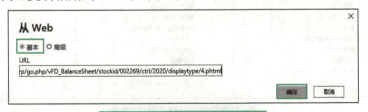

图2-17　“从Web”对话框

步骤三　勾选数据表。Power BI 软件会自动解析当前 HTML 网页中的所有数据表，而我们所需的资产负债表位于第 17 张表中。因此，在打开的"导航器"对话框中选择"表 17"，然后单击"加载"按钮，如图 2-18 所示。

图2-18　"导航器"对话框

步骤四　浏览数据视图。加载完成后，在 Power BI 主界面组右侧的"字段"窗格中，可看到加载进来的"表 17"，在左侧数据视图下，可以看到完整的资产负债表信息，如图 2-19 所示。

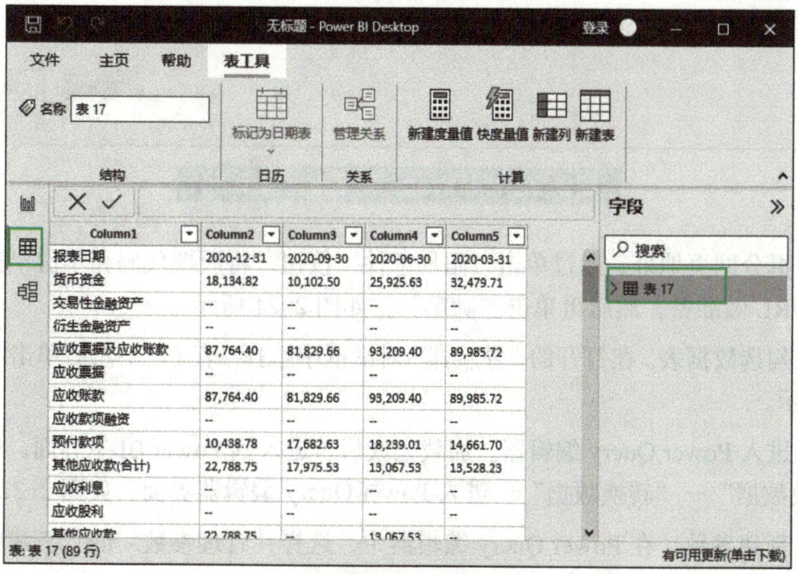

图2-19　数据视图

二、批量采集多个公司不同年份的资产负债表

使用 Power BI 软件批量抓取"美邦服饰（002269）、森马服饰（002563）和太平鸟（603877）"三个上市公司的财务数据。

步骤一　查询数据表所在位置。打开新浪财经，找到"美邦服饰"的资产负债表网址。我们通过分析"美邦服饰"的网址可以发现以下规律："002269"表示该公司的股票代码，"2020"表示年份。因此可以推断出，只要改变股票代码和年份，就可以查询不同上市公司不同年份的资产负债表。接下来，借助 Power BI 的参数功能，将固定的 URL 转换成可变的 URL，生成动态函数，并将函数引入自建的公司列表，以便抓取想要的数据。

步骤二　连接网页地址。打开 Power BI 软件，单击功能区中的"获取数据"→"Web"，然后在 URL 栏复制粘贴正确的网站地址，单击"高级"，如图 2-20 所示。此步骤也可以在 Power Query 界面右侧的"查询设置"中，单击"源"右侧的"设置"按钮实现。

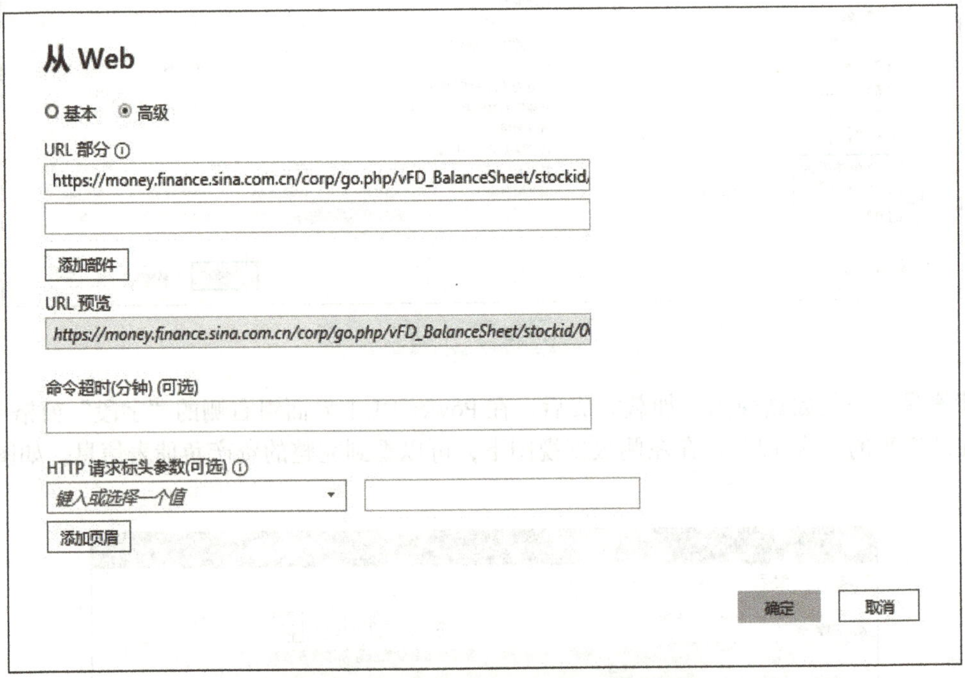

图2-20　"从Web"对话框（高级）1

步骤三　拆分网页地址。通过单击"添加部件"按钮，将股票代码和年份单独拆分出来，为设置动态 URL 做准备，然后再单击"确定"，如图 2-21 所示。

步骤四　勾选数据表。在打开的"导航器"对话框中选择"表 17"，然后单击"加载"按钮，如图 2-18 所示。

步骤五　进入 Power Query 编辑器。加载完成后，进入到 Power BI 主界面。单击"主页"下方的"转换数据"→"转换数据"，进入 Power Query 编辑器界面，如图 2-22 所示。

步骤六　新建参数。在 Power Query 编辑器中，选择"管理参数"的"新建参数"菜单，如图 2-23 所示。

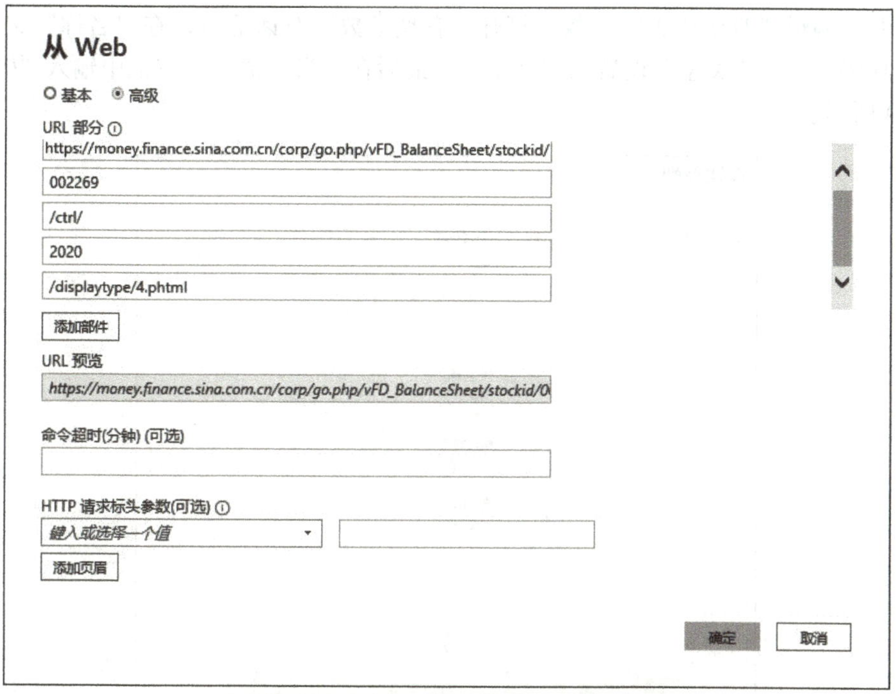

图2-21 "从Web"对话框(高级)2

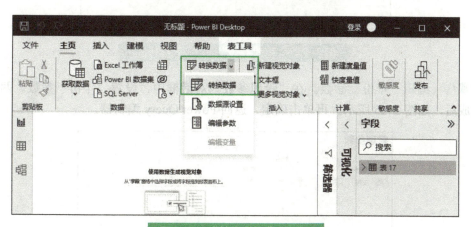

图2-22 "转换数据"对话框

图2-23 "Power Query编辑器"窗口(新建参数)

步骤七 编辑"股票代码"参数。打开"管理参数"对话框后，在"名称"文本框中输入"股票代码"，将"类型"设置为"文本"，最后在"当前值"文本框中输入"002269"，如图 2-24 所示。

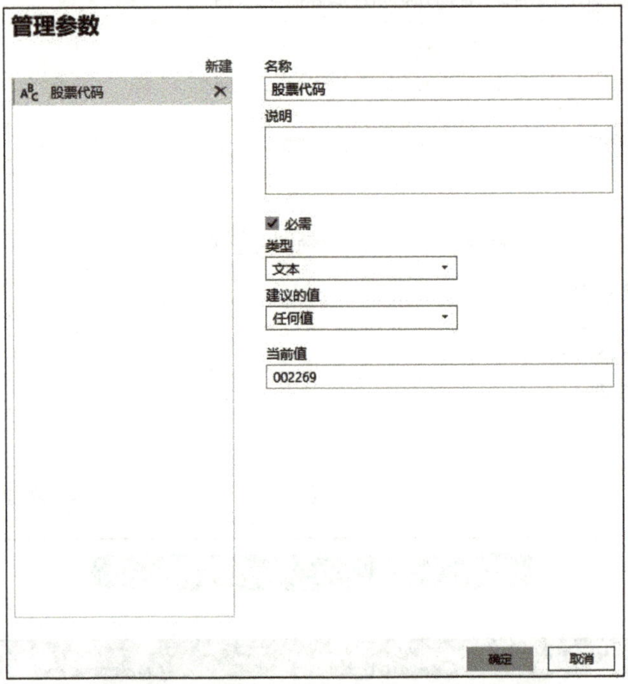

图 2-24 "管理参数"窗口（股票代码）

步骤八 编辑"年份"参数。在"管理参数"对话框中，设置"年份"参数。两个参数设置完成后，如图 2-25 所示。再单击确定，返回 Power Query 编辑器。

图 2-25 "管理参数"窗口（年份）

步骤九 使用参数。在左侧选中"表17",单击右侧"应用的步骤"下"源"右边的"设置"按钮,打开"从Web"对话框,将"002269"改成"股票代码",将"2020"改成"年份",如图2-26所示。

> **注意**
> 通过"新建参数"菜单,可以将固定的URL转换为动态的URL。由于URL是文本格式,因此新建的参数必须是文本格式。

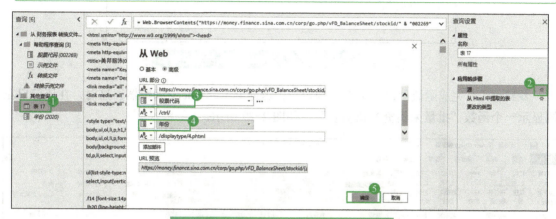

图2-26 "从Web"窗口(动态URL)

步骤十 创建函数。单击鼠标右键,在弹出的快捷菜单中选中"创建函数…",如图2-27所示。

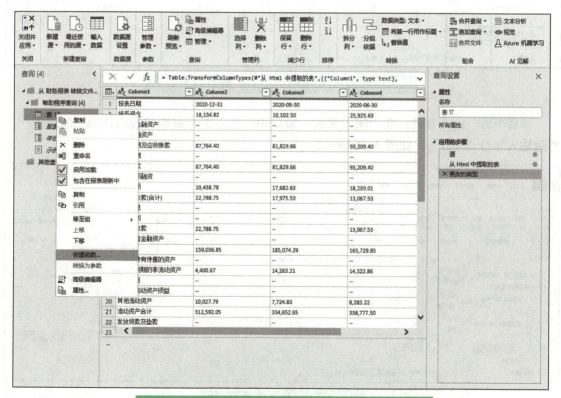

图2-27 "Power Query编辑器"窗口(创建函数)

步骤十一 设置函数名称。在打开的"创建函数"对话框中,输入函数名称"批量采集资产负债表",如图2-28所示。

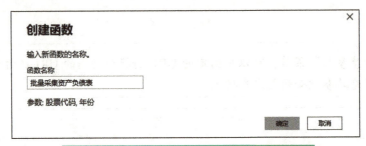

图2-28 "创建函数"窗口(输入函数名称)

步骤十二 完成函数创建。单击"确定",返回 Power Query 编辑器。这时,在该窗口左侧显示一个函数"批量采集资产负债表",如图2-29所示。

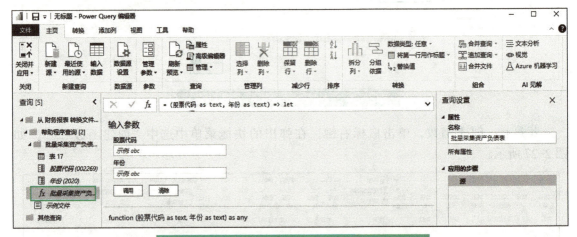

图2-29 "Power Query编辑器"窗口(函数)

步骤十三 输入参数。在"输入参数"窗口中,输入美邦服饰的股票代码"002269",然后输入年份"2021",如图2-30所示。

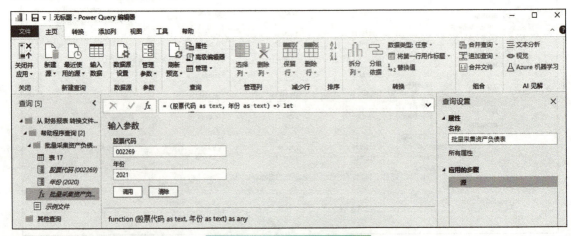

图2-30 "输入参数"窗口

步骤十四 调用函数。单击Power Query编辑器左侧"查询"下"其他查询"中的"调用的函数",如图2-31所示。这种直接输入参数的形式一次只能查询一家上市公司一个年份的资产负债表。如果要批量采集多家上市公司不同年份的资产负债表,需要创建一个新查询表格。

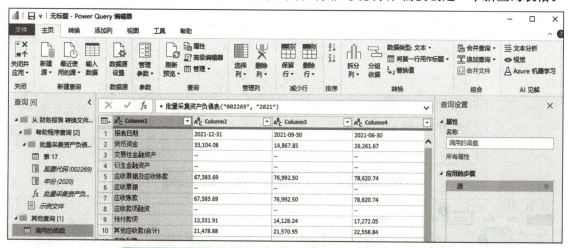

图2-31 "Power Query编辑器"窗口(调用的函数表格)

步骤十五 创建数据表。单击"主页"下的"输入数据",打开"创建表"对话框,如图2-32所示。

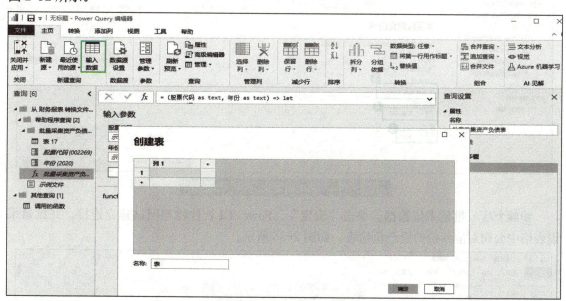

图2-32 "创建表"对话框

步骤十六 输入公司股票代码和年份。选中单元格后,直接输入美邦服饰(002269)、森马服饰(002563)和太平鸟(603877)的股票代码和采集的年份数据,修改列名称,并将这两列的数据类型设置为文本,最后单击确定,如图2-33所示。

步骤十七 调用自定义函数。单击"添加列"下的"调用自定义函数",弹出"调用自定义函数"对话框,在"功能查询"处选择"批量采集资产负债表",下面两个参数依次选择股票代码和年份,如图2-34所示。

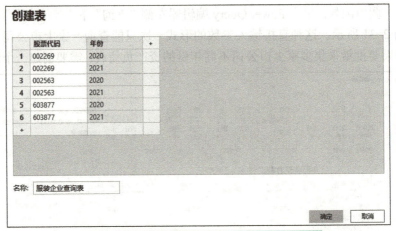

图2-33 "创建表"对话框(输入数据后)

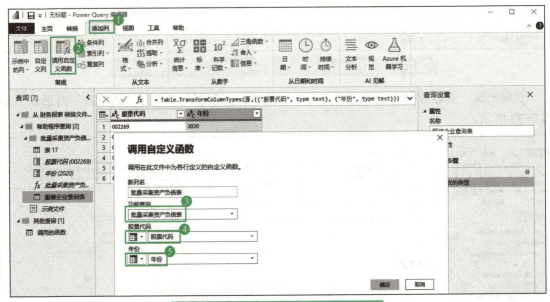

图2-34 "调用自定义函数"对话框

步骤十八 批量采集数据。单击"确定",Power BI 软件将与网站建立连接,并批量采集表格中公司对应年份的资产负债表,如图2-35所示。

图2-35 "批量采集"窗口

步骤十九 展开数据表。单击"批量采集资产负债表"右边的左右箭头,展开批量采集的数据,如图2-36、图2-37所示。

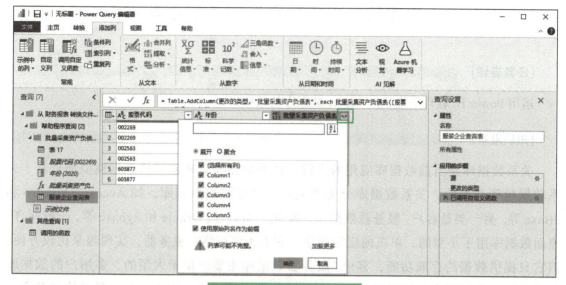

图2-36 "展开列"弹窗

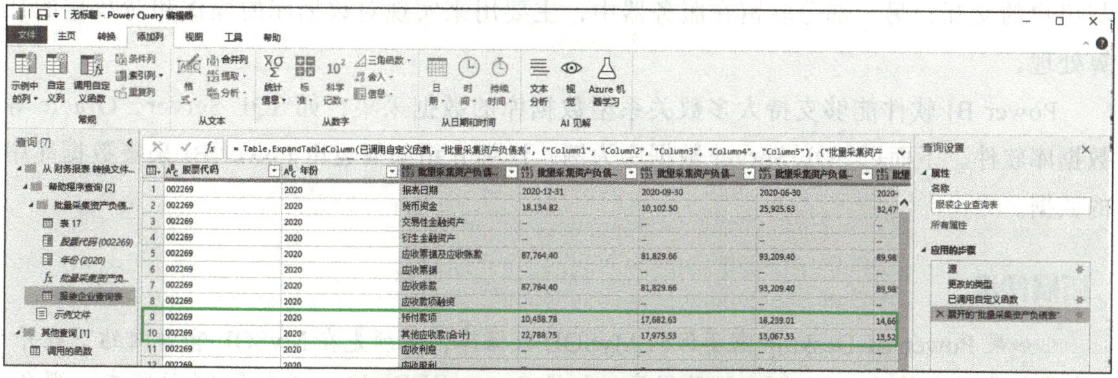

图2-37 "批量采集资产负债表"结果

步骤二十 浏览数据视图。单击"主页"→"关闭并应用"标签,返回到Power BI主界面,在数据视图下,可以看到批量采集的数据,如图2-38所示。

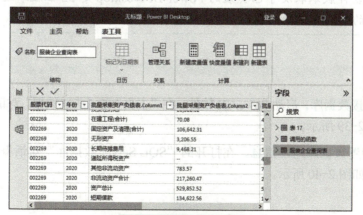

图2-38 数据视图

批量采集上市公司资产负债表

任务三　采集数据库中的数据表

[任务描述]

运用 Power BI 软件采集 SQL Server 数据库的数据。

[知识准备]

关系数据库是当前数据库应用的主流，许多数据库管理系统的数据模型都是基于关系数据模型开发的。关系数据库分为两类：一类是桌面数据库，如 Access、FoxPro 和 dBase 等；另一类是客户/服务器数据库，如 SQL Server、Oracle 和 Sybase 等。一般而言，桌面数据库用于小型的、单机的应用程序，它不需要网络和服务器，实现起来比较方便，但它只提供数据的存取功能。客户/服务器数据库主要适用于大型的、多用户的数据库管理系统，应用程序包括两部分：一部分驻留在客户机上，用于向用户显示信息及实现与用户的交互；另一部分驻留在服务器中，主要用来实现对数据库的操作和对数据的计算处理。

Power BI 软件能够支持大多数关系型数据库的数据采集，如 SQL Server、Oracle 等数据库软件。下面以 SQL Server 数据库为例，详细介绍如何运用 Power BI 采集数据库中的数据。

拓展阅读

如果 Power BI Desktop 需要访问 MySQL 数据库，必须先在 MySQL 官方网站下载并安装相应版本的 Connect/Net 驱动程序。如果 Power BI Desktop 版本是 64 位版本，那么下载安装的 Connect/Net 驱动程序也必须是 64 位版本。

如果 Power BI Desktop 需要访问 Oracle 数据库，也必须安装 Oracle 客户端。安装的 Oracle 客户端软件版本取决于已安装的 Power BI Desktop 是 32 位版本还是 64 位版本。安装匹配版本的 Oracle 客户端驱动程序之后，就可以连接 Oracle 数据库。

[任务实施]

步骤一 连接数据库。启动 Power BI 软件，在"主页"的"获取数据"对话框中选择"SQL Server"，如图 2-39 所示。

步骤二 设置数据库地址信息。在打开的"SQL Server 数据库"对话框中输入服务器名"127.0.0.1"，如图 2-40 所示。

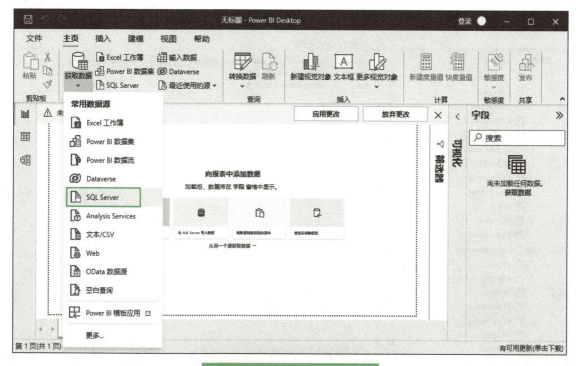

图2-39 "获取数据"对话框

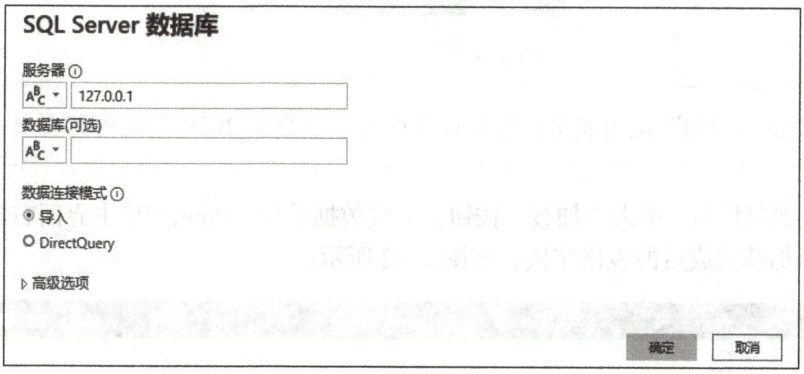

图2-40 "SQL Server数据库"对话框

> **注意**
>
> 本机在安装 SQL Server 数据库时将服务器名设置为"127.0.0.1"。第一次连接数据库时会出现需要输入用户名和密码的情况,本机将用户名设置为"sa",没有设置密码。

步骤三　勾选数据表。 单击"确定"按钮,在打开的"导航器"对话框中显示当前服务器中有 1 个数据库,双击展开"UFData_2020",预览的内容如图 2-41 所示。

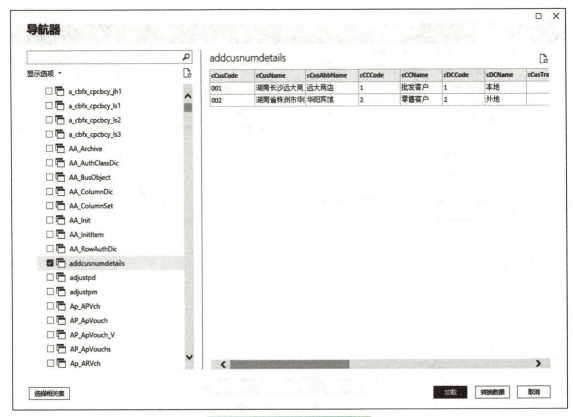

图2-41 "导航器"对话框

 注意

"UFData_2020"是用友U8财务软件中某一个公司2020年度的账套数据。

步骤四 加载数据。单击"加载"按钮,完成数据采集。Power BI主界面右侧的"数据"窗格可以显示加载完成后的表格字段,如图2-42所示。

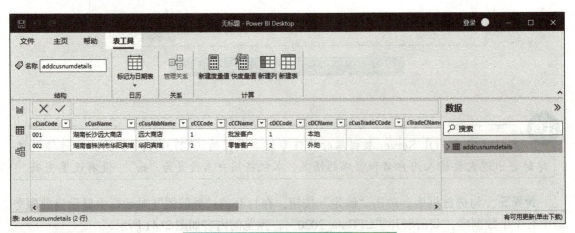

图2-42 "Power BI"(表格字段)

任务四 运用调查问卷采集数据

[任务描述]

以小组为单位，拟定一个适合的调查主题，设计一份完整的调查问卷，并完成调查问卷的发放、回收以及问卷分析。

[知识准备]

调查问卷是应用比较广泛的一种调查方法，也是获取第一手资料最常用的方式。调查问卷是调查者根据调查目的和要求设计的，由一系列问题、备选答案、说明组成，向被调查者了解情况、搜集资料的一种调查方法。

为了保证调查工作有组织、有计划、有系统地进行，在实施问卷调查之前，需要制订一个调查的计划，即调查方案。调查方案通常包含调查目的、调查对象、调查问卷以及调查方法等内容。

一、确定调查目的

调查目的是调查要解决的首要问题。只有明确了调查目的，才能确定向谁调查、调查什么以及如何调查等问题，后续工作才能做到有的放矢。如果调查目的不明确，任务不清楚，就不知道向谁调查、调查什么，从而导致调查过程中的步骤之间互相不匹配，造成调查资源的浪费。确定调查目的要抓住主要矛盾，突出中心问题：

（1）为什么要进行调查？
（2）解决什么问题？
（3）调查具有哪些社会经济意义和作用？

例如，大学生消费情况调查是为了了解当前大学生的消费情况，分析大学生消费的现状，指出大学生高消费的误区，并提出建设性的对策思考。在此基础上提出相应的改进建议，为今后的大学生消费提供一个可供参考的方案，促使大学生形成"以艰苦奋斗为荣，以骄奢淫逸为耻"的消费观，创建节约型校园文化。

二、确定调查对象、调查单位和报告单位

调查对象是指我们要调查的事物或社会经济现象的全体。确定调查对象是为了确定调查的范围或界限。例如，人口普查的调查对象是"普查标准时点在中华人民共和国境内的自然人以及在中华人民共和国境外但未定居的中国公民，不包括在中华人民共和国境内短期停留的境外人员"。

调查单位是指构成我们要调查的事物或社会经济现象的具体单位。只有确定调查目的和调查对象之后，我们才能确定调查单位。调查单位可以是调查对象的所有单位，也可以是其中一部分单位。确定调查单位，就明确了向谁调查。例如，人口普查的调查对象就是"普查标准时点在中华人民共和国境内的自然人以及在中华人民共和国境外但未定居的中国公民，不包括在中华人民共和国境内短期停留的境外人员"，其调查单位就是"普查标准时点在中华人民共和国境内的自然人以及在中华人民共和国境外但未定居的中国公民，不包括在中华人民共和国境内短期停留的境外人员"的每一个人。

报告单位是指负责提交调查资料和数据的单位，也称填报单位或登记单位。在学习的过程中要注意区别调查单位和报告单位，它们有时一致，有时却不一致。确定报告单位，就明确了该由谁负责报送资料。例如，对全国所有公办高校进行调查，全国所有公办高校是调查对象，每所公办高校是调查单位，报告单位也是每一家公办高校，这时调查单位与报告单位一致。

三、确定调查问卷

1. 调查问卷的构成要素

调查问卷的构成要素包括标题、说明、主体和致谢语。

（1）标题。每份问卷都有一个研究主题。研究者应开宗明义定个题目，反映这个研究主题，如"中国互联网发展状况及趋势调查"。

（2）说明。问卷前面应有一个说明。这个说明可以是一封致调查对象的信，也可以是指导语，说明这个调查的目的和意义。

（3）主体。这是研究主题的具体化，是问卷的核心部分。问题和答案是问卷的主体。从形式上看，问题可分为开放式问题和封闭式问题两种。

（4）致谢语。为了表示对调查对象真诚合作的谢意，研究者应当在问卷的末端写上感谢的话。

2. 调查问卷的设计程序

（1）准备阶段。在该阶段调查小组成员之间进行切磋、交换思想，确定调查主题的范围、调查对象的特征，如文化程度、知识水平、感兴趣的方面等；收集和主题相关的知识，整理相关资料，保证问卷中不出现常识性错误。

（2）初步设计。在该阶段向调查者说明调查目的与注意事项；对大主题进行细分，分为具体若干小主题，并对每个小主题设置一定的问题；讨论每个小主题的必要性，对应的问题是否合理，列举可能的答案；初步编写问卷。

（3）试答与修改。在该阶段找一小部分相关人群进行试答。通过试答，发现逻辑、语法、用词的问题，让这部分试答人员尽可能地提出修改意见，然后对初步设计的问卷进行修改。

（4）最终确定。在该阶段可以找相关方面的专家帮助做最后的把关，调查小组针对每个问题仔细地进行核对与讨论，最后确定好问卷内容。

3. 调查问卷设计的注意事项

（1）调查目的、调查人员、被调查者、问卷设计人员都要明确。

（2）充分分析被调查者的职业、文化程度、性别、年龄。

（3）尽量少使用双重否定。

（4）当采用选择性的问题时，不要设置太多选项。

（5）避免回忆性问题，特别是长时间以前的回忆，否则会导致准确率很低。

（6）尽量使用封闭式问题，少使用开放式问题。

（7）调整问题的顺序，使其符合逻辑。

四、确定调查时间和调查期限

调查时间是指调查事物或社会经济现象所属的时间。如果调查的是时期现象，如产品产量、销售额等，则调查时间为资料搜集的起止时间；如果调查的是时点现象，如职工人数、全国人口数等，则调查时间为统一的标准时间。调查期限是指调查工作的期限，即调查工作开始到结束的时间，包括从搜集资料开始到报送资料为止的整个调查工作所需要的时间。例如，从 2024 年 1 月 1 日起，调查全国国有企业 2023 年生产经营情况，如果这份调查问卷规定在 2024 年 1 月 31 日前完成，则调查时间是 2023 年一整年，调查时限是 1 个月。

五、确定调查方法

调查方法是指调查者向被调查者搜集数据信息的方法，主要包括访问调查、邮寄调查、电话调查、电脑辅助调查等。随着我国电脑、移动设备以及网络的普及，调查问卷的设计更多采用线上方式来完成。调查问卷的常用设计平台主要有：问卷星、问卷网和腾讯问卷等。

[任务实施]

以小组为单位设计一份调查问卷，运用问卷星等调查问卷平台完成问卷的制作、发布、回收和分析。

◆ 拓展知识 ◆

蒋步星："大数据匠人"是怎样炼成的

一、案例引入

蒋步星是北京润乾信息系统技术有限公司（以下简称"润乾软件"）的创始人、首席科学家，先后荣获"2016 年中国软件和信息服务业的十大领军人物"和"2017 中国数据大工匠"称号，始终秉承"创新技术推动应用进步"的理念，在中国大数据发展道路上书写着大国工匠情怀。

在 2000 年 6 月，清华毕业的蒋步星正式走上了创业之路。用自己辛苦积攒的 30 万元，他创办了润乾软件，经过五年的摸爬滚打，终于凭借面向企业应用的报表软件——润乾报表 V3.0，建立了对国外同类软件的竞争优势。

自从创业至今，蒋步星执着于"要拥有自己的核心技术"。无论是最初的研发报表，还是后来的"数据计算"，蒋步星坚信"唯有创新才能生存"。在做报表之初，为了解决数据展现问题，蒋步星研究了数千张报表，研发出了非线性报表模型，一举解决中国报表问题，大幅提升制表报表工作效率。为了解决报表的数据准备问题，又带领团队勇于创新，研发出了一套数据计算引擎，设计了一套程序语言，作为报表工具的辅助模块提高工作效率，解决了数据计算在描述和实施上的效率问题，实现了对国内外行业传统做法的颠覆和超越。后来又发现计算本身比数据展现应用面更广，在理论和实践方面都有很大的研究价值，蒋步星又带着团队把计算引擎独立出来，并在其基础上发展数据库、数据仓库等产品。现如今，他们正朝着拥有自主产权的非关系型强计算数据库仓库/云数据库产品迈进，并最终实现拥有从数据呈现与采集到数据计算与存储的全线数据处理软件，为国内金融、电信、能源、政府、军工等多个行业提供高效便捷的数据产品，全面解决数据采集、处理与展现分析领域的问题。

"理念先行、技术支撑、产品落地、商业闭环",蒋步星和他的润乾软件在今后的道路上将继续怀揣一颗工匠之心,求真务实、以创新为动力,为我国大数据贡献自己的力量。

二、案例讨论

请讨论财务人员的"工匠精神"可以体现在哪些方面?

三、分析与建议

党的二十大报告指出:"必须坚持科技是第一生产力、人才是第一资源、创新是第一动力,深入实施科教兴国战略、人才强国战略、创新驱动发展战略,开辟发展新领域新赛道,不断塑造发展新动能新优势。"财务人员不仅要熟悉会计核算工作,还要注重培养数据分析能力和创新精神,积极学习新型数字技术,发现并解决企业经营存在的问题,支撑公司高质量发展。

项目综合测试

一、知识测试(单选)

1. 以下(　　)不是 Power BI Desktop 界面的组成部分。
   A. 功能区　　B. 数据区　　C. 画布区　　D. 表格区
2. Power BI 采集同一个文件夹中多个 Excel 文件数据的前提条件是(　　)。
   A. Excel 文件名称相同　　B. Excel 文件日期相同
   C. Excel 文件大小相同　　D. Excel 文件格式相同
3. Power BI 采集网页数据所使用的数据源是(　　)。
   A. Excel　　B. 文件夹　　C. Web　　D. SQL Server
4. 下列不属于调查问卷构成要素的是(　　)。
   A. 标题　　B. 说明　　C. 主体　　D. 答案
5. Power BI Desktop 获取的文件格式不包括(　　)。
   A. Excel　　B. 文本　　C. CSV　　D. PPT

二、技能测试

运用 Power BI 软件对配套资源包中教材数据 D2-03 进行采集。

项目评价

评价项目	评价要求	分值	得分
1. 课堂表现	按时出勤,认真听课并积极参与课堂活动	20	
2. 知识掌握	了解数据采集的多种方式	20	
3. 技能水平	能够采集 Excel 数据、文件夹数据、Web 数据,会用调查问卷采集相关数据	30	
4. 职业素养	具备理性分析的工作思维、一定的自学能力,能适应行业的不断变革发展,以及具备技术强国、价值创造的学习意识	30	
合计		100	

项目三
财务大数据清洗

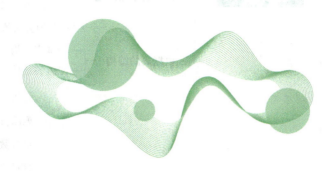

◎ **知识目标**
- 能够理解数据清洗的相关概念与作用
- 能够准确识别常见的一维表和二维表
- 能够叙述常用的数据清洗方法

◎ **技能目标**
- 熟练掌握一维表与二维表之间的相互转换
- 能够正确使用常见的数据类型
- 熟练运用Power BI软件完成基本的数据清洗操作

◎ **素质目标**
- 具备团队协作的职业素养
- 具备自学能力,能适应行业的不断变革发展
- 树立良好的数据质量意识
- 养成尊重数据、务实严谨的科学态度

[知识导图]

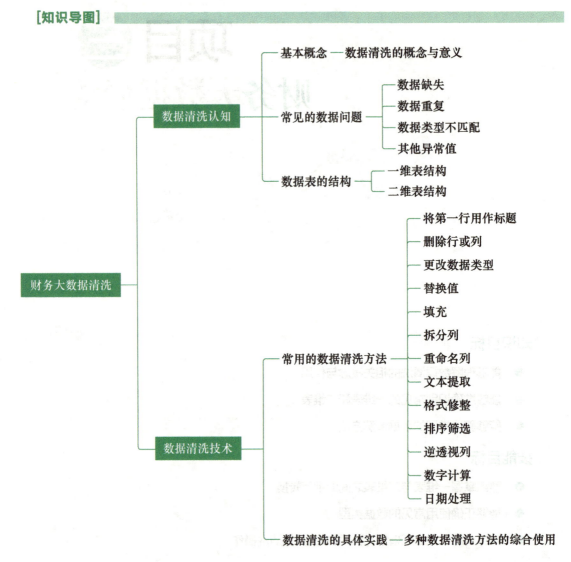

[情景引入]

小杨同学目前已经熟练掌握Excel、数据库以及网页等常见数据源的采集。然而，她发现采集到的数据中经常出现缺失值、无效值以及格式错乱等诸多问题，给后续的汇总分析工作带来很大的难度。那么，哪种类型的数据表适用于数据分析？数据表中有哪些常见的数据类型？如何对杂乱无章的数据进行清洗呢？

任务一　掌握数据清洗的基本方法

[任务描述]

通过本任务的学习，能够理解数据清洗的概念和作用，能结合实际情况识别数据表中可能存在的数据缺失、数据重复、数据类型不匹配等问题，能够准确识别常见的一维表和二维表，能够掌握将第一行用作标题、删除行或列、更改数据类型、替换值、填充、拆分列、重命名列、文本提取、格式修整、排序筛选、逆透视列、数字计算、日期处理等常用的数据清洗方法，深入理解每一种方法的使用场景。

[知识准备]

一、数据清洗的概念

随着我国信息化水平的日益提高和信息系统的广泛普及，各行各业都积累了海量的数据。由于信息系统设计水平参差不齐，在数据的生产过程中不可避免地产生了大量重复、不完整、不准确或错误的数据，称之为"脏数据"，给数据的管理与应用工作带来了巨大挑战。在大数据时代，数据带给我们无与伦比的价值与效益，而随之产生的"脏数据"会直接影响数据的质量，进而影响组织决策的准确性，甚至会造成潜在的威胁或损失。因此，对数据进行清洗以保证数据质量，进而提高数据分析的质量就变得尤为重要。

数据清洗是对数据进行重新审查和校验的过程，目的在于删除重复信息、纠正存在的错误，并提高数据的一致性。数据清洗是一个复杂的过程，不仅要检测出数据中存在的差错、清除数据中存在的不一致，更重要的是对数据进行整合和分解，将"脏数据"转变成"干净数据"，供后续数据分析及数据挖掘使用，以便更好地找出数据之间的关联，挖掘其内在价值。

二、常见的数据问题

在实际工作中，获取的数据可能存在以下几种问题：

1. 数据缺失

数据缺失是指现有数据集中某个或某些属性的值是不完整的。数据缺失产生的原因主要分为机械原因和人为原因。机械原因是指由机械导致的数据收集或保存失败造成的数据缺失，如数据存储失败、存储器损坏、机械故障导致某段时间的数据未能收集等。人为原因是指由人的主观失误、历史局限或有意隐瞒造成的数据缺失。例如，在市场调查中被访人拒绝透露相关问题的答案，或者回答的问题是无效的以及数据录入人员失误漏录数据等。

2. 数据重复

数据重复是指数据表中存在的属性值相同的记录。重复值的产生有可能是系统错误导致的，也有可能是多次重复输入导致的。例如，在账务处理中，企业由于没有纳入电子发票核验系统，对电子发票重复打印导致同一原始凭证重复入账，这样就会产生重复记录，影响核算结果。

3. 数据类型不匹配

常见的数据类型包括数值、文本、日期、逻辑值等。数据类型设置正确与否会对后续的数据分析产生重要影响。

数值型数据包括整数、小数、分数、定点小数等，对于需要参与算术运算的列应当将该列的数据类型设置为数值型，并可以根据数据分析的需要选择整数、小数或者分数的形式来显示；文本型数据是指不能参与算术运算的任何字符，包括汉字、英文字母、其他字符和文本型的数字串；日期型数据是指显示日期和时间的数据，在实际工作中可以根据分析需要选择合适的日期格式，日期型数据也是可以参与算术运算的；逻辑型数据是一种操作数类型，用来表示二值逻辑中的"是"与"否"或"真"与"假"两个状态的数据，常用于需要进行逻辑判断的场合。

4. 其他异常值

获取的数据除了存在缺失值、重复值和数据类型不匹配外，往往还存在一些其他问题，如数据内容错误、逻辑错误等。这一类错误产生的原因可能是业务系统不健全，在输入数据后没有进行判断而直接写入后台数据库，如字符串数据后面有一个回车操作、日期越界等。

三、认识一维表与二维表

在实际工作中通常会使用到两种不同的表结构，分别是一维表和二维表。一维表被称为流水式表格，它一般有固定的列名，每一列都是同一类别的数据，平时输入数据时只需要一行一行地添加即可，如图3-1所示。二维表被称为关系型表格，通常数据区域的值需要通过行列同时确定，同一属性数据占据多列进行呈现，如图3-2所示，数学、语文、英语都是科目，属于同一属性却横向排列。

	A	B	C
1	学生	科目	成绩
2	张三	语文	90
3	张三	数学	64
4	张三	英语	55
5	李四	语文	89
6	李四	数学	54
7	李四	英语	84
8	王五	语文	89
9	王五	数学	73
10	王五	英语	62
11	赵六	语文	78
12	赵六	数学	57
13	赵六	英语	54

图3-1 一维表

	A	B	C	D
1	科目\学生	数学	语文	英语
2	张三	64	90	55
3	李四	54	89	84
4	赵六	57	78	54
5	王五	73	89	62

图3-2 二维表

一维表方便记录存储数据，有助于后期计算、汇总和分析，但是易读性差；二维表易读性强，读取数据直观，但是数据再次利用性差，会增加后期计算分析的难度。一维表通常用于记录基础数据、流水数据等，大部分系统导出的数据是一维表；二维表通常作为数据汇总结果，用于分析或决策信息。数据清洗的目的是便于后期的计算、汇总和分析，因此清洗好的数据表通常要设置为一维表。

[任务实施]

一、数据清洗的操作界面

Power Query是Power BI的数据查询模块，它的作用是对数据表进行清洗和整合。在获取数据后，可能会存在很多"脏数据"，而Power Query可以高效地实现数据清洗，让数据表变得更加规范。

进入Power Query的界面有两种方式：第一种是在加载数据之前，在"导航器"单击"转化数据"；第二种是在加载数据之后，单击Power BI功能区的"转化数据"。两种方式如图3-3和图3-4所示。

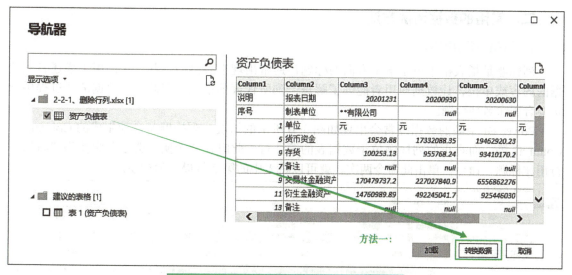

图3-3 进入Power Query界面的方式1

图3-4 进入Power Query界面的方式2

Power Query 界面主要有三个区域：常用功能区、数据视图区和应用步骤区。Power Query 界面如图 3-5 所示。

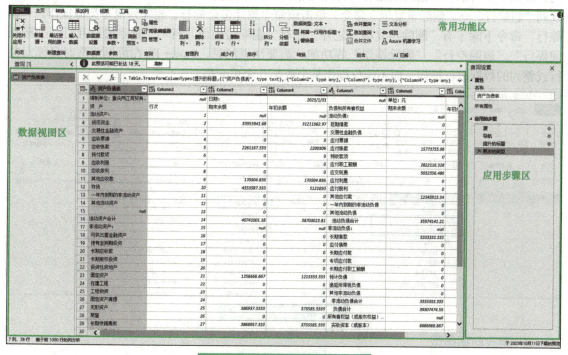

图3-5 Power Query界面

二、常用的数据清洗方法

1. 将第一行用作标题

列标题是指表格中位于水平方向的标题，通常出现在表格的顶部。它们用于描述各列数据的内容或单位，让数据使用者能够了解每一列所代表的信息。因此，在数据清洗过程中一定要合理命名列标题。

Power BI 采集的数据经常会出现如图 3-6 所示的情况，列标题是自动生成的 Column1、Column2 等，而真正的列标题位于数据表的第 2 行。此时在"转换"选项卡中找到"将第一行用作标题"命令，单击此命令两次，就可以将表中的第 2 行提升为标题。

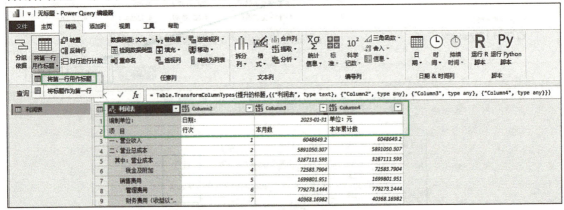

图3-6 采集数据经常出现的情况

2. 删除行或列

Power BI 采集来的数据可能会出现重复的行或列，或者是对数据分析没有意义的多余行或列。如图 3-7 所示，采集的数据有两行完全相同，属于重复项。这个时候在"主页"选项卡中找到"删除行"→"删除重复项"命令，单击该命令删除多余的行。删除列也是类似操作。"删除行"命令下除了有"删除重复项"之外，还有"删除最前面几行""删除最后几行""删除间隔行""删除空行""删除错误"等功能。需要注意的是，Power BI 在数据清洗时只能对整行或整列的数据进行操作，而不能仅操作某个或某几个单元格。

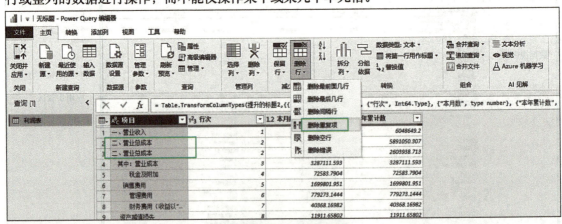

图3-7 删除重复项

3. 更改数据类型

更改数据类型用于调整数据表中列的数据类型。如图 3-8 所示，在每一个列标题的左侧会显示该列当前的数据类型。单击此数据类型，然后在弹出的下拉列表中选择合适的数据类型。

Power Query 中常用的数据类型有小数、整数、日期、文本等，在"主页"选项卡中可以看到对应的类型名称。数据类型非常重要。例如，如果把图 3-8 中"本月数"这一列的数据类型设置为文本，那么在后续的数据分析中就不能对"本月数"进行算术运算。

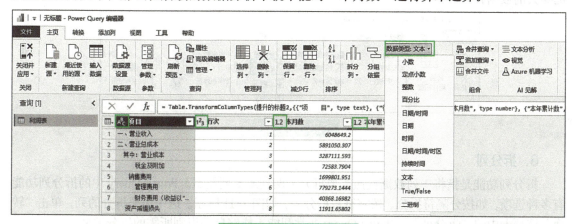

图3-8　更改数据类型

4. 替换值

如果要把采集到的数据中的某个值替换为另一个值，则可以使用 Power Query 中的"替换值"功能。该功能位于"转换"选项卡中，具体操作与 Excel 中的"替换"功能基本一致。例如经常需要将数据表中的"null"替换为"0"，如图 3-9 所示。

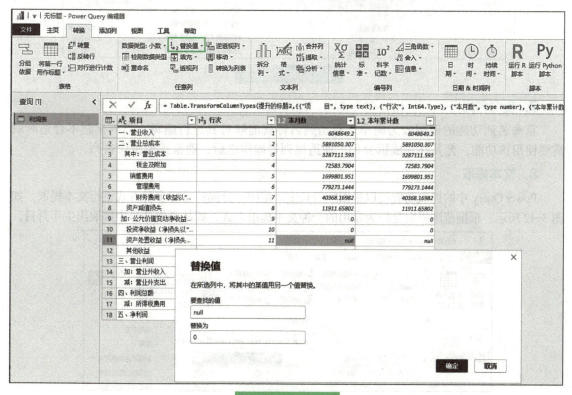

图3-9　替换值

5. 填充

采集到的数据通常存在缺失值的情况，如在 Excel 中因合并多个单元格产生的数据缺失。这时可以利用"转换"选项卡中的"填充"命令进行向上或向下填充，如图 3-10 所示，从而把缺失的数据补齐。

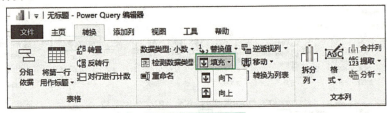

图3-10 填充

6. 拆分列

拆分列功能是指将一列数据按照需要拆分为两列或多列数据。Power Query 中的拆分列功能有多种选项，如按分隔符拆分、按字符数拆分等，如图 3-11 所示。选中需要拆分的列，单击"转换"选项卡中的"拆分列"。Power Query 非常智能，能够自动识别所需的拆分类型。

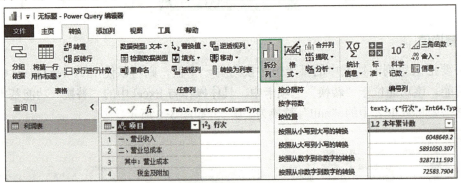

图3-11 拆分列

7. 重命名列

重命名列功能的使用较为简单，双击列名称就能够对其进行编辑。当列标题不合适时就需要使用该功能，尤其在完成拆分列、逆透视列等操作之后，通常需要重命名列。

8. 文本提取

Power Query 中的提取功能可以根据字符长度、范围、分隔符号等多种方式进行文本提取，如图 3-12 所示。根据范围提取是较为常用的一种文本提取方式，如从身份证号中提取出生年月日。

图3-12 文本提取

9. 格式修整

Power Query 采集的数据有些带有格式。例如，在某些文本的前面或后面会有多余的空格，这些空格会影响后续的操作，需要将其删掉。此时就可以使用"转换"选项卡中"格式"命令下的"修整"功能来剔除空格，如图 3-13 所示。此外，在有英文的列中可以使用"格式"命令快速实现英文的大小写转换或将每个字词首字母大写等功能。

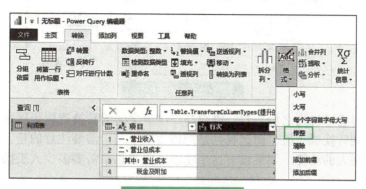

图3-13 格式修整

10. 排序筛选

排序是将杂乱无章的数据按照某种规则进行排列，而筛选是将众多数据中符合特定条件或标准的一部分数据挑选出来。如图 3-14 所示，在每个列标题的后边都有一个三角形的按钮，单击该按钮，会出现升序排序、降序排序以及筛选等功能。

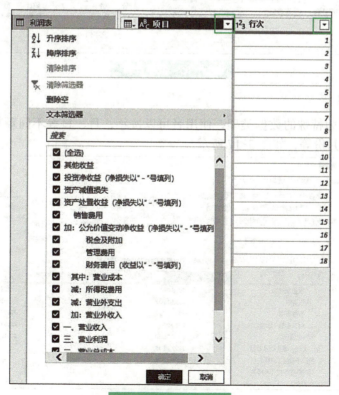

图3-14 排序筛选

11. 逆透视列

将一维表转换成二维表的过程被称作透视列，而将二维表转换成一维表的过程被称作逆透视列。在数据清洗中，通常需要将二维表转换成一维表，以便进行数据分析与数据挖掘。单击"转换"选项卡中的"逆透视列"命令，就可以实现二维表到一维表的转换，如图3-15所示。

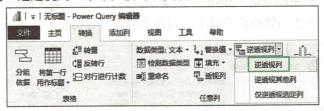

图3-15　逆透视列

很多人在学习逆透视列之后，对一维表与二维表之间的转换逻辑仍然感到很抽象。逆透视列是把表中的列转换成了值，而透视列是把值变成了列。需要注意的是，逆透视列是数据清洗中一个非常强大的功能，如果没有这个功能，很难想象需要多少人工操作才能将二维表转换成一维表。

12. 数字计算

数字计算能够对数字类型的列实现加、减、乘、除、取绝对值、平方、四舍五入以及三角函数等计算，如图3-16所示。

图3-16　数字计算

13. 日期处理

日期是一种较为特殊的数据类型，使用者可以按年、月、日等不同颗粒度去组合定义时间，如提取年份、月份等，如图3-17所示。

图3-17　日期处理

在数据清洗过程中通常需要综合使用多种清洗方法。在使用 Power Query 时需要注意以下事项：

（1）可以修改之前的操作。其中带有设置标记（ ✳ ）的都是可以更改的。

（2）可以删除某一个步骤。单击步骤旁边的"×"按钮可以删除该步骤。

（3）可以移动步骤，互换顺序。在进行这个操作时，需要注意前后操作可能出现的冲突。例如，先修改某列的格式，然后又删除这一列，如果现在调换前后顺序，也就是先把该列删除，再执行修改格式时就会找不到这一列，此时系统就会报错。

（4）"应用的步骤"面板就好像一个机器人，它复制了所有的操作。当更新数据后，只需要单击"刷新"按钮，所有的步骤就会从头到尾全自动化操作一遍，无需再做重复的工作。

任务二　运用Power BI完成数据清洗

[任务描述]

能够灵活运用多种数据清洗方法，将项目二中批量采集的多家公司不同年份的资产负债表进行清洗，并保存清洗后的数据。

[知识准备]

随着大数据时代的到来，数据的应用也日趋繁茂，越来越多的应用和服务都基于数据而建立，数据的重要性不言而喻。而且，数据质量是数据分析和数据挖掘结论有效性和准确性的基础，也是数据驱动决策的前提。如何保障数据质量，确保数据可用性是每一位数据人都不可忽略的重要环节。

数据质量一般具有以下六大评价标准：一致性、完整性、及时性、准确性、有效性和唯一性。

（1）一致性是指数据是否遵循了统一的规范，数据集合是否保持了统一的格式。

（2）完整性指的是数据信息是否存在缺失的情况，数据缺失的情况可能是整个数据记录缺失，也可能是数据中某个字段信息的记录缺失。不完整的数据所能借鉴的价值就会大大降低，也是数据质量更为基础的一项评估标准。

（3）及时性是指数据从产生到可以查看的时间间隔，也叫数据的延时时长。及时性对于数据分析本身要求并不高，但如果数据分析周期加上数据建立的时间过长，就可能导致分析得出的结论失去了借鉴的意义。

（4）准确性是指数据记录的信息是否存在异常或错误。和一致性不一样，存在准确性问题的数据不仅是规则上的不一致，更为常见的数据准确性错误如乱码。其次，异常大或小的数据也是不符合条件的数据。

（5）有效性是指对于数据的值、格式，要符合数据定义或业务定义的要求，如某些电话、邮箱的格式。

（6）唯一性是指针对某个数据项或某组数据，没有重复的数据值，值必须是唯一的，如ID类数据。

数据清洗是数据预处理的一个重要环节，它的目的是识别、纠正和删除数据集中的错误、不一致和重复数据。通过数据清洗，我们可以提高数据质量，从而为后续的数据分析、挖掘和应用提供更准确、可靠的数据支持。

[直通职场] 数据质量工程师

DQE（Data Quality Engineer）是数据质量工程师的缩写，是指负责保证数据质量的专业人员，其工作内容主要包括：①负责监控和优化数据质量，确保数据的准确性、完整性和一致性。他们需要制定并执行数据质量标准和流程，通过数据清洗、验证和转换，提升数据质量。②处理和分析数据，提取有价值的信息，为业务决策提供支持。会使用SQL、Python等工具进行数据查询、数据转换和数据分析。③维护数据质量工具或平台，确保其稳定运行，满足业务需求。④与数据科学家、数据分析师、产品经理等团队成员紧密合作，确保数据的质量满足项目需求，同时提供技术支持和解决方案。⑤定期生成数据质量报告，分析数据质量问题和趋势，提出改进措施并推动实施。

[任务实施]

本案例使用的数据来源于项目二批量采集多家公司不同年份资产负债表的结果。如果之前采集的数据没有保存，可参照项目二的相关内容重新采集，也可以从配套资源包教材资源D3-01获取。

步骤一 采集数据。打开 Power BI，将案例数据采集进来。相关步骤已在项目二中详细阐述。

步骤二 提升标题。执行"将第一行用作标题"命令，然后在"应用的步骤"中删掉"更改的类型"命令，结果如图3-18所示。

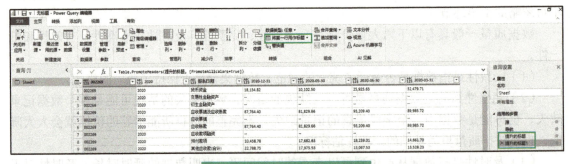

图3-18 将第一行用作标题

步骤三 替换值。选中第4列至第7列，执行"转换"→"替换值"命令，将缺失数据全部替换为"0"，如图3-19所示。

步骤四 修改数据类型。从左到右依次给每一列的数据设置合适的数据类型。

步骤五 重命名列。根据每一列的数据内容设置合适的列标题，操作结果如图3-20所示。

步骤六 筛选行。选中"报表项目"列，单击右边的三角形下拉列表，不勾选"报表日期"选项，如图3-21所示。

数据清洗案例

项目三 财务大数据清洗

图3-19 替换值

图3-20 修改数据类型并重命名列

图3-21 筛选行

步骤七 逆透视列。运用"Ctrl"键同时选中第 4 列至第 7 列,执行"转换"→"逆透视列",将二维表转换为一维表,如图 3-22 所示。

图3-22 逆透视列

步骤八 检查列质量。仔细检查修改后的数据,保证每列数据的有效性都达到100%。操作结果如图 3-23 所示。

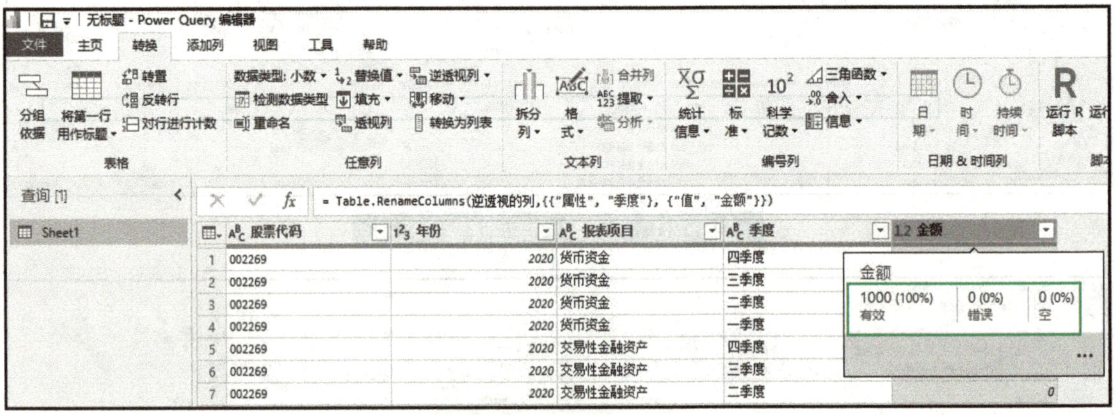

图3-23 清洗结果

步骤九 保存数据文件。单击"文件"→"另存为",选择文件保存的位置,然后单击"确定"按钮即可。

◆ 拓展知识 ◆

华为海思总裁致员工的一封信

一、案例引入

尊敬的海思全体同事们:

此刻,估计您已得知华为被列入美国商务部工业和安全局的实体名单。

多年前,还是云淡风轻的季节,公司做出了极限生存的假设,预计有一天,所有美国的先进芯片和技术将不可获得,而华为仍将持续为客户服务。为了这个以为永远不会发生的假设，数千海思儿女，走上了科技史上最为悲壮的长征，为公司的生存打造"备胎"。数千个日夜中，我们星夜兼程，艰苦前行。华为的产品领域是如此广阔，所用技术与器件是如此多元，面对数以千计的科技难题，我们无数次失败过，困惑过，但是从来没有放弃过。

后来的年头里，当我们逐步走出迷茫，看到希望，又难免一丝丝失落和不甘，担心许多芯片永远不会被启用，成为一直压在保密柜里面的备胎。

今天，命运的年轮转到这个极限而黑暗的时刻，超级大国毫不留情地中断全球合作的技术与产业体系，做出了最疯狂的决定，在毫无依据的条件下，把华为公司放入了实体名单。

今天，是历史的选择，所有我们曾经打造的备胎，一夜之间全部转"正"！多年心血，在一夜之间兑现为公司对于客户持续服务的承诺。是的，这些努力，已经连成一片，挽狂澜于既倒，确保了公司大部分产品的战略安全，大部分产品的连续供应！今天，这个至暗的日子，是每一位海思的平凡儿女成为时代英雄的日子！

华为立志，将数字世界带给每个人、每个家庭、每个组织，构建万物互联的智能世界，我们仍将如此。今后，为实现这一理想，我们不仅要保持开放创新，更要实现科技自立！今后的路，不会再有另一个十年来打造备胎然后再换胎了，缓冲区已经消失，每一个新产品一出生，将必须同步"科技自立"的方案。

前路更为艰辛，我们将以勇气、智慧和毅力，在极限施压下挺直脊梁，奋力前行！滔天巨浪方显英雄本色，艰难困苦铸造诺亚方舟。

二、案例讨论

请讨论维护国家科技安全的重要意义。

三、分析与建议

党的二十大报告指出："完善重点领域安全保障体系和重要专项协调指挥体系，强化经济、重大基础设施、金融、网络、数据、生物、资源、核、太空、海洋等安全保障体系建设。"在大数据时代，各经济组织间的联系越来越紧密，获取信息的途径和渠道也越来越便捷，财务人员需要增强数据安全意识，防止企业的财务数据、知识产权、商业机密等重要信息遭到泄露。

项目综合测试

一、知识测试（单选）

1. 下列表格适合作为数据源进行数据分析的是（　　）。
   A. 一维表　　　　B. 二维表　　　　C. 维度表　　　　D. 辅助表
2. 在 Power BI 中，下列（　　）操作可以实现从图3-24到图3-25的功能。
   A. 分类汇总　　　B. 分组查询　　　C. 分类求和　　　D. 分组依据

图3-24　知识测试图1　　　　　　　　图3-25　知识测试图2

3. 日期表的"月份"字段类型为文本型，其值包含"3月、5月、1月、10月"，若对"月份"字段按升序排序，则排序后的结果为（   ）。

  A. 1月、3月、5月、10月　　　　　　B. 1月、10月、3月、5月
  C. 3月、5月、10月、1月　　　　　　D. 10月、1月、3月、5月

4. 用 Power BI Desktop 进行数据清洗时，需要打开（   ）。

  A. Power Pivot　　B. Power Query　　C. Power View　　D. Power Map

5. 在某数据表中，出现了如图 3-26 所示的数据行，将标注的数据行快速删除的操作是（   ）。

6		5	692	11569
7	Error		5259	70619
8		6	2386	33083

图3-26　知识测试图3

  A. 删除最前面几行　　　　　　B. 删除最后几行
  C. 删除空行　　　　　　　　　D. 删除错误

二、技能测试

结合所学的清洗方法，运用 Power BI 软件完成数据清洗，操作要求如下：①在新浪财经网站上采集"七匹狼"公司近 5 年的利润表数据；②对采集到的数据进行清洗；③清洗后的数据每一列的有效性均达到 100%。

项目评价

评价项目	评价要求	分值	得分
1. 课堂表现	按时出勤，认真听课并积极参与课堂活动	20	
2. 知识掌握	了解数据清洗的重要性，掌握数据清洗的常用方法，了解一维表与二维表的区别	20	
3. 技能水平	能够合理运用各种方法对数据进行清洗	30	
4. 职业素养	具备理性分析的工作思维、一定的自学能力，能适应行业的不断变革发展，以及具备技术强国、价值创造的学习意识	30	
合计		100	

项目四 财务大数据建模

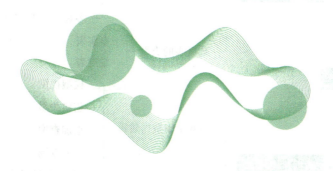

◎ **知识目标**
- 能够理解数据建模的概念与功能
- 能够识别日常工作中的事实表和维度表
- 能够了解度量值的概念
- 能够了解DAX表达式的语法、运算符和函数

◎ **技能目标**
- 能够建立数据表之间的关联
- 能够运用Power BI软件实现数据表的纵向及横向合并
- 能够使用DAX语言创建度量值

◎ **素质目标**
- 具备较强的数据思维能力和分析解决问题能力
- 具备灵活处理数据表之间复杂关系的职业素养
- 具备将数据分析知识与会计专业实践关联的能力
- 激发锐意进取的学习态度与创新精神
- 培养社会责任感与价值创造意识

财务大数据基础

[知识导图]

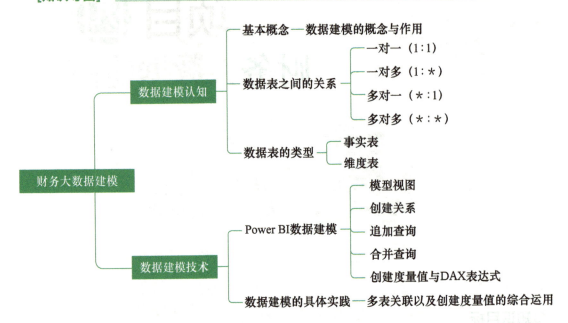

[情景引入]

小杨同学在财务部数据分析岗任职一段时间后，通过自己的不断努力自学了Power BI获取文件、数据清洗等操作，她在公司同事眼中已成为公司"大数据之星"。某一天，人力资源部的同事小李找到小杨同学，请她帮忙解决一个工作中的难题："小杨，每月我在整理公司劳务报酬信息时需要汇总各个部门的Excel文件。表的结构都是一致的，但总要把所有Excel数据表粘贴到一张表上。信息更新完毕后又需要把数据按部门拆分发送，总是花费很多时间。听说你对数据分析很在行，能不能帮帮我？"小李带着信任的眼光看向小杨。"听起来可能需要进行数据建模，我去你工位上看看。"小杨和小李一同前往人力资源部解决这个难题。

任务一 运用Power BI实现数据建模

[任务描述]

通过学习数据建模的基础知识，了解 Power BI 中数据建模的基本概念和运用场景，了解数据建模中的常用模型，能够理解数据表的分类，为后续运用 Power BI 实现数据建模的学习打好基础。

[知识准备]

一、数据建模认知

Power BI 的数据建模是指识别表之间的关系，并将表之间的共同字段进行关联，建立多维数据模型，以便能按不同的维度、不同的逻辑来聚合分析数据，为后续数据可视化指标设计做好数据准备。在加载完数据表后，在主界面单击数据区的"模型视图"按钮，就可以看到数据表的布局情况。模型视图中的方块用于显示数据表的名称和该数据表所包含的字段，表与表之间的连线叫作关系线，用于显示两张表之间的关系，如图4-1所示。

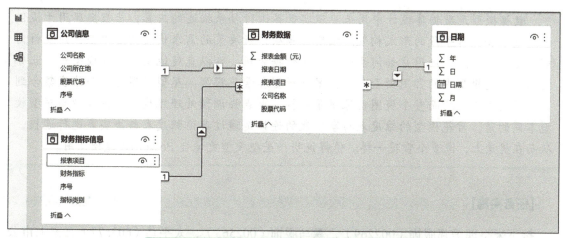

图4-1　Power BI主界面关系视图——模型视图

二、数据表的分类

Power BI 并没有对数据表的类型进行区分，这里引用数据库中的相关概念，以便更容易理解。认识数据表的类型，有助于我们更好建立表与表之间的关联。而数据模型是围绕事实表和维度表的关系而构建的模型。

（1）事实表。事实表是事实数据表的简称，表内包含了联系事实表与维度表的字段和度量值，储存企业发生业务的实际数据或详细记录。事实表拥有极大容量的数据并随着时间的推移不断增长，如企业销售业务表。

（2）维度表。维度通常作为分析问题的角度。维度表是对事实表的补充说明，描述事实发生时的场景。通常情况下，维度表包含的行数相对较少，更新频率较低。例如：按照产品分析，可以制作一个产品维度表，包含所有产品的不重复列表；按照客户分析，可以制作一个客户维度表，包含所有客户的不重复列表。

三、数据表之间的关系

数据表之间存在四种类型关系：一对一、一对多、多对一和多对多。"一"侧表示该列包含唯一值；"多"侧表示该列可以包含重复值。在 Power BI 中运用手动创建关系时，在"基数"选项设置中会进行关系的选择判断。

（1）一对一（1:1）。在一对一关系中，一个表中的列仅具有特定值的一个实例，而另一个表也是如此。

（2）一对多（1:*）。在一对多关系中，一个表中的列仅具有特定值的一个实例，而另一个相关表（通常称为查找表）可具有一个值的多个实例。

（3）多对一（*:1）。多对一关系是最常见的默认关系类型。这意味着一个给定表中的列可具有一个值的多个实例，而另一个相关表仅具有一个值的一个实例。

（4）多对多（*:*）。多对多关系意味着两个列都可以包含重复值。这种基数类型很少使用。借助复合模型，可以在表之间建立多对多关系，从而消除表中对唯一值的要求。

> **拓展阅读**　　　　　　　数据建模：维度模型
>
> 　　数据模型是数据库设计中用来对现实世界进行抽象描述的工具，是数据库用于提供信息表示和操作手段的形式构架。维度建模从分析决策的需求出发构建模型，为分析需求服务。它重点关注用户如何快速地完成数据分析，可以直观地反映业务模型中的业务问题。维度模型中的常用模型包括：星型模型和雪花模型。星型模型将多个维度集合到一个事实表中，从而整个视图就像星星一样，重点强调预处理维度；雪花模型与星型模型不同的是，雪花模型的维度表与事实表的连接是通过其他维度表与事实表进行连接，从而在视觉上，像多个雪花一样。值得说明：星型模型更适合 Power BI 建模使用。

[任务实施]

接下来整理美邦服饰（002269）、森马服饰（002563）、太平鸟（603877）三家上市公司 2022 年利润表案例数据，在 Power BI 软件中进行关系的自动创建和手动创建操作。本任务中的数据可以从配套资源包教材资源 D4-01 获取。

步骤一　数据整理。打开"关系创建案例数据表.xlsx"文件，在已有"财务数据"和"财务指标信息"两张表的基础上新建名为"公司信息""日期"的两个工作页。

（1）公司信息表包含"序号""股票代码""公司名称"以及"公司所在地"四列数据，如图4-2所示。

（2）财务指标信息表包含"序号""财务指标""指标类别"以及"报表项目"四列数据，如图4-3所示。

（3）日期表包含"日期""年""月"以及"日"四列数据，如图4-4所示。

序号	财务指标	指标类别	报表项目
1	营业收入	收入类	营业收入
2	营业成本	支出类	营业成本
3	营业税金及附加	支出类	营业税金及附加
4	销售费用	支出类	销售费用
5	管理费用	支出类	管理费用
6	财务费用	支出类	财务费用
7	研发费用	支出类	研发费用
8	投资收益	收入类	投资收益
9	对联营企业和合营企业的投资收益	收入类	其中对联营企业和合营企业的投资收益
10	营业外收入	收入类	加:营业外收入
11	营业外支出	支出类	减：营业外支出
12	所得税费用	支出类	减：所得税费用

图4-3　案例数据财务指标信息表概览

序号	股票代码	公司名称	公司所在地
1	002269	美邦服饰	上海市
2	002563	森马服饰	温州市
3	603877	太平鸟	宁波市

图4-2　案例数据公司信息表概览

日期	年	月	日
2022/12/31	2022	12	31
2022/9/30	2022	9	30
2022/6/30	2022	6	30
2022/3/31	2022	3	31

图4-4　案例数据日期表概览

（4）财务数据表包含"股票代码""公司名称""报表项目""报表日期"以及"报表金额（元）"五列数据，如图4-5所示。

	A	B	C	D	E	F
1	股票代码	公司名称	报表项目	报表日期	报表金额（元）	
2	002269	美邦服饰	一、营业总收入	2022/12/31	1439359495	
3	002269	美邦服饰	一、营业总收入	2022/9/30	967732537.6	
4	002269	美邦服饰	一、营业总收入	2022/6/30	723043466.8	
5	002269	美邦服饰	一、营业总收入	2022/3/31	469629946.6	
6	002269	美邦服饰	营业收入	2022/12/31	1439359495	
7	002269	美邦服饰	营业收入	2022/9/30	967732537.6	
8	002269	美邦服饰	营业收入	2022/6/30	723043466.8	
9	002269	美邦服饰	营业收入	2022/3/31	469629946.6	
10	002269	美邦服饰	二、营业总成本	2022/12/31	1783279188	
11	002269	美邦服饰	二、营业总成本	2022/9/30	1261119230	
12	002269	美邦服饰	二、营业总成本	2022/6/30	958927782	
13	002269	美邦服饰	二、营业总成本	2022/3/31	562803383.4	
14	002269	美邦服饰	营业成本	2022/12/31	977365515	
15	002269	美邦服饰	营业成本	2022/9/30	620833779.5	
16	002269	美邦服饰	营业成本	2022/6/30	467269128.9	
17	002269	美邦服饰	营业成本	2022/3/31	306453022.9	
18	002269	美邦服饰	营业税金及附加	2022/12/31	7641273.52	
19	002269	美邦服饰	营业税金及附加	2022/9/30	4862726.74	
20	002269	美邦服饰	营业税金及附加	2022/6/30	3795901.83	
21	002269	美邦服饰	营业税金及附加	2022/3/31	3198719.88	
22	002269	美邦服饰	销售费用	2022/12/31	573644499.4	
23	002269	美邦服饰	销售费用	2022/9/30	459365078.9	
24	002269	美邦服饰	销售费用	2022/6/30	365354058.4	
25	002269	美邦服饰	销售费用	2022/3/31	197198618.7	
26	002269	美邦服饰	管理费用	2022/12/31	84259055.53	

图4-5 案例数据财务数据表概览

步骤二 数据采集与清洗。

（1）在Power BI中打开"关系创建案例数据表.xlsx"文件，通过"转换数据"进入Power Query编辑器进行数据清洗，如图4-6所示。

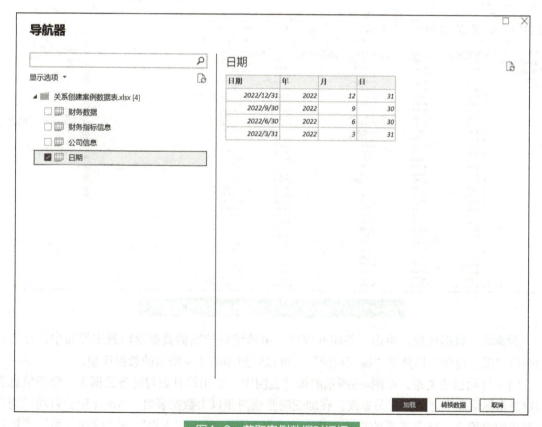

图4-6 获取案例数据对话框

（2）将公司信息表中"股票代码"列数据类型修改为"文本"，如图4-7所示。

图4-7 Power Query中公司信息表修改界面

（3）将财务数据表中"股票代码"列数据类型修改为"文本"，如图4-8所示。

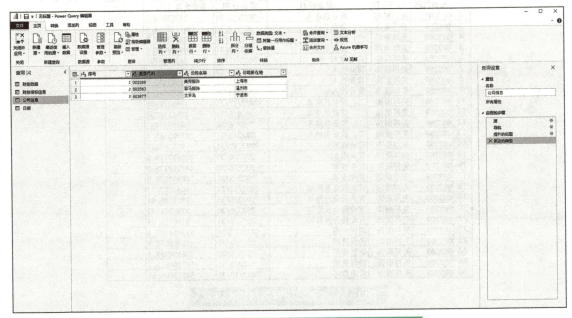

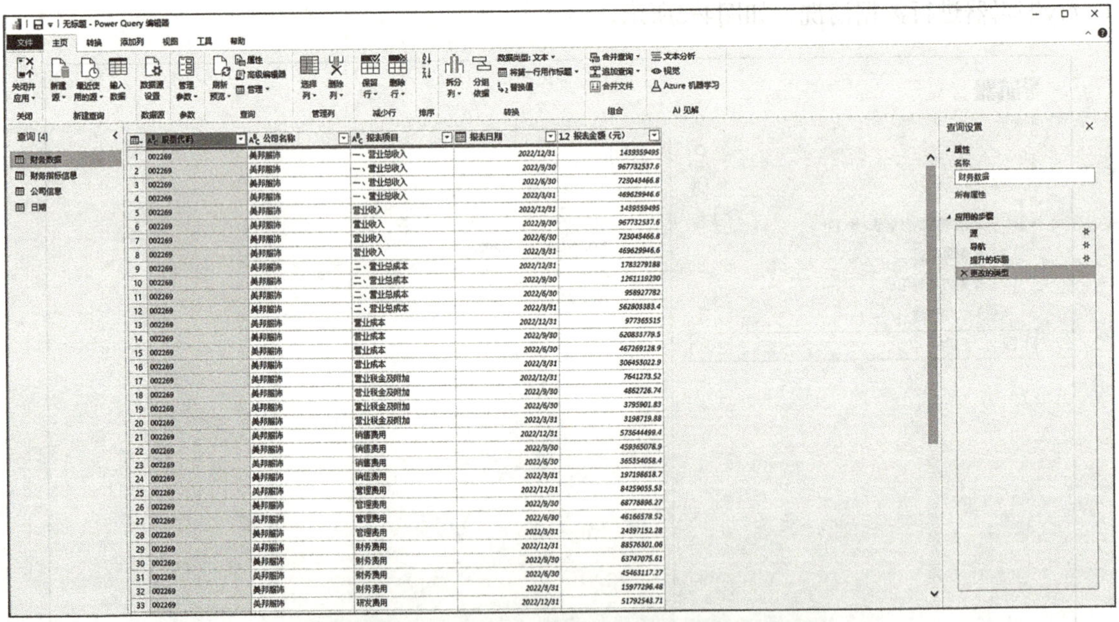

图4-8 Power Query中财务数据表修改界面

步骤三 数据建模。单击"关闭并应用"将清洗后的案例数据返回到主界面中。在主界面中将"报表视图"切换至"模型视图"，可以看到如图4-9所示的数据模型。

（1）自动创建关系。在图4-9所示的模型视图中，公司信息表与财务数据表、公司信息表与财务指标信息表之间存在关系线。在加载两张或两张以上数据表时，Power BI会自动识别各数据表的字段名，这是关系的自动创建。在功能区中，单击"主页"→"管理关系"，可以查看Power BI自动识别的关系，如图4-10所示。

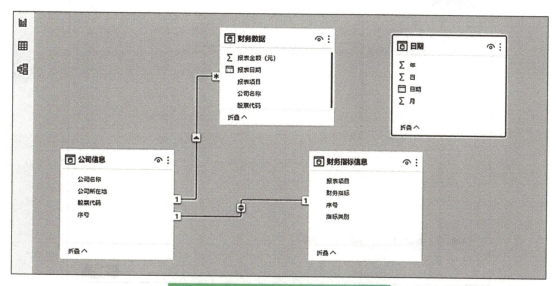

图4-9 案例数据在模型视图中的示例

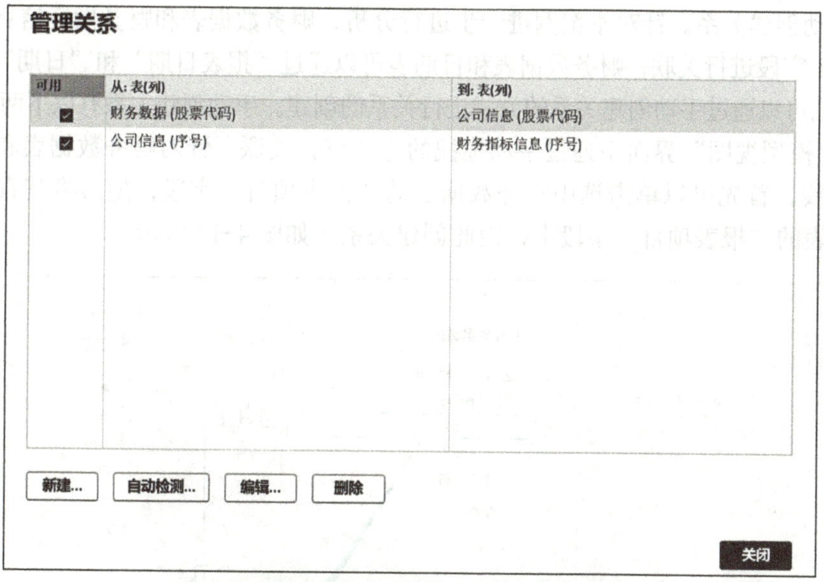

图4-10 模型视图中管理关系显示的对话框

从图 4-10 中可以看到，财务数据表和公司信息表通过"股票代码"字段进行关联，公司信息表和财务指标信息表通过"序号"字段进行关联。此外，在模型视图中也可以用鼠标触碰两张数据表的关系线，查看对应两张数据表间各自通过哪些字段进行表关联。

对于本案例而言，公司信息表和财务指标信息表两张表同属于维度表，两张表其他字段信息所反映的内容无明显相关性，并不需要通过"序号"字段进行关联，所以可以通过"管理关系"对话框中的"删除"按钮进行删除。此外，也可以切换回"模型视图"，选中需要进行操作的"序号"关系线，右击进行删除。删除后的"管理关系"对话框如图 4-11 所示。由此可见，Power BI 有时自动识别的关系不准确，建议采用手动方式创建关系。

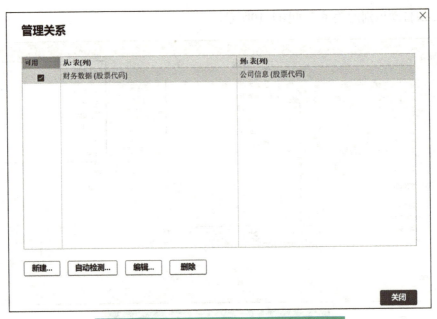

图4-11 删除关系后的"管理关系"对话框

（2）手动创建关系。针对本案例进一步进行分析，财务数据表和财务指标信息表可以通过"报表项目"字段进行关联，财务数据表和日期表可以通过"报表日期"和"日期"字段进行关联，因此我们可以通过手动创建关系的方式进行关系的创建。手动创建关系有以下两种方式。

1）在"模型视图"界面中通过手动拖拽的方式进行关联。针对财务数据表和财务指标信息表的关系线，首先可以单击选中财务数据表的"报表项目"字段，随后将其直接拖拽到财务指标信息表的"报表项目"字段上，由此创建关系，如图4-12所示。

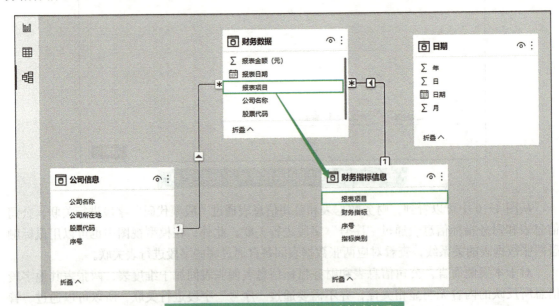

图4-12 在模型视图界面中手动创建关系

2）在"管理关系"对话框中新建关系。在功能区中，单击"主页"→"管理关系"→"新建"，会弹出"创建关系"对话框。在"创建关系"对话框中，首先在上方选择区域通过下拉箭头筛选出表"财务数据",下方选择区域筛选出表"日期"。筛选出对应表格后,表的字段信息将会展示在对话框中。然后单击选中财务数据表的"报表日期"字段,再单击选中日期表的"日期"字段,单击确定即可建立两张数据表之间的关系,如图4-13所示。

图4-13　在"创建关系"对话框中手动新建关系

此时返回"管理关系"对话框中,可以看到案例中通过自动方式和两种手动方式创建的三个关系,如图4-14所示。

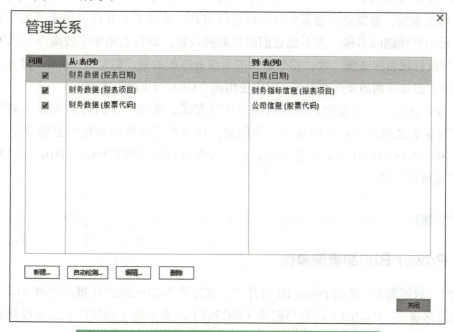

图4-14　"管理关系"对话框中案例数据表的所有关系

> **拓展阅读**　　　　　　　创建关系：交叉筛选器方向
>
> 在"创建关系"对话框中，Power BI 会自动检测并设置基数类型和交叉筛选器方向。交叉筛选方向具有单一和两个两种设置。交叉筛选选项取决于基数类型。
> （1）单一。最常用的默认方向，这意味着连接表中的筛选选项适用于求值总和的表。
> （2）两个。出于筛选目的，两个表被视为同一个表。"两个"设置非常适用于其周围具有多个查找表的单个表。此配置通常被称为星型架构配置（一个具有多个查找表的中心表）。但是，如果拥有两个或多个具有查找表（部分查找表共有）的表，则"两个"设置不适合。

任务二　掌握数据表的追加与合并

[任务描述]

在数据建模时，Power Query 提供了两种方式进行多表格合并，一种是追加查询，另外一种是合并查询。通过本任务的学习，可以帮助大家在 Power BI 中灵活使用多表合并进行数据处理。本任务中的数据可从配套资源包教材资源 D4-02、D4-03 获取。

案例数据
表关系的手动创建

[知识准备]

在 Power BI 中多表合并的方式分为追加查询与合并查询。

（1）追加查询。追加查询是多表纵向的连接方式，从效果上而言，表变"长"了。追加查询基于表中列标题的名称，而不是它们的相对列位置。即各表格中字段顺序可以不一致，但追加的字段标题名称必须一致。如果追加的表没有匹配的列，则空值（null）将被添加到不匹配的列中。追加查询的操作在 Power BI 中使用函数 UNION 也可以实现。

（2）合并查询。合并查询是多表横向的连接方式，从效果上而言，表变"宽"了。合并查询将数据表之间共同存在的某列作为纽带，使合并后分析的数据源更加完整。合并查询与 Excel 中的 VLOOKUP 函数功能非常相似。合并查询的操作在 Power BI 中使用关系函数 RELATED 也可以实现。

[任务实施]

一、Power BI 追加查询操作

步骤一　数据采集。使用 Power BI 打开"三家公司 2020—2022 年报利润表.xlsx"文件，同时获取美邦服饰（002269）、森马服饰（002563）、太平鸟（603877）三张数据表，通过单击"转换数据"进入 Power Query 界面。数据采集的结果如图 4-15 所示。

	Column1	Column2	Column3	Column4
1	报表日期	20221231	20211231	20201231
2	一、营业总收入	1439359495	2638678728	3819038468
3	营业收入	1439359495	2638678728	3819038468
4	二、营业总成本	1783279188	3176035092	4261726604
5	营业成本	977365515	1741355019	2499591561
6	营业税金及附加	7641273.52	15421930.93	13651980.42
7	销售费用	573644499.4	1112287560	1469284465
8	管理费用	84259055.53	140173793.6	133242629
9	财务费用	88576301.06	97537683.79	77400378.01
10	研发费用	51792543.71	69259104.69	68555590.32
11	资产减值损失	0	0	0
12	公允价值变动收益	451243.46	24337126.57	0
13	投资收益	-56830896.31	320520238.1	30485061.98
14	其中:对联营企业和合营企...	-51110864.91	24811154.58	30485061.98
15	汇兑收益	0	0	0
16	三、营业利润	-820423536.8	-411083737	-808113478.1
17	加:营业外收入	5509462.99	4582504.64	2222408.29
18	减：营业外支出	16122491.21	16095735.61	15505548.29
19	其中：非流动资产处置损失	0	0	0
20	四、利润总额	-831036565	-422596968	-821396618.1
21	减：所得税费用	-8220742.62	-21027058.31	37970343.26

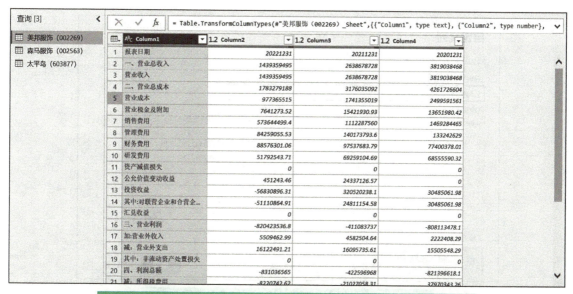

图4-15　Power Query中三家公司2020—2022年利润表数据采集

步骤二　数据清洗。

（1）分别对三张数据表进行将“第一行用作标题”和将“报表日期”字段名称修改为“报表项目”的操作，清洗结果如图4-16所示。

	报表项目	20221231	20211231	20201231
1	一、营业总收入	1439359495	2638678728	3819038468
2	营业收入	1439359495	2638678728	3819038468
3	二、营业总成本	1783279188	3176035092	4261726604
4	营业成本	977365515	1741355019	2499591561
5	营业税金及附加	7641273.52	15421930.93	13651980.42
6	销售费用	573644499.4	1112287560	1469284465
7	管理费用	84259055.53	140173793.6	133242629
8	财务费用	88576301.06	97537683.79	77400378.01
9	研发费用	51792543.71	69259104.69	68555590.32
10	资产减值损失	0	0	0
11	公允价值变动收益	451243.46	24337126.57	0
12	投资收益	-56830896.31	320520238.1	30485061.98
13	其中:对联营企业和合营企...	-51110864.91	24811154.58	30485061.98
14	汇兑收益	0	0	0
15	三、营业利润	-820423536.8	-411083737	-808113478.1
16	加:营业外收入	5509462.99	4582504.64	2222408.29
17	减：营业外支出	16122491.21	16095735.61	15505548.29
18	其中：非流动资产处置损失	0	0	0
19	四、利润总额	-831036565	-422596968	-821396618.1
20	减：所得税费用	-8220742.62	-21027058.31	37970343.26
21	五、净利润	-822815822.4	-401569909.7	-859366961.4

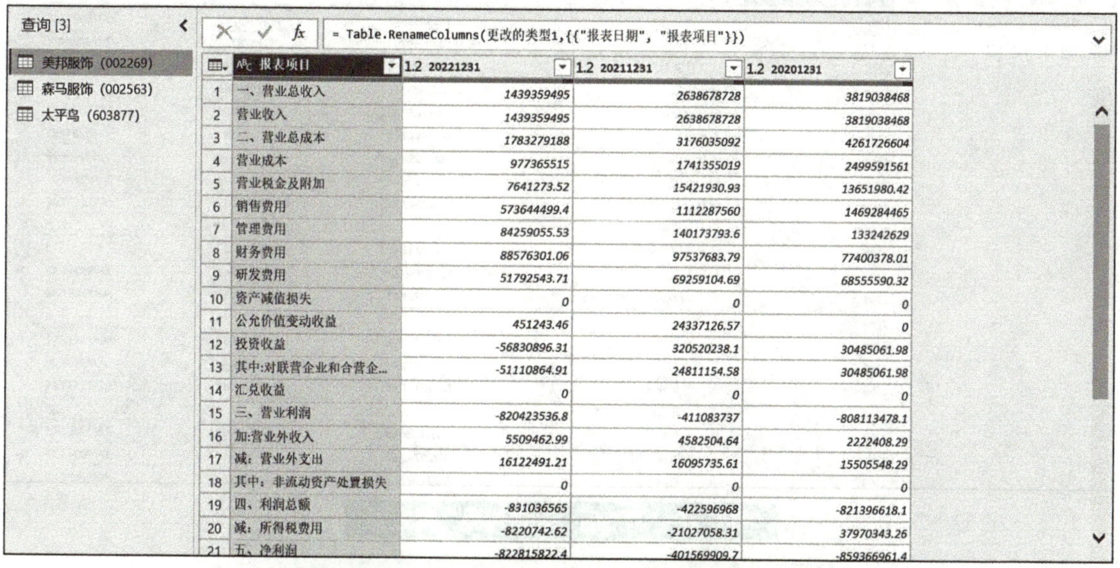

图4-16　数据清洗后三家公司2020—2022年利润表

（2）分别对三张数据表增加名为“公司代码”的新列。以美邦服饰（002269）为例，具体操作步骤为：在功能区选择“添加列”→“自定义列”，在“自定义列”对话框中输入如

图4-17所示的内容，单击“确定”按钮。

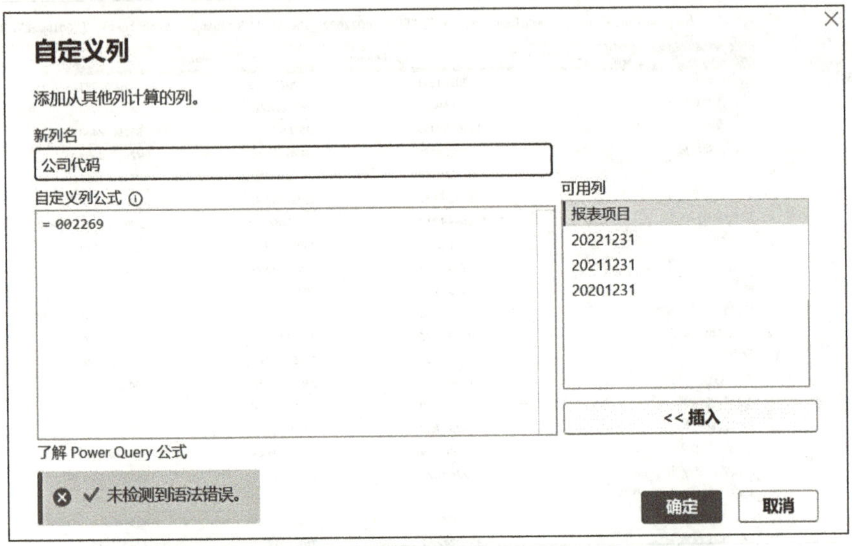

图4-17 “自定义列”对话框中新增“公司代码”列

（3）新添加的“公司代码”列数据类型为任意型，将其修改为文本型，并将该列位置调整到第一列。修改结果如图4-18所示。

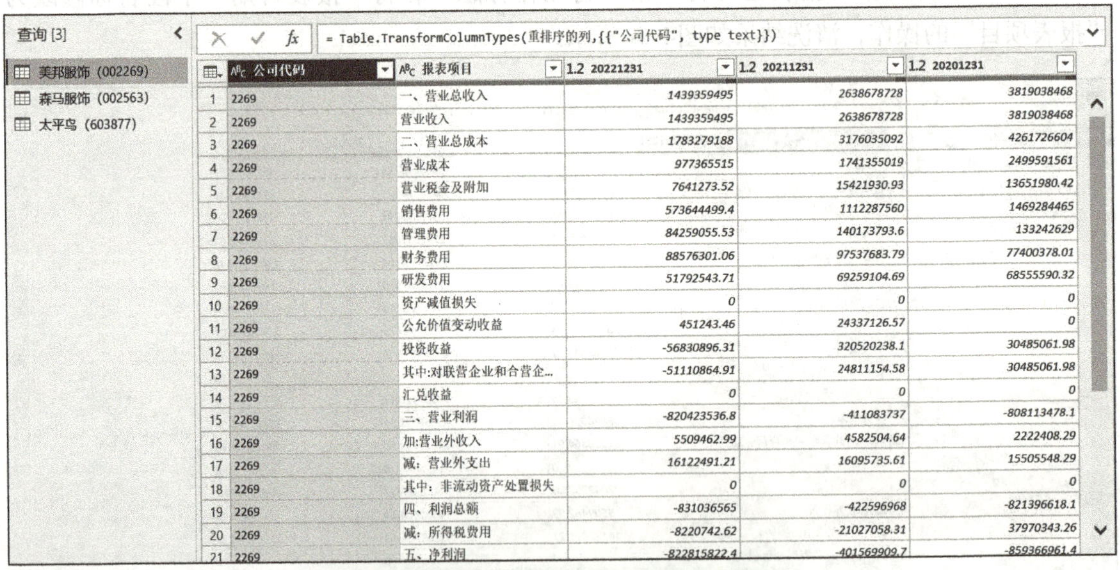

	公司代码	报表项目	20221231	20211231	20201231
1	2269	一、营业总收入	1439359495	2638678728	3819038468
2	2269	营业收入	1439359495	2638678728	3819038468
3	2269	二、营业总成本	1783279188	3176035092	4261726604
4	2269	营业成本	977365515	1741355019	2499591561
5	2269	营业税金及附加	7641273.52	15421930.93	13651980.42
6	2269	销售费用	573644499.4	1112287560	1469284465
7	2269	管理费用	84259055.53	140173793.6	133242629
8	2269	财务费用	88576301.06	97537683.79	77400378.01
9	2269	研发费用	51792543.71	69259104.69	68555590.32
10	2269	资产减值损失	0	0	0
11	2269	公允价值变动收益	451243.46	24337126.57	0
12	2269	投资收益	-56830896.31	320520238.1	30485061.98
13	2269	其中:对联营企业和合营企...	-51110864.91	24811154.58	30485061.98
14	2269	汇兑收益	0	0	0
15	2269	三、营业利润	-820423536.8	-411083737	-808113478.1
16	2269	加:营业外收入	5509462.99	4582504.64	2222408.29
17	2269	减：营业外支出	16122491.21	16095735.61	15505548.29
18	2269	其中：非流动资产处置损失	0	0	0
19	2269	四、利润总额	-831036565	-422596968	-821396618.1
20	2269	减：所得税费用	-8220742.62	-21027058.31	37970343.26
21	2269	五、净利润	-822815822.4	-401569909.7	-859366961.4

图4-18 调整后“公司代码”列效果

（4）在功能区选择“转换”→“替换值”，在“替换值”对话框中将“公司代码”字段中“2269”替换为“002269”，如图4-19所示。

（5）太平鸟（603877）公司代码首位非数字0，可以省略“替换值”的操作。“替换值”

操作完成后的效果如图4-20所示。

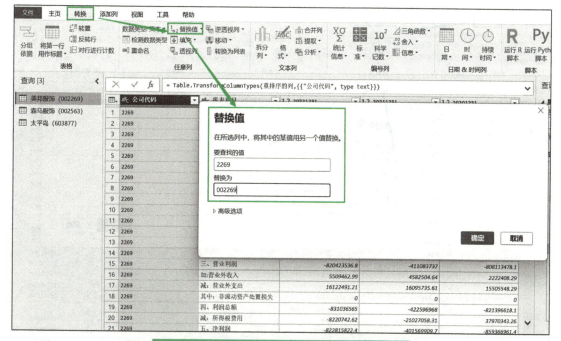

图4-19 "公司代码"列进行"替换值"操作

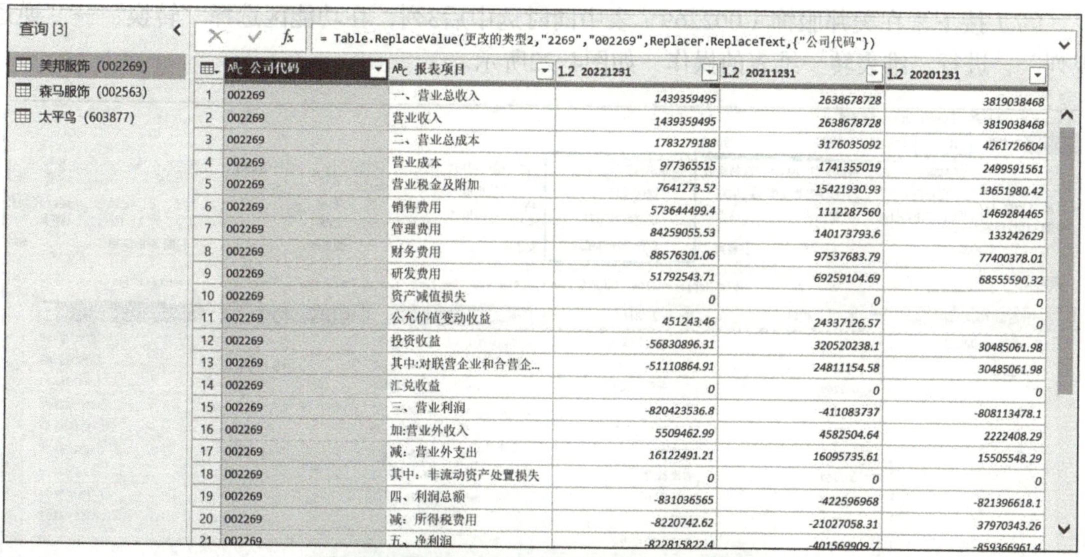

图4-20 "替换值"操作完成后的效果

（6）通过字段下方区域可以看到，数据有效性并未达到100%，后三个字段列显示存在灰色区域。查看后三列数据可以看到存在空值（null）。本案例是利润表数据，可以对空值用0进行填充。具体操作为：按住"Shift"键同时选中后三个字段，在功能区选择"转换"→"替换值"，在"替换值"对话框中"要查找的值"区域输入"null"，"替换为"区域输入"0"，输入完毕后单击"确定"按钮，如图4-21所示。三张数据表均按照上述操作进行替换，替换完成后所有数据字段有效性均为100%。

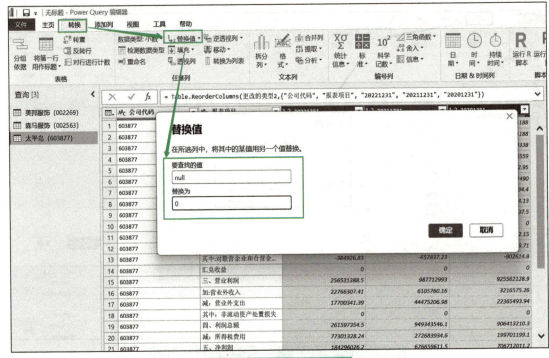

图4-21 空值替换操作

（7）接下来在美邦服饰（002269）表中同时选中后3列，在功能区选择"转换"→"逆透视列"，进行二维表转一维表的操作，如图4-22所示。

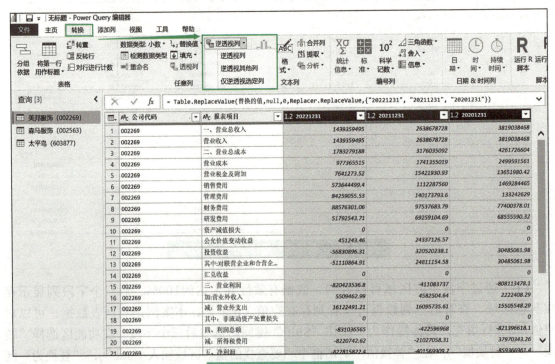

图4-22 逆透视列操作

（8）在完成逆透视列操作后，将字段名称"属性"和"值"分别修改为"报表日期"和"报表金额"，将"报表日期"字段数据类型修改为日期型。森马服饰（002563）和太平鸟（603877）两张表重复以上操作。至此，数据清洗部分相关操作全部完成。完成效果如图4-23所示。

图4-23 美邦服饰（002269）表完成数据清洗后的效果

> **步骤三** 追加查询。

（1）单击"主页"的"追加查询"，列表中弹出"追加查询"和"将查询追加为新查询"两个选项。"追加查询"会在被选中的查询中进行追加，不产生新的查询；"将查询追加为新查询"会在查询列表下方新增查询。此时选择"将查询追加为新查询"，如图4-24所示。

图4-24 主页下方选择"将查询追加为新查询"

（2）在弹出的"追加"对话框中选择"三个或更多表"，将左侧"可用表"区域下方的美邦服饰（002269）、森马服饰（002563）、太平鸟（603877）依次单击选中，再通过"添加"按钮放置到右侧"要追加的表"区域中，完成后单击"确定"按钮，如图4-25所示。

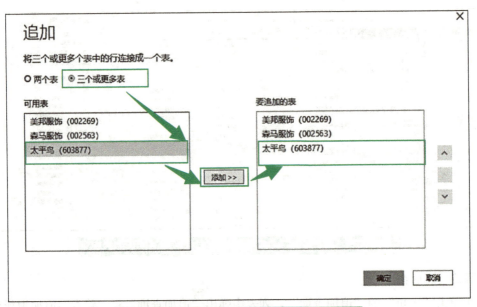

图4-25 "追加"对话框进行数据表的选择

（3）美邦服饰（002269）、森马服饰（002563）、太平鸟（603877）三张表通过追加查询后的效果如图4-26所示。

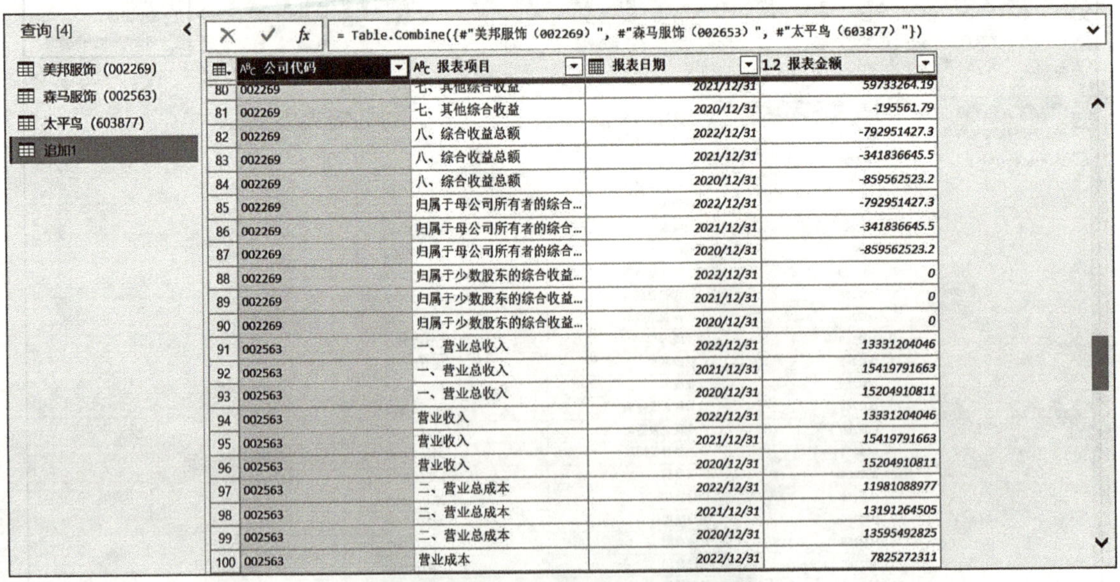

图4-26 完成追加查询后的效果

二、Power BI合并查询操作

现有一张公司人员情况表，如图 4-27 所示。

	A	B	C	D	E	F
1	序号	股票代码	公司名称	公司人数		
2	1	002269	美邦服饰	1179		
3	2	002563	森马服饰	3201		
4	3	603877	太平鸟	10157		
5						
6						
7						

案例数据表的追加查询

图4-27 公司人员情况表

如何将表中“公司人数”字段放置于新追加查询出的表“追加 1”中呢？我们可以使用 VLOOKUP 函数进行公式编辑。打开 Excel 文件，在编辑栏中输入“=VLOOKUP(A2,'[数据 D4-03 公司人员情况表 .xlsx] 员工人数 '!$B$1:$D$4,3,FALSE)”即可实现效果，如图 4-28 所示。

E2 =VLOOKUP(A2,'[数据D4-03 公司人员情况表.xlsx]员工人数'!$B$1:$D$4,3,FALSE)

A	B	C	D	E	F	G
002269	营业收入	2020/12/31	3819038468	1179		
002269	二、营业总成本	2022/12/31	1783279188	1179		
002269	二、营业总成本	2021/12/31	3176035092	1179		
002269	二、营业总成本	2020/12/31	4261726604	1179		
002269	营业成本	2022/12/31	977365515	1179		
002269	营业成本	2021/12/31	1741355019	1179		
002269	营业成本	2020/12/31	2499591561	1179		
002269	营业税金及附加	2022/12/31	7641273.52	1179		
002269	营业税金及附加	2021/12/31	15421930.93	1179		
002269	营业税金及附加	2020/12/31	13651980.42	1179		
002269	销售费用	2022/12/31	573644499.4	1179		
002269	销售费用	2021/12/31	1112287560	1179		
002269	销售费用	2020/12/31	1469284465	1179		
002269	管理费用	2022/12/31	84259055.53	1179		
002269	管理费用	2021/12/31	140173793.6	1179		
002269	管理费用	2020/12/31	133242629	1179		
002269	财务费用	2022/12/31	88576301.06	1179		
002269	财务费用	2021/12/31	97537683.79	1179		
002269	财务费用	2020/12/31	77400378.01	1179		
002269	研发费用	2022/12/31	51792543.71	1179		

图4-28 Excel表中利用VLOOKUP函数实现数据列添加

若同一张表有多个字段需要进行添加，那么重复使用 VLOOKUP 函数的处理效率较低，而在 Power BI 中使用合并查询更加简便。接下来展示本案例如何通过合并查询操作实现目标。

步骤一 数据采集。打开项目四任务三中已经完成追加查询后的文件，再次进入 Power Query 编辑器。在 Power Query 编辑器中，通过功能区“主页”→“新建源”，将“公司人员情况表 .xlsx”导入编辑器中，如图 4-29 所示。注意，导入的员工人数表需要将“股票代码”字段数据类型修改为文本型。

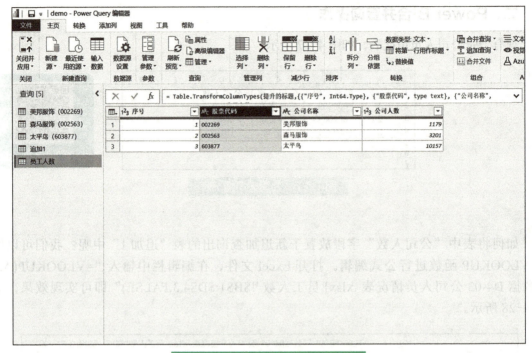

图4-29 合并查询数据采集结果

步骤二 合并查询。

(1) 因为此时要直接在表"追加1"上添加列,所以选中表"追加1",再单击"主页"下方"合并查询",在弹出的"合并"对话框中分别选择表"追加1"及其"公司代码"字段和表"员工人数"及其"股票代码"字段,如图4-30所示。

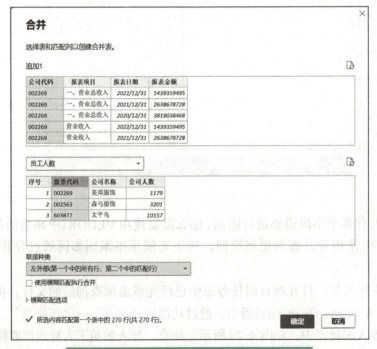

图4-30 "合并"对话框中表和字段的选择

项目四 财务大数据建模

（2）单击"确定"后，编辑器界面表"追加1"中出现新列"员工人数"，其下方单元格中显示内容"Table"，如图4-31所示。

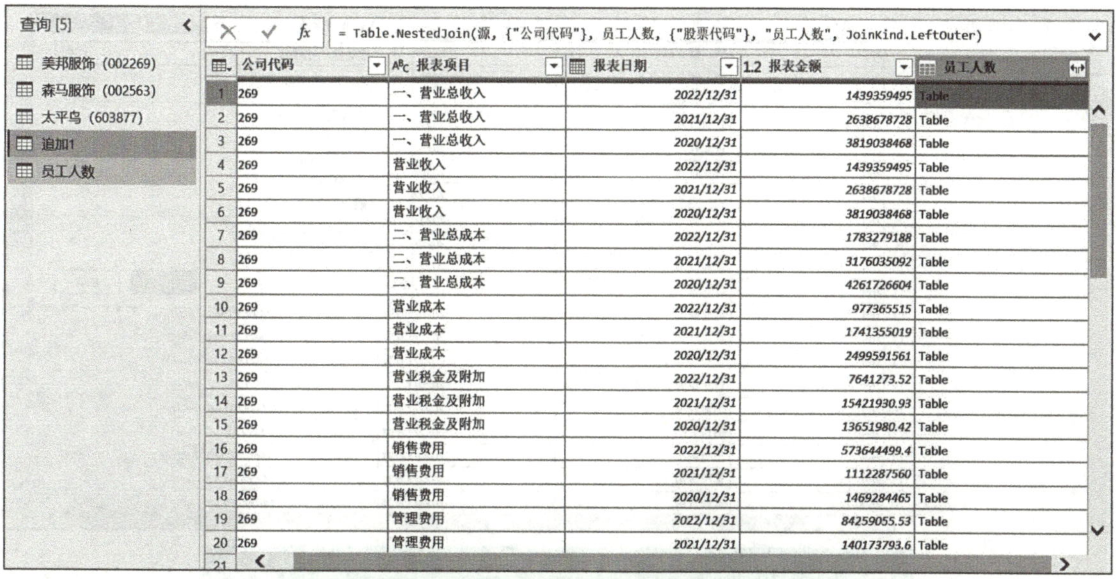

图4-31 Power Query编辑器中合并查询效果

（3）此时通过合并查询得到的新列"员工人数"实际上是"员工人数"整个数据表，我们可以通过单击"员工人数"右侧的"左右方向箭头"进行展开，如图4-32所示。

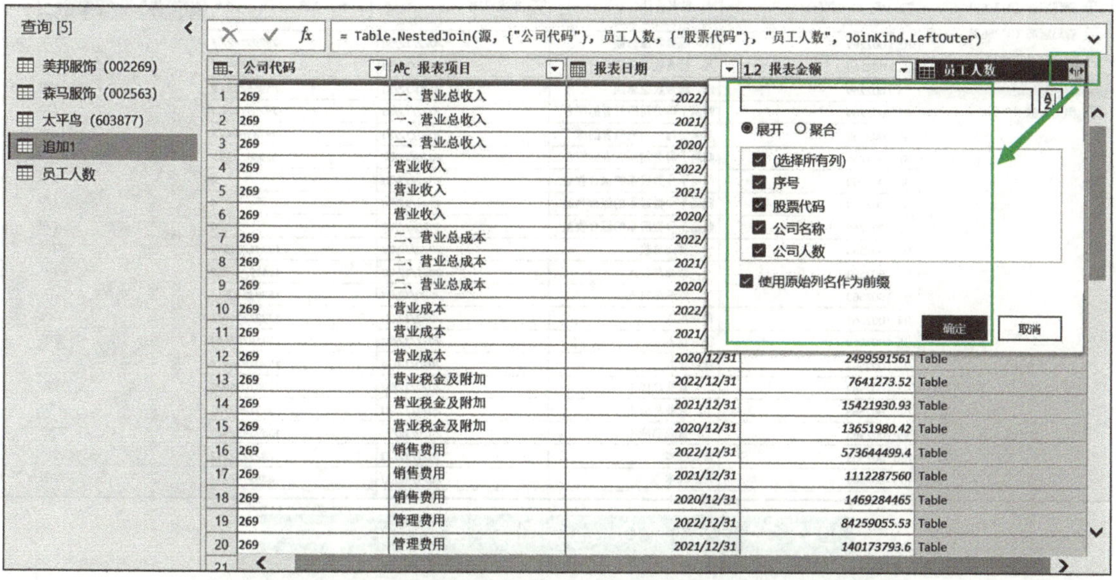

图4-32 Power Query编辑器中展开"员工人数"表信息

（4）从图4-32中可以看到，编辑器默认选择以"展开"方式展开"员工人数"表所有列数据，并且在"追加1"表中展开"员工人数"表的具体列数据时，对列名添加前缀。本案例只想得到"公司人数"列，那么勾选框中仅选中公司人数，同时取消选择"使用原始列名作为前

案例数据表的合并查询

73

缀"，如图4-33所示。

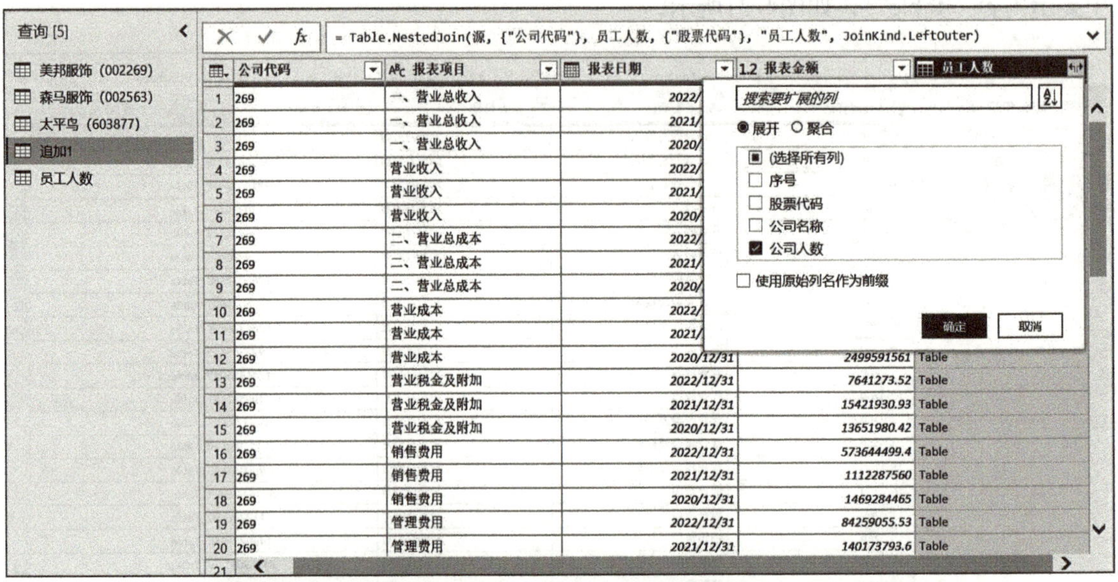

图4-33　Power Query编辑器中调整展开"员工人数"表信息

（5）合并查询所有操作完成后的效果如图4-34所示。

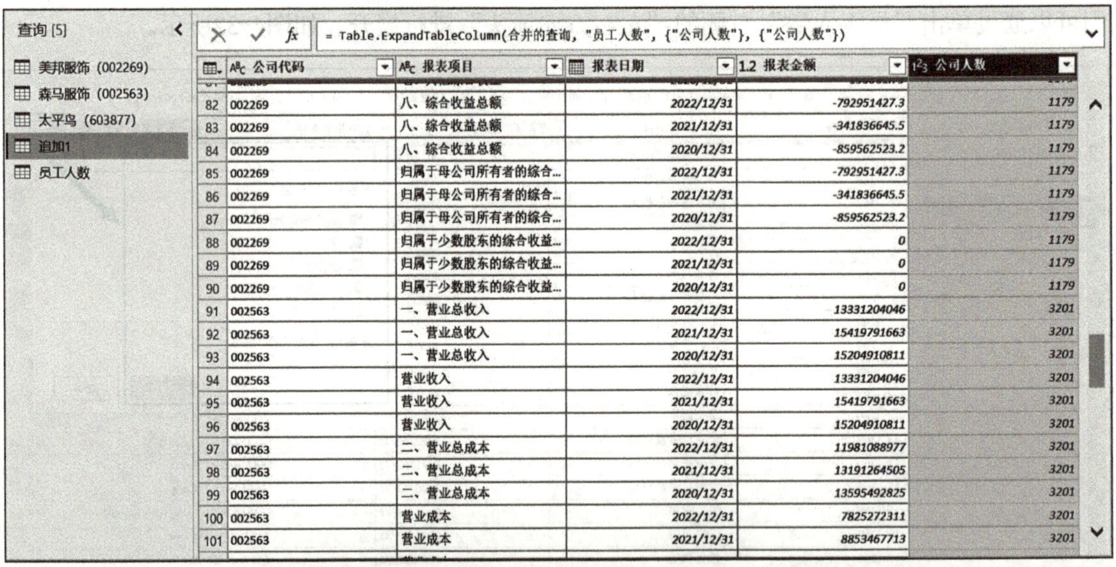

图4-34　Power Query编辑器中合并查询完成效果

拓展阅读　　　　　　　　　常用的表联接方式

在合并查询操作中，"合并"对话框下方区域存在"联接种类"下拉选择框。一般情况下，我们默认Power BI自动识别的"联接种类"。"联接种类"的含义是对于选中操作的两张数据表，采用何种表联接方式进行关联，其背后逻辑来源于数据库。

在数据库中，表与表之间可以通过联接的方式进行数据的关联查询。简单来说，数据库表的联接是为了在不同的表中将信息进行匹配，最终提取出我们需要的信息。表的联接方式不同，数据表之间匹配的效果也存在一定的差别。常见的联接类型包括左外部、右外部、完全外部、内部、左反以及右反6种，其具体含义如表4-1所示。

表4-1 合并查询里的联接种类

类型	含义
左外部	左表的所有行与右表的匹配行进行联接，若右表没有匹配项则该行显示空值（null）
右外部	右表的所有行与左表的匹配行进行联接，若左表没有匹配项则该行显示空值（null）
完全外部	保留两张表中的所有行，左右表相互匹配，此时两张表没有匹配项的行显示空值（null）
内部	两张表仅留下匹配的行，没有匹配项的行将被删除
左反	左表显示没有匹配项的行
右反	右表显示没有匹配项的行

任务三　使用度量值与DAX函数

[任务描述]

在Power BI中计算列和度量值是十分重要的概念。度量值的巧妙使用是聚合分析的关键。通过本任务的学习，可以帮助大家在数据建模中准确理解并运用DAX函数创建计算列和度量值。本任务中的数据可以从配套资源包教学资源D4-04获取。

[知识准备]

一、计算列与度量值

在初学DAX语言时，我们会了解到一组最重要的概念：计算列和度量值。计算列和度量值乍一看可能相似，但实际上它们存在着差异。对上下文的理解与使用是区别计算列和度量值的关键。理解其中的差异能更好释放DAX语言的能量。

（1）计算列。计算列可以理解为在数据表中新增一列数据。在Power BI中计算列通过DAX语言进行创建，对于表中的其他任何列的计算都只能返回当前行对应的列的数据，无法直接使用其他行的数据。原因在于计算列是在模型刷新时计算的，是以所在表的当前行作为计算环境（也叫行上下文）的，对表操作时不会影响计算列的结果。计算列与其他列一样，都可以在可视化视觉对象中使用。计算列始终占用计算机内存。

（2）度量值。度量值可以理解为用户重点关注的一些数值和指标，它取决于使用者的分析需求。度量值可以是对事实数据表中某个列或某些列的值的聚合分析，如汇总值、最大值、平均值等。度量值在当前的计算环境中进行聚合，受到外部筛选环境（也叫筛选上下文）的影响。度量值不会存储在模型中。

初学者可能会对计算列与度量值两个概念产生一定程度的混淆。表4-2展示了计算列与度量值的共同点与不同点。

表4-2 计算列与度量值的共同点与不同点

类型	计算列	度量值
相同点	（1）使用DAX语言进行定义 （2）可以添加到数据模型中进行计算	
不同点	（1）用途在于使用新列扩展表 （2）在数据刷新时使用行上下文进行计算 （3）将各个行的值存储在表中	（1）用途在于汇总模型数据 （2）在查询时使用筛选上下文进行计算 （3）不存储在模型中

拓展阅读   行上下文与筛选上下文

  为了支持大量数据的多样化运算，DAX需要通过上下文定义函数所在的环境变量，即运算范围，这样它才能根据上下文确定计算范围。在DAX中有两种上下文，一种是行上下文，另一种是筛选上下文。

  （1）行上下文。行上下文可以理解为"当前行"。在新建计算列时，DAX会产生一个行上下文，行上下文由每个单独行中的值组成，并将该行上下文作为游标，逐行迭代这个表，并计算表达式。

  （2）筛选上下文。筛选上下文是把原始数据按照一定规则进行筛选，再将筛选后的结果作为变量带入到函数中使用，其作用是筛选表。通过设定筛选上下文，可以灵活地改变函数的运算范围，实现个性化的数据分析目的。

二、DAX语言认知

  DAX（Data Analysis Expression）即数据分析表达式，它是一种公式语言。初识DAX可以将其理解为类似Excel函数的使用规则，允许用户在Power BI中进行自定义计算。DAX的特点在于数据处理灵活，适合复杂的计算逻辑和大量的数据运算。

1. DAX语法

  DAX语法就是公式的编写方法。DAX语法可以应用于计算列或者度量值中。DAX书写规则如图4-35所示。

图4-35 DAX书写规则

  A：度量值名称，如"销售总额"，是计算度量值的名称，在编辑公式一开始时输入。

  B：运算符，"="和"*"分别是等于号和乘号运算符，其中"="是公式的开头。

  C：函数名称，"SUM"是一个DAX函数，用来计算某列数据之和。

  D：表名，"销售表"为表名，引入时可以选择添加列名，注意公式之中使用单引号进行引用。

E：列名，"销售单价"和"销售量"是列名，使用中括号进行引用。

2. DAX运算符

DAX 语言使用运算符来进行公式的创建。DAX 运算符和 Excel 公式中的运算符类似，包括算术运算符、比较运算符、文本运算符以及逻辑运算符。DAX 运算符如表4-3 所示。

表4-3　DAX运算符

类别	符号	含义
算术运算符	+	加
	−	减
	*	乘
	/	除
比较运算符	=	等于
	>	大于
	<	小于
	>=	大于或等于
	<=	小于或等于
	<>	不等于
文本运算符	&	串联两个文本值以生成一个连续的文本值
逻辑运算符	&&	同时满足几个条件。如果多个表达式都返回 TRUE，则结果为 TRUE；否则结果为 FALSE
	||	满足任意一个条件。如果任意表达式返回 TRUE，则结果为 TRUE；仅当所有表达式均返回 FALSE 时，结果才是 FALSE

注意，所有的 DAX 公式都是从左往右进行读取运算。但是如果在一个公式中使用了多个运算符，则会按照运算符优先级顺序执行计算。运算符优先级如表4-4 所示。

表4-4　DAX运算符优先级

符号	含义	运算顺序
^	求幂	1
−	负号	2
* 和 /	乘法和除法	3
+ 和 −	加法和减法	4
&	连接两个文本字符串	5
=、>、<、>=、<=、<>	比较	6

3. DAX函数

DAX 中的函数可帮助我们创建功能非常强大的公式。DAX 包括以下函数类别：聚合函数、日期和时间函数、筛选器函数、财务函数、关系函数、表操作函数、时间智能函数、信息函数、逻辑函数、数学和三角函数、统计函数、文本函数、父函数和子函数以及其他函数。DAX 中的很多函数与 Excel 公式中的函数相似。值得注意的是，DAX 函数始终引用完整的列或表。如果仅使用表或列中的特定值，则可以向公式中添加筛选器。

Power BI 官方文档中有 250 多个函数的示例，在表 4-5 中列示部分常见 DAX 函数。

表4-5 常见DAX函数

函数类别	说明	函数名称
聚合函数	用于计算由表达式定义的列或表中所有行的（标量）值，例如计数、求和、平均值、最小值或最大值	AVERAGE、COUNT、COUNTA、MAX、MIN、SUM、SUMX
日期和时间函数	类似于 Excel 中的日期和时间函数	DATE、CALENDAR、DAY、TIME、WEEKDAY、TODAY、YEAR
筛选器函数	用于返回特定的数据类型、在相关表中查找值，以及按相关值进行筛选	ALL、CALCULATE、FILTER、INDEX、RANK、LOOKUPVALUE
财务函数	用于执行财务计算的公式	FV、PV、SLN、SYD、DDB、PMT、RATE、PRICE
信息函数	用于查看作为另一个函数的参数提供的表或列，并反馈此值是否与预期类型匹配	ISBLANK、ISERROR、ISNUMBER、CONTAINS
逻辑函数	用于返回有关表达式中值的信息	AND、IF、NOT、OR、SWITCH、TRUE、FALSE
数学和三角函数	类似于 Excel 中的数学和三角函数	ABS、CONVERT、DIVIDE、INT、ROUND、RAND、TRUNC
父函数和子函数	用于帮助用户管理在其数据模型中显示为父/子层次结构的数据	PATH、PATHCONTAINS
关系函数	用于管理和利用表之间的关系	RELATED、RELATEDTABLE、CROSSFILTER
统计函数	用于计算与统计分布和概率相关的值	MEDIAN、SAMPLE、RANKX、LINEST
表操作函数	用于返回一个表或操作现有表	ADDCOLUMNS、CROSSJOIN、DATATABLE、EXCEPT、GROUPBY、UNION、ROW、SUMMARIZE、VALUES
文本函数	用于返回字符串的一部分、搜索字符串中的文本或连接字符串值	FIND、REPLACE、REPT、LEN、SEARCH、TRIM、FORMAT
时间智能函数	用于创建使用日历和日期的相关内置信息的计算	DATESBETWEEN、SAMEPERIODLASTYEAR
其他函数	用于执行无法由其他大多数函数的类别定义的唯一操作	ERROR、TOJSON、TOCSV

[任务实施]

一、常用DAX函数应用实例

本部分将通过案例介绍 DAX 函数中的 RELATED、CALCULATE、FILTER、ALL、DIVIDE、SAMEPERIODLASTYEAR 函数。案例选取项目四任务三追加查询中已完成操作的三家公司2020—2022 年报利润表文件。

1. RELATED函数

在合并查询中我们了解到，Excel中用于进行数据表之间列匹配的函数为VLOOKUP。类似于VLOOKUP，在DAX语言中RELATED函数的作用是返回与当前行相关的单个值。它要求当前表和具有相关信息的表之间存在关系。

RELATED函数的语法是：

> RELATED(<column>)
> <column>：包含要检索的值的列，也就是两个表之间要进行匹配的列。

注意，RELATED函数执行查找时，将检查指定表中的所有值，而不考虑可能已应用的任何筛选器。接下来通过案例进一步体会RELATED函数的功能。

步骤一 数据整理。

（1）打开"项目四任务四DAX函数.pbix"文件，进入Power Query编辑器，在编辑器查询列表区域中将表"追加1"更名为"三家公司追加查询利润表"。然后通过单击"主页"→"输入数据"添加"公司信息"表，输入如图4-36所示的信息。注意，在添加完公司信息表后，需要将"公司代码"列数据类型替换为文本型。

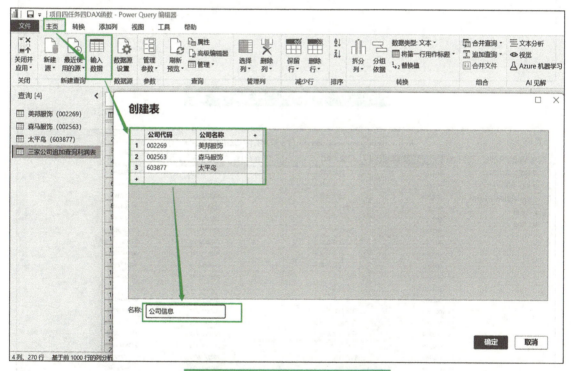

图4-36 案例添加"公司信息"表

（2）选择"主页"→"新建源"，将"公司人员情况.xlsx"文件中的"员工人数"加载到Power Query编辑器中，如图4-37所示。注意，在添加完员工人数表后，需要将"股票代码"列数据类型替换为文本型。

（3）在查询列表区域，选中表美邦服饰（002269），右击取消勾选"启用加载"，对森马服饰（002563）和太平鸟（603877）进行同样的操作，操作完成后可以看到三张表的名称字体在查询列表区域变为斜体，完成效果如图4-38所示。此处操作的意义在于节省数据加载的时间。

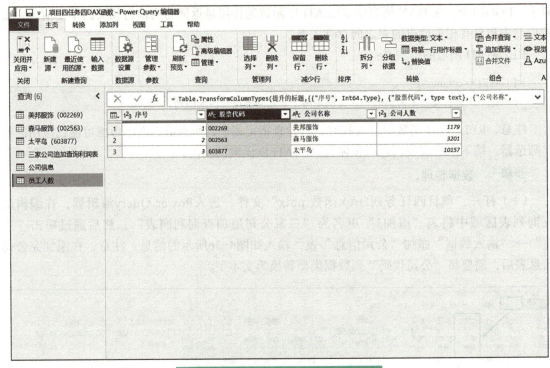

图4-37 案例添加"员工人数"表

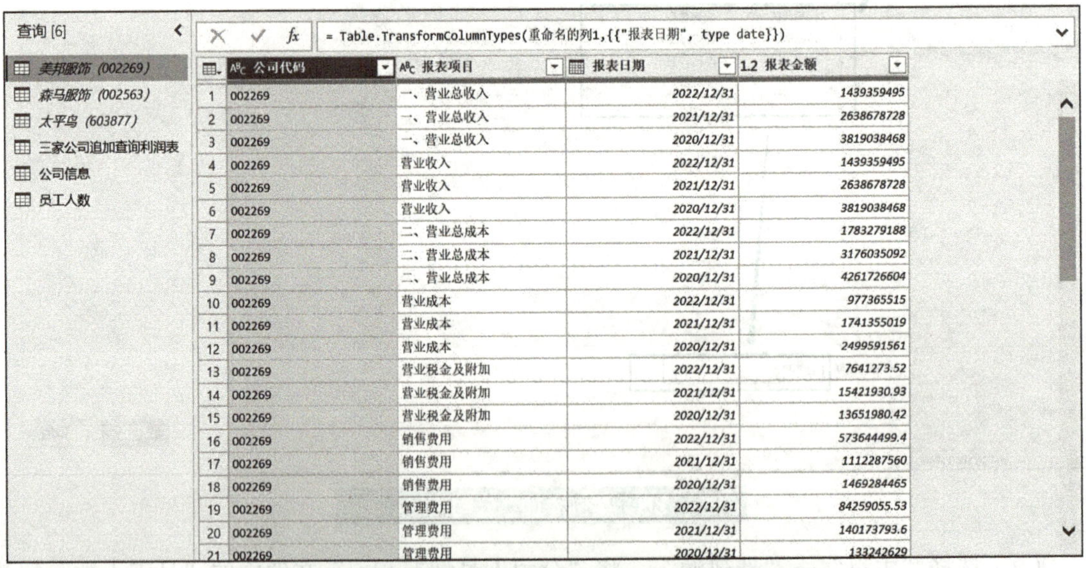

图4-38 Power Query中取消"启用加载"效果

步骤二 **数据建模**。在 Power Query 中将数据关闭并应用至主界面。在主界面中将报表视图切换到模型视图查看数据表中存在的关系。将"员工人数"表与"公司信息"表之间通过 Power BI 自动检测的"公司名称"关系删除，将"员工人数"表中"股票代码"与"公司信息"

表中"公司代码"新建关系，效果如图 4-39 所示。

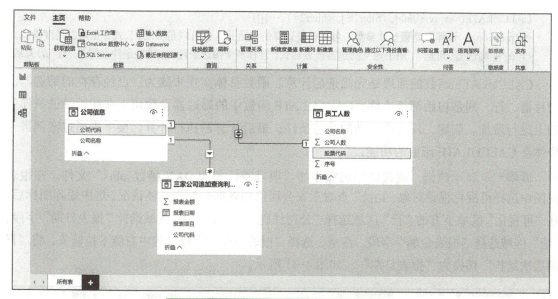

图4-39 模型视图中数据表存在的关系

步骤三 创建 DAX 公式。 将视图从模型视图切换至数据视图。选中"三家公司追加查询利润表"，在功能区选择"表工具"→"新建列"，在编辑栏中输入"公司人数 =RELATED('员工人数'[公司人数])"，可以实现将"员工人数"表中的人数信息放置于"三家公司追加查询利润表"中，效果如图 4-40 所示。

图4-40 使用RELATED函数实现数据的添加

2. CALCULATE函数

CALCULATE 函数是 DAX 中能够控制上下文的函数。CALCULATE 函数用来筛选数据，返回的是度量值。

案例数据
RELATED函数操作

CALCULATE 函数语法如下：

CALCULATE(<expression>[, <filter1> [, <filter2> [, …]]])
<expression>：计算器是强制性参数，可以是要计算的表达式，也可以是 DAX 公式，也可以是度量值。
<filter>：筛选器（可选），用于定义筛选器或表达式。当有多个筛选条件时，这些条件之间是"且"的关系。

CALCULATE 函数的原理是先筛选后计算。函数具体实现步骤为：已经存在的筛选器、切片器、行、列是初始筛选条件；CALCULATE 函数中的筛选器参数用于在初始筛选条件基础上进行增加、删除，从而产生新的筛选条件；最后计算器执行计算。接下来通过案例进一步体会 CALCULATE 函数的功能。

步骤一 **显示数据**。继续使用已操作的"项目四任务四 DAX 函数 .pbix"文件，在报表视图中选择可视化视觉对象"矩阵"查看三家公司追加查询利润表具体情况。选中矩阵图标后，在"可视化"区域下方的"行"区域选择"公司代码"字段，"列"区域选择"报表日期"字段，"值"区域选择"报表金额"字段。注意，选择"报表日期"字段时选中右侧下拉箭头，将"日期层次结构"切换为"报表日期"，如图 4-41 所示。

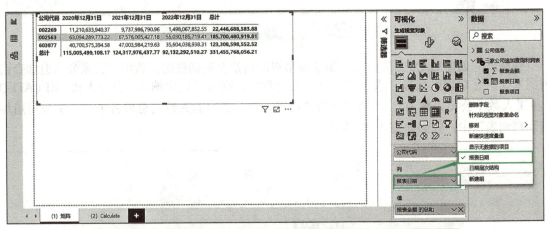

图 4-41 利用视觉对象矩阵查看"三家公司追加查询利润表"情况

> **提示**
> 利用视觉对象展示数据时，可以通过"设置视觉对象格式"调整字体大小、文本颜色、背景色，从而实现更加美观的展示效果。而具体字体大小、文本颜色、背景色的选择，可以根据案例需要显示的数据量进行调整。

矩阵纵向展示的是不同公司的利润表数值，横向展示的是同一公司不同年份的利润表数值，数值都是汇总后的结果。如果想要进一步查看利润表不同报表项目的数值，则需利用 CALCULATE 函数进行筛选。接下来展示不同公司、不同年份利润表中"四大费用"（财务费用、管理费用、销售费用、研发费用）的筛选结果。

步骤二 **创建 DAX 表达式**。

（1）单击左下角区域"新建页"按钮，将新的画布命名为"（2）Calculate"，存放可视化视觉对象矩阵的画布修改命名为"（1）矩阵"。选择"主页"→"新建度量值"，在编辑栏中创建案例所需的度量值，度量值名称与具体公式如表 4-6 所示。

表4-6 度量值名称与具体公式

度量值名称	公式
报表金额总和	报表金额总和=SUM('三家公司追加查询利润表'[报表金额])
销售费用总和	销售费用总和=CALCULATE([报表金额总和],'三家公司追加查询利润表'[报表项目]="销售费用")
管理费用总和	管理费用总和=CALCULATE([报表金额总和],'三家公司追加查询利润表'[报表项目]="管理费用")
财务费用总和	财务费用总和=CALCULATE([报表金额总和],'三家公司追加查询利润表'[报表项目]="财务费用")
研发费用总和	研发费用总和=CALCULATE([报表金额总和],'三家公司追加查询利润表'[报表项目]="研发费用")
四大费用总和	四大费用总和=[研发费用总和]+[管理费用总和]+[财务费用总和]+[销售费用总和]

从表4-6中可以看出利润表"四大费用"相关度量值创建的思路为：首先对"三家公司追加查询利润表"的"报表金额"字段进行求和，再在筛选器参数中编辑条件，让"报表项目"字段等于某种费用名称，此时能够筛选出对应费用的汇总值。

（2）完成后在画布区利用可视化视觉对象"表"查看不同公司的相关数据，效果如图4-42所示。

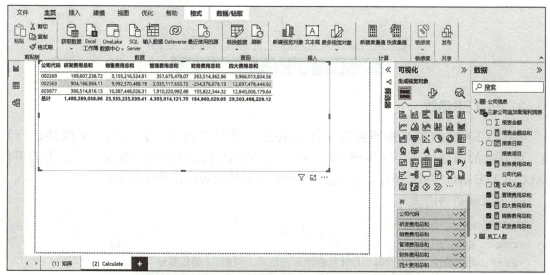

图4-42 利用视觉对象"表"查看创建的度量值

（3）表中显示的是三家公司四大费用三年汇总数值，可以在画布区添加视觉对象切片器"报表日期"，从而实现在表中任意展示不同年份三家公司四大费用的具体情况，如图4-43所示。

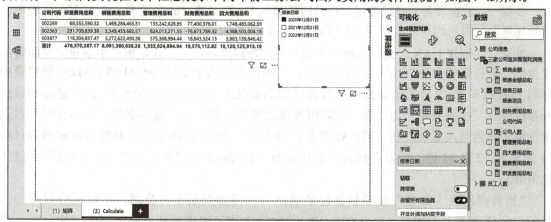

图4-43 添加"报表日期"切片器查看创建的度量值

注意，图4-43中展示的"报表日期"切片器样式为垂直列表。切片器样式的调整在"可视化"区域"设置视觉对象格式"→"视觉对象"→"切片器设置"中设置，如图4-44所示。

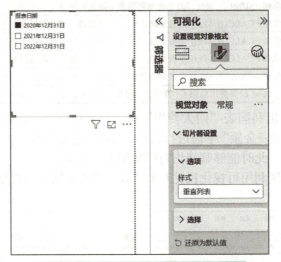

案例数据
CALCULATE函数操作

图4-44 "报表日期"切片器的设置

3. FILTER函数

CALCULATE 函数是按照筛选条件对表达式进行筛选的，它只能对字段列进行筛选，更复杂的筛选则需要使用到 FILTER 函数。FILTER 函数返回一张虚拟表，主要用作 CALCULATE 函数的筛选条件，它单独用于创建度量值或者计算列时会报错。

FILTER 函数的语法为：

FILTER(<table>,<filter>)

<table>：要筛选的表。
<filter>：筛选条件。为表的每一行计算的布尔表达式。例如，[销售数量] > 0。

在 CALCULATE 函数实例中我们已经明确如何对利润表中某一报表项目进行筛选和展示，但此时筛选出的结果是某一具体报表项目的汇总结果，那么如何进一步筛选出满足条件的数值？例如，如何展示"不同公司、不同年份销售费用 > 20 亿"？

步骤一 数据准备。继续使用"项目四任务四 DAX 函数 .pbix"文件，在左下角区域单击"新建页"，将新画布命名为"（3）Filter"，如图 4-45 所示。

步骤二 创建 DAX 公式。选择"主页"→"新建度量值"，在编辑栏中创建案例所需的度量值"销售费用大于 20 亿"，其公式为："销售费用大于 20 亿 =CALCULATE([销售费用总和],FILTER(' 三家公司追加查询利润表 ',[销售费用总和]>2000000000))"。创建完毕后在画布区添加"报表日期"切片器，同时用可视化视觉对象"表"展示字段"公司代码"以及度量值"销售费用总和"和"销售费用大于 20 亿"，如图 4-46 所示。此时选择的报表日期为 2020 年 12 月 31 日，可以看到表中美邦服饰（002269）的"销售费用大于 20 亿"字段区域为空。

"销售费用大于20亿"度量值创建的思路为：需要判断不同公司、不同年份对应的销售费用数值是否大于20亿。CALCULATE函数筛选器只能实现列与固定值之间的判断，如果尝试将度量值公式修改为"销售费用大于20亿=CALCULATE([销售费用总和],[销售费用总和]>2000000000)"，Power BI会提示报错。而FILTER函数可以满足列与度量值、列与列、度量值与固定值之间的筛选判断，所以在案例中使用CALCULATE+FILTER组合函数。

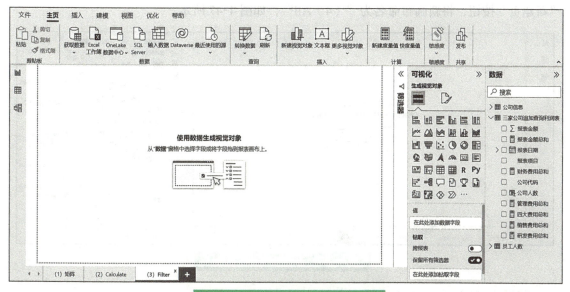

图4-45　新建页"（3）Filter"

图4-46　FILTER函数实现条件筛选

4. ALL函数

ALL 函数是 Power BI 中另一个比较重要的筛选器函数，它的功能是清除某个筛选条件以扩大范围，即返回表中的所有行或者列中的所有值。

ALL 函数的语法为：

ALL([<table>|<column>[, <column>[, <column>[,…]]]])
<table>：要清除筛选器的表。
<column>：要清除筛选器的列。可以添加多个列，用逗号","隔开。

图 4-41 展示的是"公司代码"和"报表日期"两个维度下报表金额的数值。如果想要在

案例数据
FILTER函数操作

视觉对象表中不受维度影响展示报表金额的总和,那么需要用到 ALL 函数进行度量值的创建。

步骤一 数据准备。继续使用"项目四任务四 DAX 函数.pbix"文件,在左下角区域单击"新建页"按钮,将新画布命名为"(4)All",如图 4-47 所示。

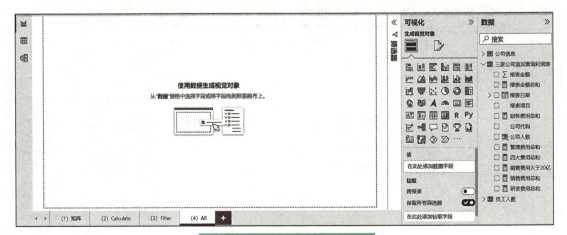

图4-47 新建页"(4)All"

步骤二 创建 DAX 表达式。

(1)选择"主页"→"新建度量值",在编辑栏中创建案例所需的度量值"三家报表金额",其公式为:三家报表金额=CALCULATE([报表金额总和],ALL('三家公司追加查询'[公司代码]))。创建完毕后在画布区添加"报表日期"切片器,同时用可视化视觉对象"表"展示不同公司"报表金额总和"和"三家报表金额"的情况,如图4-48所示。从图中可以看到经过ALL函数清除"可视化"区域"公司代码"条件后,不同年份"三家报表金额"度量值一致。

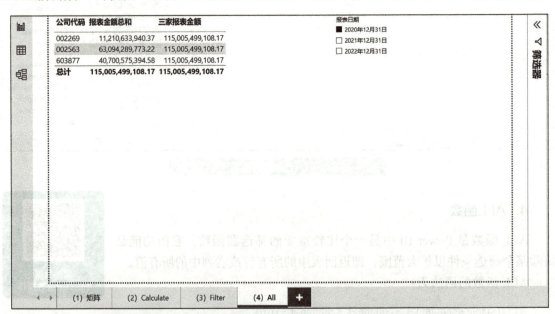

图4-48 查看创建的度量值"报表金额总和"和"三家报表金额"

(2)如果要查看不同公司在各个年份报表金额总和的占比情况,则需要新建度量值。在编辑栏中创建案例所需的度量值"报表金额占比"和"报表金额占比all",公式分别为"报表金额占比=[报表金额总和]/[三家报表金额]"和"报表金额占比all=CALCULATE([报表金额占比],ALL('三家公司追加查询利润表'[报表日期]))"。将新建的两个度量值放置于视觉对象"表"中,效果如图4-49所示。

图4-49 查看创建的度量值"报表金额占比"和"报表金额占比all"

度量值"报表金额占比"显示的是不同年份不同公司的报表金额总和在三家公司中的比例。因为在度量值"报表金额占比 all"的创建过程中,ALL 函数参数清除了外部筛选条件"报表日期",表中数据就不会随着外部切片器"报表日期"的变化而变化。因此,"报表金额占比 all"显示的是不同公司的报表金额总和在三家公司中的比例。

(3)如果要修改度量值"报表金额占比"和"报表金额占比all"的显示方式,修改的方法为:在"数据"区域选中度量值后,在功能区上方"度量工具"区域选择"格式化"中"%"按钮,即可把度量值的显示方式调整为百分数。具体操作如图4-50所示。

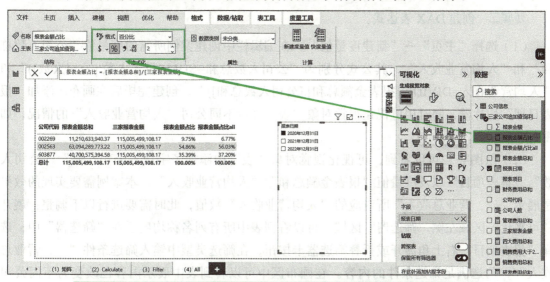

图4-50 修改度量值"报表金额占比"和"报表金额占比all"的显示方式

5. DIVIDE 函数

DIVIDE 函数的作用与数学运算中的除法类似。

DIVIDE 函数的语法为：

案例数据ALL函数操作

DIVIDE(<numerator>, <denominator> [,<alternateresult>])

<numerator>：被除数，即被除的数字。

<denominator>：除数，或要除以的数字。

<alternateresult>：可选参数，被零除而导致错误时返回的值。如果没有提供，则默认值为 BLANK( )。

在 Power BI 中创建度量值时使用除法可以使用运算符"/"，也可以使用 DIVIDE 函数。接下来通过案例展示如何计算各个公司的人均营业收入。

步骤一 数据准备。继续使用"项目四任务四 DAX 函数 .pbix"文件，在左下角区域单击"新建页"按钮，将新画布命名为"(5) 人均营业收入"，如图 4-51 所示。

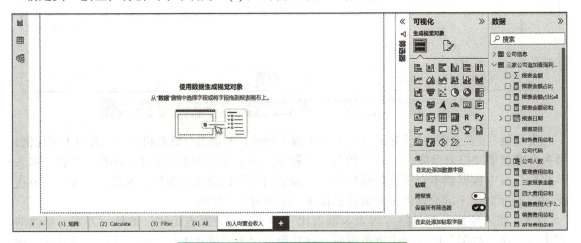

图 4-51　新建页"（5）人均营业收入"

步骤二 创建 DAX 表达式。

（1）选择"主页"→"新建度量值"，在编辑栏中创建案例所需的度量值"公司人数总和"和"人均营业收入"，其公式分别为"公司人数总和=SUM('员工人数'[公司人数])"和"人均营业收入=DIVIDE([报表金额总和],[公司人数总和])"。创建完毕后在画布区添加"报表日期"切片器，同时用可视化视觉对象"表"展示不同公司"人均营业收入"的情况，如图 4-52 所示。

（2）从图 4-52 可以看到，可视化视觉对象"表"中添加了字段"公司代码""公司人数""报表项目"以及度量值"报表金额总和""人均营业收入"。本案例需要实现的效果是展示"一、营业总收入"所对应的"人均营业收入"数值，此时需要进行以下调整：展开"可视化"区域左侧"筛选器"区域，可以看到表中所有列名称均展示在"筛选器"中；选择"报表项目"右上角展开或折叠筛选器卡按钮，在筛选类型中输入筛选条件"一、营业总收入"，勾选满足筛选条件的内容。在画布区中可以看到表中展示内容已改变为不同公司"一、营业总收入"对应的金额和对应的"人均营业收入"，如图 4-53 所示。

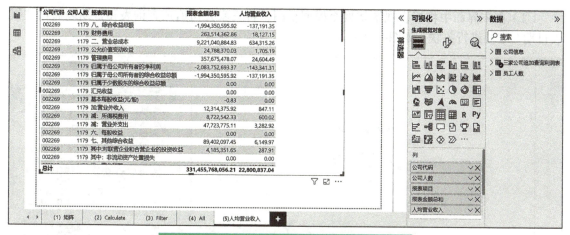

图4-52 不同公司"人均营业收入"的情况

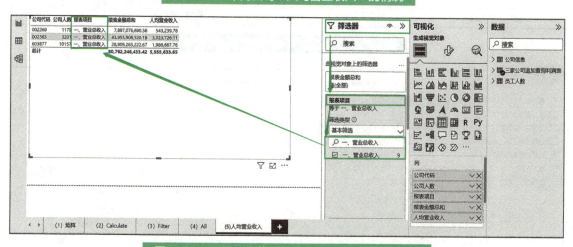

图4-53 不同公司营业总收入与人均营业收入分析

6. SAMEPERIODLASTYEAR函数

SAMEPERIODLASTYEAR 函数的作用是返回一个表,其中包含指定日期列中的在当前上下文中前一年的日期列。

SAMEPERIODLASTYEAR 函数的语法为:

SAMEPERIODLASTYEAR(<dates>)

<dates>:包含日期的一个列。

案例数据
DIVIDE函数操作

SAMEPERIODLASTYEAR 函数通常与 CALCULATE 函数嵌套使用,用于将数据进行同比比较。换句话说,可以使用 SAMEPERIODLASTYEAR 函数计算数据的同比增长率。接下来通过案例展示如何计算各个公司营业收入的同比增长率。

步骤一 数据准备。

(1)继续使用"项目四任务四DAX函数.pbix"文件,在左下角区域单击"新建页",将新画布命名为"(6)营业收入增长率",如图4-54所示。

(2)在功能区域中单击"主页"→"转换数据",重新进入Power Query编辑器。在编辑器中通过"主页"→"输入数据"的操作,新建一张日期表,日期表具体内容如图4-55所示,创建完成后选择"关闭并应用"按钮返回主界面。

（3）在主界面中将报表视图切换至模型视图，将三家公司追加查询表和日期表通过"报表日期"字段进行关联，如图4-56所示。

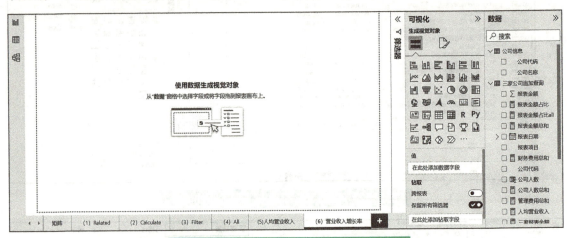

图4-54　新建页"（6）营业收入增长率"

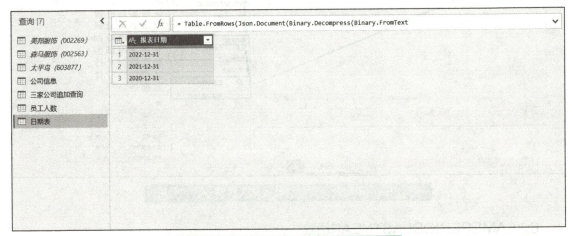

图4-55　Power Query中新建日期表

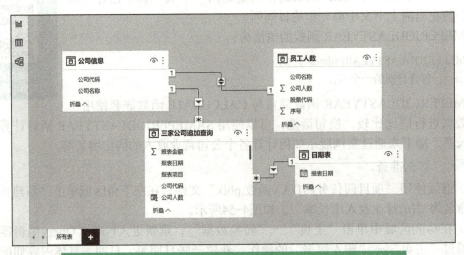

图4-56　模型视图中三家公司追加查询表和日期表关系的创建

步骤二 创建 DAX 表达式。选择"主页"→"新建度量值",在编辑栏中创建案例所需的度量值"营业收入总和""上年营业收入总和"以及"营业收入同比增长率",公式分别为:"营业收入总和 =CALCULATE([报表金额总和],' 三家公司追加查询 '[报表项目]=" 营业收入 ")""上年营业收入总和 =CALCULATE([营业收入总和],SAMEPERIODLASTYEAR(' 日期表 '[报表日期]))""营业收入同比增长率 =DIVIDE([营业收入总和]–[上年营业收入总和],[上年营业收入总和])"。创建完毕后在画布区添加可视化视觉对象"矩阵",用矩阵展示不同公司"营业收入同比增长率"的情况,如图 4-57 所示。

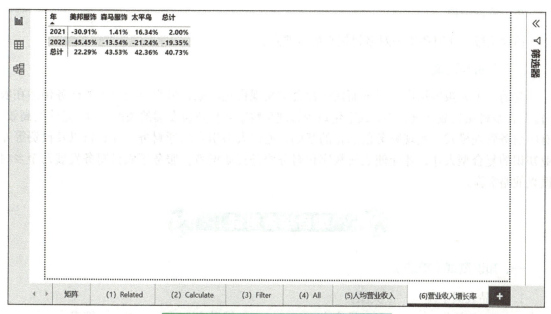

图4-57　三家公司营业收入增长率情况

在度量值"上年营业收入总和"的创建中,使用到了 SAMEPERIODLASTYEAR 函数与 CALCULATE 函数的嵌套,实现从原本 2020—2022 年营业收入总和中找出 2020 年、2021 年的营业收入,利用数学除法进行增长率的计算。

案例数据
SAMEPERIODLAST
YEAR函数操作

◆ **拓展知识** ◆

让广大农民共享"数字红利"

一、案例引入

民族要复兴,乡村必振兴。数字乡村是全面推进乡村振兴战略的重要突破口,也是建设数字中国的重要内容。2023 年 4 月,中央网信办等五部门联合印发《2023 年数字乡村发展工作要点》,要求各地以数字化赋能乡村产业发展、乡村建设和乡村治理,整体带动农业农村现代化发展。以新一代数字技术为支撑,聚焦农业农村现代化的需求,加快数字乡村建设,必将为乡村振兴提供强大助力。

数字技术具有精准快速的优势，能够提升乡村治理的科学性。例如，重庆渝北区整合基层党建、产业、乡村旅游、村民信息等数据，建立"村村享"智慧治理平台，解决了群众办事门难找、跑路远、环节多、手续繁等突出问题，让村民办事从"最多跑一次"到"跑也不出村"。再例如，浙江省德清县"数字乡村一张图"归集了当地58个部门的282类基础数据，全县137个行政村的数据都接入"德清城市大脑"，可以自动生成相关数据报表和趋势分析，供有关部门研判决策，指导各村发展特色产业。各地实践表明，数字技术赋能，能大幅提升乡村治理的效率和精准度，不断提升乡村治理现代化水平。

二、案例讨论

请讨论数字化财务管理对乡村振兴的重要意义。

三、分析与建议

党的二十大报告指出："全面建设社会主义现代化国家，最艰巨最繁重的任务仍然在农村。"在乡村振兴战略进程中，数字化财务管理是数字乡村建设发展的关键手段，是建设高效、有序财务管理模式，实现财务信息化的基础。通过大力引育精通财务、计算机以及投资等专业知识的复合型人才，才能使农村数字化财务服务提质增效，服务于农村财务发展乃至乡村振兴战略实施。

项目综合测试

一、知识测试（单选）

1. 产品表属于（　　）类型。
   A. 事实表　　　B. 维度表　　　C. 辅助表　　　D. 二维表
2. 在Power BI中，（　　）用于进行数据建模。
   A. 模型视图　　B. 大纲视图　　C. 报表视图　　D. 数据视图
3. 在Power BI中，（　　）函数用来筛选数据。
   A. RELATED　　　　　　　　　　B. FIND
   C. CALCULATE　　　　　　　　　D. CALENDAR
4. 下列关于计算列和度量值的表述中，说法正确的是（　　）。
   A. 度量值在模型设计器中添加到现有表，然后用于创建定义列值的DAX公式
   B. 通过DAX公式创建度量值后，度量值会存储在内存中
   C. 计算列在查询时使用筛选上下文进行计算
   D. 度量值是动态计算公式，其结果会根据上下文更改
5. 在销售数据表中有"时间""销售区域""销售金额"等字段，现计算销售区域为重庆的度量值，下列计算正确的是（　　）。
   A. CALCULATE(SUM('销售数据表'[销售金额]),'销售数据表'[销售区域]="重庆")
   B. CALCULATETABLE(SUM('销售数据表'[销售金额],'销售数据表'[销售区域]="重庆"))
   C. CALCULATE('销售数据表'[销售区域]="重庆",SUM('销售数据表'[销售金额]))
   D. CALCULATE(('销售数据表'[销售金额]),'销售数据表'[销售区域]="重庆"）

二、技能测试

某集团公司需要统计各地 2021 年到 2023 年 12 月份的预算金额，以便集团更好地对各地区预算进行管理。要求：运用 Power BI 软件进行数据采集、数据清洗，随后建立度量值"12 月份预算金额"，最终使用可视化视觉对象矩阵展示不同地区的 12 月份预算金额。相关数据可从配套资源包教材资源 D4-05 获取。

项 目 评 价

评价项目	评价要求	分值	得分
1. 课堂表现	按时出勤，认真听课并积极参与课堂活动	20	
2. 知识掌握	了解数据建模和多表合并的基本概念，能够区分事实表和维度表，理解计算列和度量值的概念和常用 DAX 函数的使用规则	20	
3. 技能水平	能够运用 Power BI 软件实现关系的创建，掌握多表追加查询和合并查询的操作，能够运用 DAX 表达式建立计算列和度量值	30	
4. 职业素养	具备较强的数据思维能力，能够灵活处理复杂数据表之间的关系，在不断变革的社会经济环境中将数据分析与财务专业知识结合并实践	30	
合计		100	

项目五 财务大数据分析

◎ 知识目标
- 能够理解数据分析的概念和作用
- 能够复述常用的数据分析方法并列举其运用场景
- 能够归纳三大财务报表的结构与分析思路
- 能够了解业财融合的背景、概念和重要性

◎ 技能目标
- 能够灵活选择适当的数据分析方法
- 能够具备阅读三大财务报表的基本能力
- 能够熟练运用常用的财务指标
- 能够熟练运用Power BI软件分析三大财务报表

◎ 素质目标
- 具备较强的大数据分析思维
- 具备融合业务工作的意识和素养
- 具有尊重数据和实事求是的精神
- 具有社会责任感与价值创造意识

[知识导图]

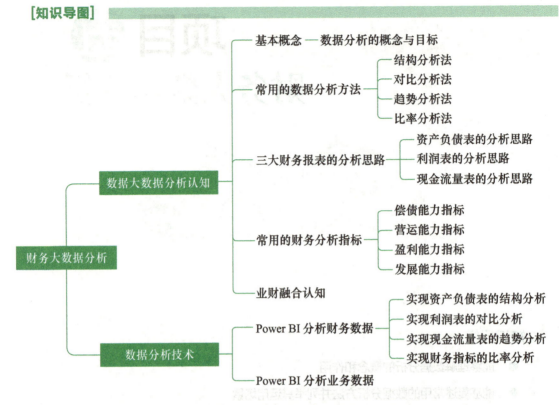

[情景引入]

在熟练掌握运用 Power BI 软件进行数据采集、清洗以及建模等操作后，小杨同学现在能够轻松处理公司其他部门提供过来的大量数据，并且通过建立数据表之间的关联来提高数据处理效率。某一天，张总叫住小杨，说："小杨啊，今年公司的财务报表与相关财务指标已经出来了，能不能对公司整体的财务状况进行解读，分析一下其中的亮点和存在的问题？"小杨心想："解读今年的报表数据吗？那看来需要使用合适的数据分析方法对报表进行数据分析。"那么日常工作中有哪些常用的数据分析方法？如何通过财务报表中的数据来分析公司的财务状况？如何运用大数据软件实现对大量财务数据的分析？

任务一 了解数据分析的基础知识

[任务描述]

通过学习数据分析的基础知识，了解数据分析的基本概念和作用，掌握财务数据分析常用的方法，能够理解不同分析方法的适用场景，为后续运用 Power BI 软件实现财务数据分析打好基础。

[知识准备]

一、数据分析的基本概念

数据分析是指用适当的统计分析方法将收集来的大量数据进行分析，将这些数据加以理解、分类、汇总，从中提炼有用的信息从而形成结论，发挥数据的最大效用。总而言之，数据分析是一个运用数据分析技术手段挖掘数据价值的过程。

同理，财务数据分析则是指运用适当的统计分析方法，对企业的会计核算和报表等相关数据资料进行分析，从而对企业的财务状况和经营成果进行评估、总结。

Power BI 软件简化了数据分析过程，使数据分析变得更易执行，如图5-1所示。

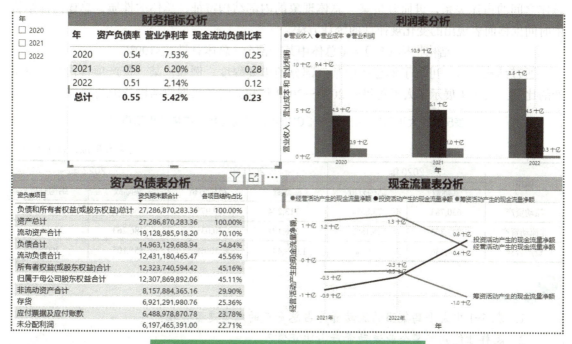

图5-1　Power BI企业财务数据分析呈现示意图

二、数据分析的目标

数据分析的目标是从大量数据中找到其内在规律，在实际应用中帮助使用者更好地理解和利用数据，从而获取更好的结果。

财务数据分析是为了反映企业运营过程中的利弊得失和发展趋势，从而为改进企业财务管理工作和优化企业经营决策提供重要财务信息。

拓展阅读　　　　　　　　**数据分析经典案例：啤酒与尿布**

20世纪90年代，美国沃尔玛超市管理人员对销售数据进行分析时发现了一个令人难以理解的现象：在某些特定的情况下，"啤酒"与"尿布"两件看上去毫无关系的商品会经常出现在同一个购物篮中。经过后续调查发现，在美国有婴儿的家庭中，一般是母亲在家中照看婴儿，父亲去超市购买尿布。父亲在购买尿布的同时，往往会顺便为自己购买啤酒，这样就会出现啤酒与尿布这两件看上去不相干的商品经常会出现在同一个购物篮中的现象。

沃尔玛发现了这一独特的现象后在卖场尝试将啤酒与尿布摆放在相同的区域，让父亲可以同时找到这两件商品，并很快地完成购物，此举使得沃尔玛超市的啤酒销量大涨。

这便是数据分析的奇妙之处。

三、常用的数据分析方法

数据分析的方法有很多种，接下来为大家介绍几种常见的财务数据分析方法。

1. 结构分析法

结构分析法又称垂直分析法，是指在统计分组的基础上，以百分比的形式统计各部分与总体之间的占比关系，进而分析某一总体现象的内部结构特征、总体的性质、总体内部结构依时间推移而表现出的变化规律性的统计方法。

结构指标（%）=（总体中某一部分 / 总体总量）×100%

通过结构分析，可以了解总体中某一部分的重要程度。例如，某一资产项目占企业总资产的比例。表 5-1 展示了太平鸟集团 2020—2022 年相关财务数据的结构分析结果。

表5-1 太平鸟集团2020—2022年相关财务数据结构分析示意表

（金额单位：万元）

项目	2020年		2021年		2022年	
	实际数	结构分析	实际数	结构分析	实际数	结构分析
流动资产	630,783	73.85%	713,274	69.97%	568,842	66.52%
非流动资产	223,353	26.15%	306,171	30.03%	286,263	33.48%
资产合计	854,136	100%	1,019,445	100%	855,105	100%

> **思考分析**
> 1. 表 5-1 中太平鸟集团的流动资产占总资产的比重是否合理？
> 2. 怎样才能判定某企业流动资产占比正常？

2. 对比分析法

对比分析法又称比较分析法，是指将两个及以上的数据加以比较，分析其中差异，以认识研究对象的本质和发展规律的统计方法。在对比分析中，选择合适的对比标准是十分关键的步骤。选择合适的标准才能做出客观的评价，选择的标准不合适可能会得到错误的结论。

在财务数据对比分析中，通常将某财务指标数据与一定的标准进行对比并做出评价。

可用的标准有如下几种：

（1）时间标准。时间标准即选择某一指标不同时间的数值进行对比。最常用的是与上年同期比较即"同比"，还可以与前一时期比较，此外还可以与达到历史最好水平的时期或历史上一些关键时期进行比较。例如，某企业的业绩与上年同期进行比较。

时间标准往往只作为内部对比的标准，无法作为与外部同行业竞争者的比较依据。

（2）空间标准。空间标准即选择不同空间（外部）指标数据进行比较。

1）与相似的空间比较，如某企业与同一行业中经营条件相似的企业比较。

2）与先进空间比较，如某企业与行业中的龙头企业比较。

3）与扩大的空间标准比较，如某企业与行业平均水平比较。

（3）经验标准。经验标准是指通过对大量历史资料的归纳总结而得到的标准。例如，衡量生活质量的恩格尔系数。

（4）理论标准。理论标准是指已知理论经过推理得到的标准，是各行业、各地区、各时期普遍适用的标准。只有少数指标适用此项标准。

（5）计划标准。计划标准即与计划数、定额数、目标数对比。市场经济并不排斥科学合理的计划，因此计划标准对统计评价仍有一定意义。例如，某企业的年度预算。

计划是企业常用的管理控制工具，因此计划标准在财务数据分析中的应用最广泛。

表 5-2 展示了太平鸟集团与森马服饰 2022 年期末相关财务数据的对比分析结果。

表5-2　太平鸟集团与森马服饰2022年期末相关财务数据对比分析示意表

（金额单位：万元）

公司名称	流动资产/总资产（%）	营业收入	销售费用	管理费用	财务费用
太平鸟	66.52	860,163	316,632	62,602	6,898
森马服饰	74.82	1,333,120	326,185	59,036	−5,440

3. 趋势分析法

趋势分析法又称水平分析法，是指将不同时期数据中的相同指标或比率值串联进行对比，揭示该指标的增减变动方向、数额和幅度的一种分析方法。

财务数据的趋势分析一般适用于对企业核心指标数据的长期跟踪，明确数据的变化，考察数据的发展趋势，以预测其发展前景。

在具体运用趋势分析法时，一般有两种分析方式。

（1）绝对数趋势分析。通过编制连续数期的会计报表，并将有关项目绝对数并行排列，比较相同指标的金额变动幅度，以此来说明企业财务状况和经营成果的发展变化。

（2）相对数的趋势分析。会计报表中有许多重要的相对百分比指标，如各种周转率指标、投资报表率指标等。针对这些指标可采用环比动态分析法和定基动态分析法进行分析。环比动态分析法可以计算有关项目相邻两期的变化率；定基动态分析法可以计算相关项目相对于基期水平的变动百分比。相对数的趋势分析不仅能看出指标不同时期的变动方向，更便于长期的预测分析。

表 5-3 展示了太平鸟集团 2018—2022 年期末相关财务数据的趋势分析结果。

表5-3　太平鸟集团2018—2022年期末相关财务数据趋势分析示意表

（金额单位：万元）

项目	2018年	2019年	2020年	2021年	2022年
营业收入	771,187	792,762	938,686	1,092,075	860,163
净利润	74,950	71,072	70,671	67,665	18,429

4. 比率分析法

比率分析法是指将同一期财务报表上的若干重要项目间相关联的数据进行比较，用一个数据除以另一个数据求出比率，据以分析和评估公司目前和历史的经营活动，了解企业发展前景的一种分析方法。它是财务分析最基本的工具。

公司财务分析中常用的四大类财务比率包括获利能力比率、偿债能力比率、成长能力比率、周转能力比率。

表 5-4 展示了太平鸟集团 2022 年期末相关财务数据的比率分析结果。

表5-4 太平鸟集团2022年期末相关财务数据比率分析示意表

（金额单位：万元）

项目	2022 年
流动资产	568,842
流动负债	322,935
流动比率＝流动资产/流动负债	1.76

直通职场　　　　　　　　　财务数据分析师

FDA（Financial Data Analyst）是财务数据分析师的缩写，是指能够通过科学的指标体系和思维方法，结合IT技术和真实业务场景，构建数据模型，剖析经营数据背后的企业运营状况，提供财务建议和决策支持的关键人才。其工作内容主要包括：①收集和整理企业财务数据，针对相关联报表进行有效整合，包括财务报表、成本和收益数据、预算和现金流量等。②利用财务分析工具和技术对财务数据进行分析和解释，包括利润分析、成本分析、现金流分析。③根据分析结果提出建议和预测，帮助企业管理层做出决策，如制定预算、改进经营策略。④参与财务报表的编制和审计工作，确保企业财务报表的准确性和合法性。⑤参与搭建、优化各类财务数据模型，应用于财务分析与预测，为管理层提供决策支持。

[任务实施]

接下来运用上述常用的数据分析方法，对同一行业的三家上市公司利润表数据进行简要分析。以服装行业的美邦服饰（002269）、森马服饰（002563）、太平鸟（603877）为例。本任务中的数据可从配套资源包教材资源D5-01获取。

步骤一　搜集数据。搜集三家公司 2020—2022 年利润表中的管理费用、销售费用和财务费用数据，如表 5-5 所示。（提示：相关财务数据可在"新浪财经"网站上获取。）

表5-5 三家公司2020—2022年利润表三大期间费用数据表

（金额单位：万元）

公司	项目	2020 年	2021 年	2022 年
美邦服饰 （002269）	管理费用	13,324	14,017	8,425
	销售费用	146,928	111,228	57,364
	财务费用	7,740	9,753	8,857
	三大费用合计	167,992	134,998	74,646
森马服饰 （002563）	管理费用	82,401	62,074	59,036
	销售费用	334,945	338,126	326,185
	财务费用	−7,667	−10,329	−5,440
	三大费用合计	409,679	389,871	379,781
太平鸟 （603877）	管理费用	57,536	70,883	62,602
	销售费用	327,262	394,850	316,632
	财务费用	6,898	6,799	6,898
	三大费用合计	391,696	472,532	386,132

步骤二 结构分析。运用结构分析法来分析三大期间费用在费用合计中的结构情况，如表5-6所示。

表5-6　三家公司2020—2022年期间费用结构分析示意表

公司	项目	2020年	2021年	2022年
美邦服饰 （002269）	管理费用	7.93%	10.38%	11.29%
	销售费用	87.46%	82.39%	76.85%
	财务费用	4.61%	7.23%	11.86%
	合计	100%	100%	100%
森马服饰 （002563）	管理费用	20.11%	15.92%	15.54%
	销售费用	81.76%	86.73%	85.89%
	财务费用	−1.87%	−2.65%	−1.43%
	合计	100%	100%	100%
太平鸟 （603877）	管理费用	14.69%	15.01%	16.21%
	销售费用	83.55%	83.56%	82.01%
	财务费用	1.76%	1.43%	1.78%
	合计	100%	100%	100%

步骤三 对比分析。运用对比分析法来分析三家公司2022年管理费用占比由高到低的排名情况，如表5-7所示。

表5-7　三家公司2022年管理费用对比分析示意表

排名	公司	2022年管理费用占比
1	太平鸟	16.21%
2	森马服饰	15.54%
3	美邦服饰	11.29%

步骤四 趋势分析。运用趋势分析法简要描述三家公司2020—2022年管理费用的增减变动情况，如表5-8所示。

表5-8　三家公司2020—2022年管理费用趋势分析示意表

公司	管理费用 2020—2022年趋势描述
美邦服饰（002269）	费用绝对数整体呈下降趋势，但相对占比呈上升趋势
森马服饰（002563）	费用绝对数与相对占比均呈下降趋势
太平鸟（603877）	费用绝对数与相对占比均呈上升趋势

注：管理费用与企业盈利能力相关。

任务二　运用Power BI实现资产负债表结构分析

[任务描述]

通过学习资产负债表的基础知识，了解资产负债表的概念、结构和分析思路，掌握Power BI软件对资产负债表进行结构分析的操作，为后续运用Power BI软件实现企业财务数据综合分析打好基础。

[知识准备]

一、资产负债表的概念

资产负债表又称财务状况表,是反映企业在某一特定日期(年末、季末、月末)全部资产、负债和所有者权益情况的财务报表。它是企业经营活动的静态表现,即在某一时点企业的资产状况表现。资产负债表的格式主要有报告式和账户式两种,我国会计制度规定,企业的资产负债表一般采用账户式。

二、资产负债表的分析思路

1. 资产负债表结构分解

资产负债表为左右结构,左方为资产项目,右方为负债及所有者权益项目(见图5-2)。

资产负债表

编制单位:　　　　　　　　　　　年　月　日　　　　　　　　　　　单位:元

资产	年初数	期末数	负债及所有者权益	年初数	期末数
流动资产:			流动负债:		
货币资金			短期借款		
交易性金融资产			应付票据		
应收票据			应付账款		
应收账款			流动负债合计		
存货			非流动负债:		
流动资产合计			长期借款		
非流动资产:			应付债券		
长期股权投资			非流动负债合计		
固定资产			负债合计		
无形资产			股东权益:		
非流动资产合计			实收资本		
			资本公积		
			所有者权益合计		
资产合计			负债及所有者权益合计		

图5-2　资产负债表(账户式)示意图

左方的资产项目揭示了企业资金的占用形式,即企业的钱到哪去。

资产项目从上至下按照资产的流动性强弱进行排列,流动性强的资产如"货币资金""交易性金融资产"等排在前面,流动性弱的资产如"长期股权投资""固定资产"等排在后面。

右方的负债及所有者权益项目揭示了企业的资金来源,即企业的钱从哪来。

负债和所有者权益项目从上至下按照清偿时间的先后顺序排列。清偿时间较短(一年或一个营业周期内)的"短期借款""应付票据""应付账款"等流动负债项目排在前面;清偿时间较长的"长期借款"等非流动负债项目靠后排;在企业清算之前不需要偿还的所有者权益项目排在最后。

显而易见，企业左方流出的资产必须与右方流入的钱相等。因此，资产负债表中的资产合计等于负债与所有者权益合计，即三者构成会计恒等式：

$$资产 = 负债 + 所有者权益$$

2. 资产负债表分析内容

（1）了解企业规模和财务状况。通过浏览资产负债表中的资产总额和来源构成，了解企业规模和基本状况。企业总资产在一定程度上反映了企业的经营规模，而它的增减变化和企业负债与股东权益的变化相关联。

（2）了解企业资产构成的合理性。通过分析资产负债表中各项目占总资产、总负债或总权益的比重，了解企业的资产构成、负债构成和所有者权益构成，揭示企业资产结构和资本结构的构成情况。

例如：流动资产率 =（流动资产合计 / 资产总计）×100%。

流动资产合计占资产总计的比率越高，说明企业的资金流动性、可变现能力越强。

（3）了解企业资产项目的质量。通过利用资产负债表中的主要项目数据进行财务指标计算，揭示企业的盈利能力、偿债能力、变现能力等。

例如：净资产比率 =（所有者权益总额 / 资产总计）×100%。

净资产比率反映企业的资金实力与偿债能力。

[任务实施]

本任务将通过案例介绍，运用 Power BI 对太平鸟（603877）集团 2020—2023 年的资产负债表数据进行简要的结构分析。本任务中的数据可从配套资源包教材资源 D5-02 获取。

步骤一　数据采集。

（1）获取数据。在 Power BI Desktop 界面单击"获取数据"，选择"Excel 工作簿"方式，在弹出的窗口中找到案例文件"任务 5-2：太平鸟资产负债表（2020—2023）"所在位置，再单击"打开"按钮，采集过程如图 5-3 所示。

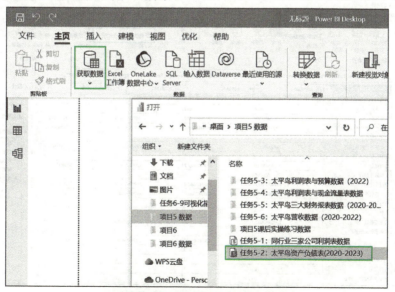

图 5-3　采集案例 Excel 文件数据

（2）进入"导航器"界面。单击"太平鸟（603877）_资产负债表"，选择"转换数据"，进入Power Query编辑器，如图5-4所示。

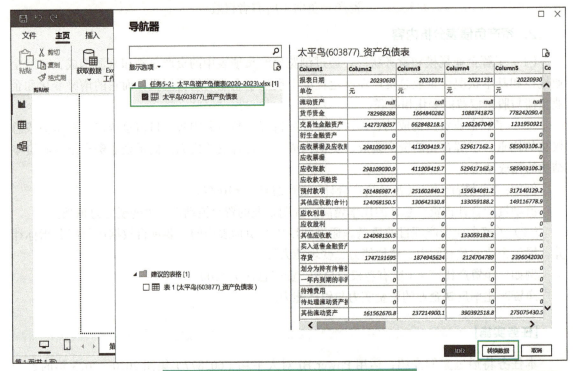

图5-4　案例数据导入Power Query编辑器

步骤二 数据清洗。

（1）在Power Query编辑器中，单击"将第一行用作标题"，使得第一行数据成为标题，如图5-5所示。

资产负债表结构分析

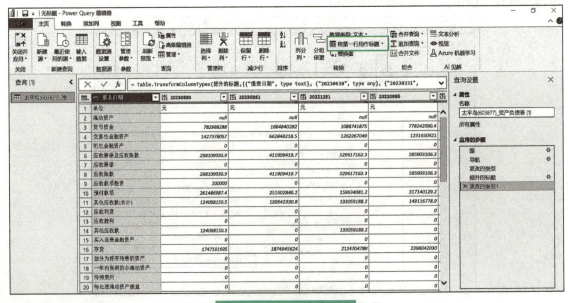

图5-5　提升标题操作

（2）选中第一列后，单击"转换"→"逆透视其他列"即对第一列之外的其他列进行逆透视操作，如图5-6所示，完成后结果如图5-7所示。

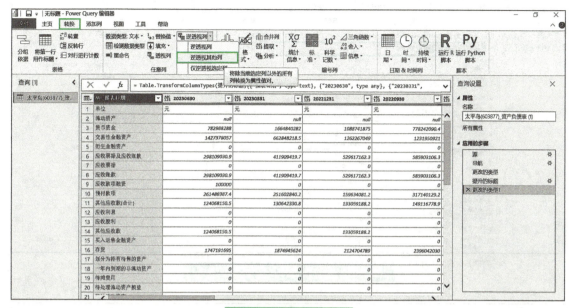

图5-6 逆透视操作

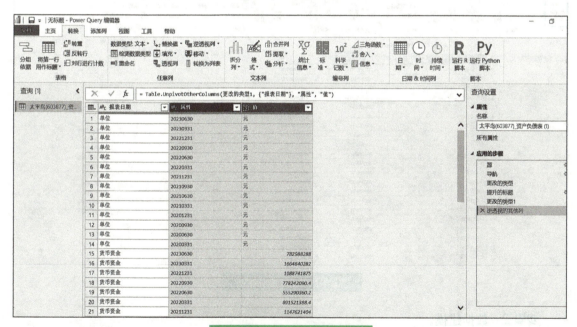

图5-7 逆透视其他列结果

（3）修改列名称和数据类型。将第一列的数据类型修改为"文本"，名称改为"报表项目"；将第二列的数据类型修改为"日期"，名称改为"报表日期"；将第三列的数据类型修改为"小数"，名称改为"期末额"。完成后的结果如图5-8所示。

（4）删除无意义行（单位行）及"期末额"列空值，完成后的结果如图5-9所示，单击"关闭并应用"。

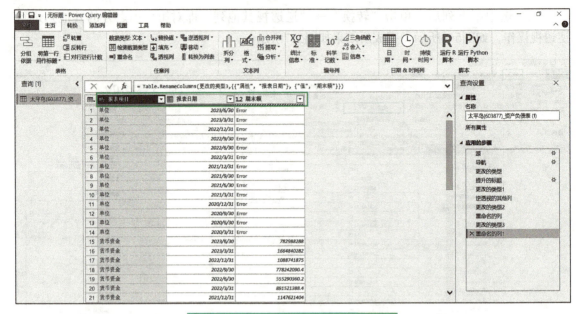

图5-8 修改列名称及数据类型结果

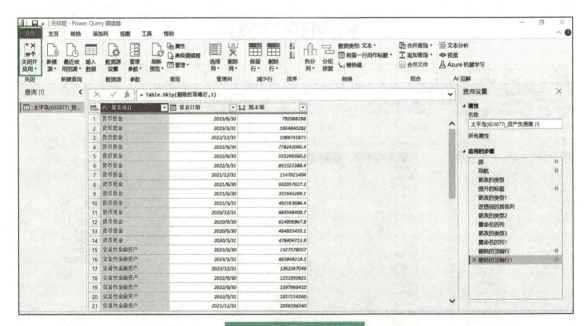

图5-9 数据清洗结果

步骤三 数据建模。

（1）将视图切换至"数据视图"。在功能区选择"表工具"→"新建度量值"，在编辑栏中输入"各项目期末余额＝SUM('太平鸟(603877)_资产负债表'[期末额])"，效果如图5-10所示。

（2）同理，新建"资产总计期末余额""各项目结构占比"度量值，在编辑栏中输入"资产总计期末余额＝CALCULATE([各项目期末余额],'太平鸟(603877)_资产负债表'[报表项目]＝"资产总计")"和"各项目结构占比＝DIVIDE([各项目期末余额],CALCULATE

([资产总计期末余额],ALLSELECTED('太平鸟(603877)_资产负债表')))",效果如图5-11与图5-12所示。

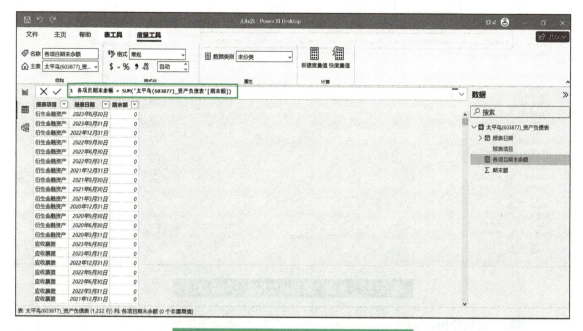

图5-10 新建"各项目期末余额"度量值

> **注意**
> 在功能区上方"度量工具"区域单击格式化中的"%"按钮,将"各项目结构占比"度量值的格式修改为"百分比"。

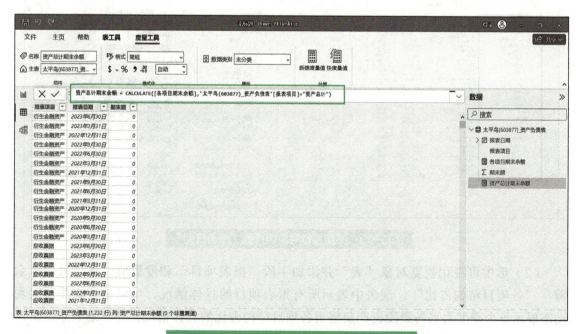

图5-11 新建"资产总计期末余额"度量值

107

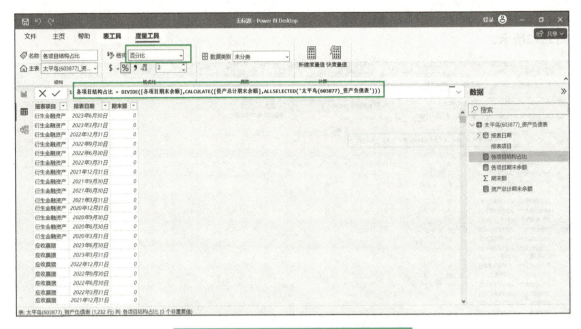

图5-12 新建"各项目结构占比"度量值

步骤四 数据分析。

(1)回到"报表视图"界面,在画布区添加视觉对象切片器"报表日期",如图5-13所示。

图5-13 添加视觉对象切片器"报表日期"

(2)选中可视化视觉对象"表"并添加字段"报表项目"和度量值"各项目期末余额""各项目结构占比",现表中展示所有报表项目的具体情况,可以结合切片器实现动态展示各个季度太平鸟集团资产负债表各项目结构占比的具体情况,完成结果如图5-14所示。

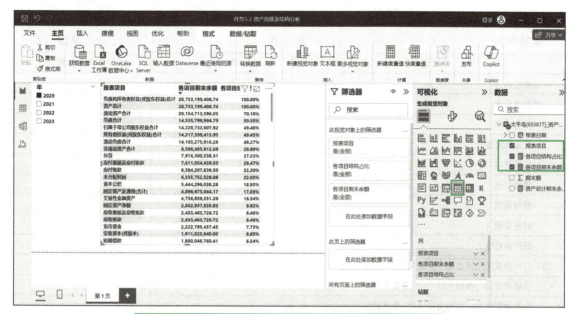

图5-14 动态展示各会计期间资产负债表结构占比数据

任务三 运用Power BI实现利润表对比分析

[任务描述]

通过学习利润表的基础知识，了解利润表的概念、结构和分析思路，掌握 Power BI 软件对利润表进行对比分析的操作，为后续运用 Power BI 软件实现企业财务数据综合分析打好基础。

[知识准备]

一、利润表的概念

利润表又称损益表，是反映企业在一定会计期间（如月度、季度、半年度或年度）生产经营成果的会计报表。它是企业经营活动的动态表现，全面揭示了企业在某一特定时期实现的各种收入，发生的各种费用、成本或支出，以及企业实现的利润或发生的亏损情况。利润表的格式主要有单步式和多步式两种，我国企业的利润表一般采用多步式。

二、利润表的分析思路

1. 利润表结构分解

利润表是根据"收入－费用＝利润"的基本逻辑关系进行编制的。通过对利润表中的收入、费用、支出加以归类，清晰反映企业是否赚钱和在哪赚钱的信息。

利润表的主体结构分为五个层次：营业收入、营业总成本、营业利润、利润总额、净利润。利润表如图 5-15 所示。

利润表

编制单位：　　　　　　　　　　　　　　年　月　　　　　　　　　　　　　　单位：元

项目	本月数	本年累计数
一、营业收入		
二、营业总成本		
减：营业成本		
税金及附加		
研发费用		
销售费用		
管理费用		
财务费用		
资产减值损失		
加：公允价值变动净收益（净损失以"-"号填列）		
投资净收益（净损失以"-"号填列）		
资产处置收益（净损失以"-"号填列）		
其他收益		
三、营业利润		
加：营业外收入		
减：营业外支出		
四、利润总额		
减：所得税费用		
五、净利润		

图5-15　利润表（多步式）示意图

第一层项目是营业收入即企业经营业务所获得的收入总额。

第二层营业总成本即企业经营业务发生的实际成本。

第三层营业利润即企业利润的主要来源，其计算方式为：营业利润＝营业收入－营业成本－税金及附加－四大期间费用－资产减值损失＋公允价值变动损益＋投资收益。

其中，"税金及附加"项目反映企业经营业务所负担的相关税费。"四大期间费用"即研发费用、销售费用、管理费用和财务费用。研发费用是指企业为研究开发产品而发生的费用；销售费用是指企业在销售产品和提供劳务过程中发生的和销售直接相关的费用支出；管理费用是指企业行政管理部门发生的费用；财务费用主要是指企业在经营中为筹集资金所发生的费用。"投资收益"即企业对外投资取得的净收益。"资产减值损失"即资产账面价值高于其可回收金额而造成的损失。"公允价值变动损益"即以公允价值计量且变动计入当期损益的交易性金融资产。

第四层利润总额＝营业利润＋营业外收入－营业外支出。

第五层净利润又称税后利润，是企业经营的最终成果。净利润＝利润总额－企业所得税。

2. 利润表分析内容

1）总体了解企业的盈利状况和变化趋势。通过本期收入、费用、利润等绝对指标反映企业的盈利状况和经营成果；通过比较和分析同一企业在不同时期，或不同企业（同一行业）在同一时期的收益信息，评价和预测企业的获利能力和收益增长的规模、趋势。

2）了解企业利润形成的合理性。通过利润结构分析，了解企业持续产生盈利的能力，利润形成的合理性。例如，对净利润、利润总额、营业利润占业务收入比重的相关分析，可明确每100元收入的净利润的形成中各环节的贡献或影响程度。

3）了解企业经营成果相关要素的影响程度。通过分析利润表各项要素对企业最终经营成果产生的影响程度，了解对企业利润影响较大的积极或消极因素。例如，成本项目结构比例＝构成项目支出额/成本总额，通过分析各成本项目所占比重，可以重点关注、调节和控制比重较大的成本项目的支出。

> **思考分析**
> 营业利润、利润总额、净利润中哪一种利润额最能体现企业的经营能力？

[任务实施]

本任务将通过案例介绍，运用 Power BI 对太平鸟（603877）集团 2022 年的利润表数据进行简要对比分析。本任务中的数据可从配套资源包教材数据 D5-03 获取。

步骤一　数据采集。

（1）获取数据。在 Power BI Desktop 界面单击"获取数据"方式选择"Excel 工作簿"，然后"浏览"找到"任务5-3：太平鸟利润表（2022）"文件所在位置，再单击"打开"，如图5-16所示。

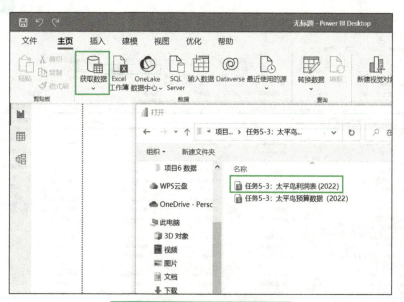

图5-16　采集案例利润表数据

（2）进入"导航器"界面。单击案例利润表，选择"转换数据"，进入 Power Query 编辑器，如图5-17所示。

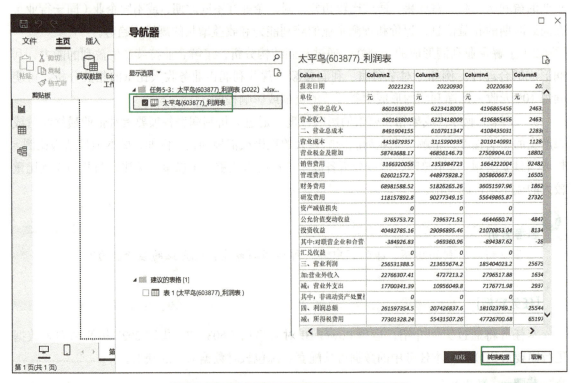

图5-17 数据导入Power Query编辑器

步骤二 数据清洗。

（1）单击"将第一行用作标题"，使得第一行数据成为标题，如图5-18所示。

利润表对比分析

图5-18 提升标题

（2）选中第一列，单击"逆透视其他列"，即逆透视除首列外的其他列，如图5-19所示，完成后的结果如图5-20所示。

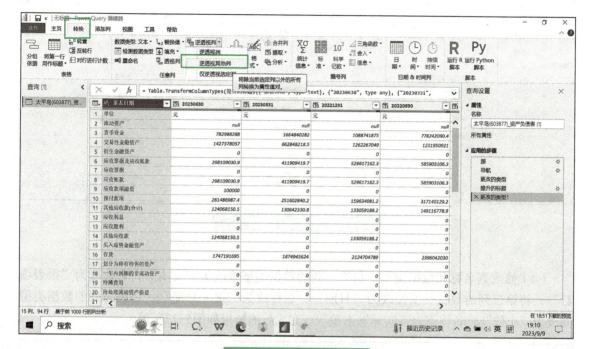

图5-19 逆透视其他列

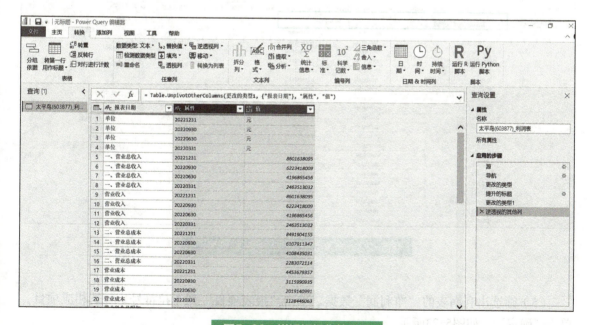

图5-20 逆透视操作结果图

（3）删除无意义行（单位行）及"值"列中的空值，操作完成后的结果如图5-21所示。

图5-21 删除操作后结果图

（4）修改列名称和数据类型。将第一列的数据类型修改为"文本"，名称改为"报表项目"；将第二列的数据类型修改为"日期"，名称改为"报表日期"；将第三列的数据类型修改为"小数"，名称改为"实际发生额"。完成后的结果如图5-22所示。

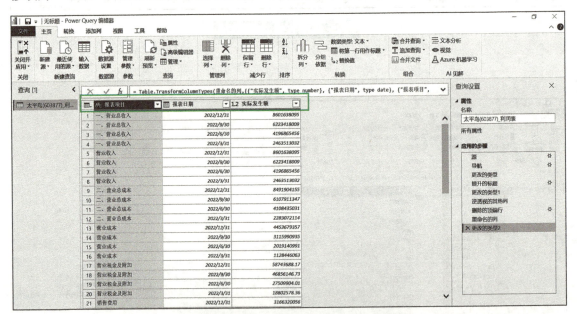

图5-22 修改数据类型及列名称结果图

（5）筛选出利润表的"净利润"数据。单击"报表项目"列下拉符号，勾选相应项目，单击"确定"，如图5-23所示。

（6）完成数据清洗后"关闭并应用"数据，结果如图5-24所示。

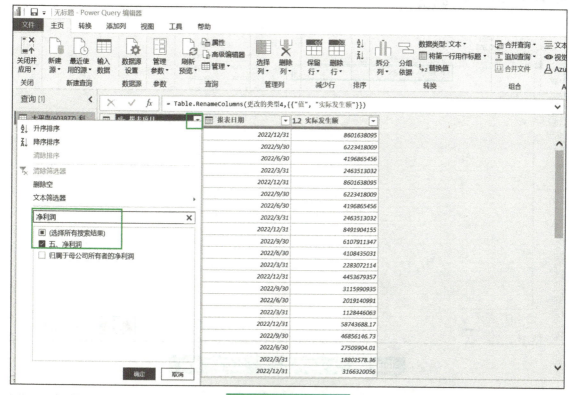

图5-23 筛选操作

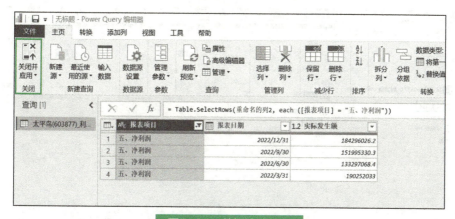

图5-24 数据清洗结果

步骤三 数据建模。

(1) 获取对比数据表。单击"获取数据"→"Excel工作簿"→"任务5-3：太平鸟预算数据（2022）.xlsx"，单击"打开"，进入"导航器"，直接单击"加载"，如图5-25所示。

(2) 将视图切换至"模型视图"，将预算利润表的"时间"字段与太平鸟(603877)_利润表的"报表日期"字段建立"一对一"联系，如图5-26所示。

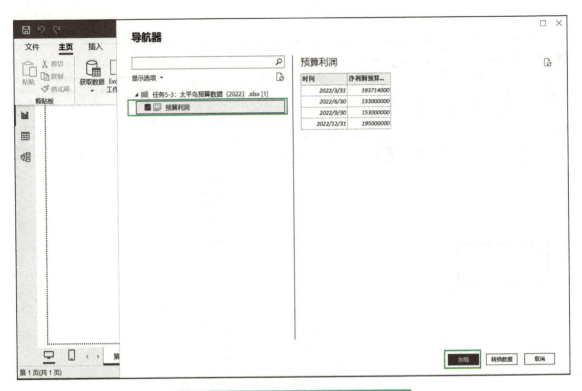

图5-25 太平鸟预算数据（2022）采集

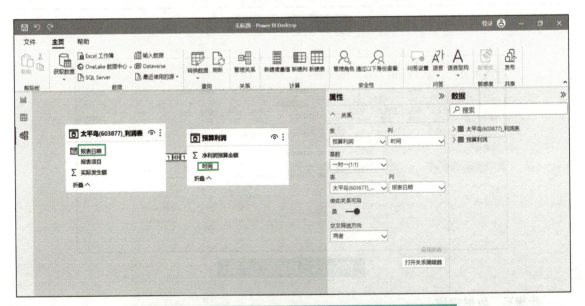

图5-26 预算利润表与太平鸟(603877)_利润表建立联系

（3）将视图切换至"数据视图"，在功能区选择"表工具"→"新建度量值"，在编辑栏中输入"实际净利润=SUM('太平鸟(603877)_利润表'[实际发生额])"，效果如图5-27所示。

（4）同理，建立"预算净利润"度量值。在预算表功能区单击"新建度量值"，编辑栏输入"预算净利润=SUM('预算利润'[净利润预算金额])"，效果如图5-28所示。

（5）建立"预算完成率"度量值。在功能区选择"表工具"→"新建度量值"，在编辑栏中输入"预算完成率=DIVIDE([实际净利润],[预算净利润])",并在功能区上方的"度量工具"区域中选择"格式化"中的"%"按钮,将"预算完成率"度量值的格式修改为"百分比",效果如图5-29所示。

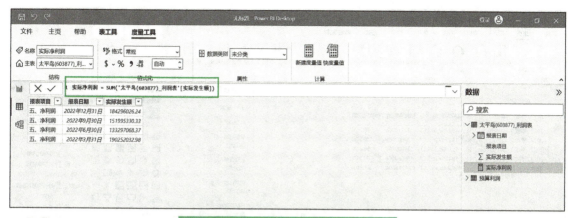

图5-27 建立"实际净利润"度量值

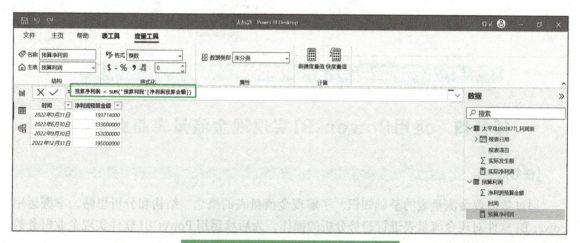

图5-28 建立"预算净利润"度量值

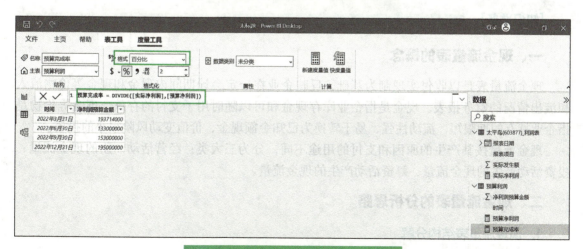

图5-29 建立"预算完成率"度量值

步骤四 **数据分析**。回到"报表视图"界面，在画布区添加视觉对象"表"并添加字段"报表日期"和度量值"实际净利润""预算净利润""预算完成率"，从而比较太平鸟集团2022年各个会计期间实际净利润与预算净利润之间的差异，完成结果如图5-30所示。

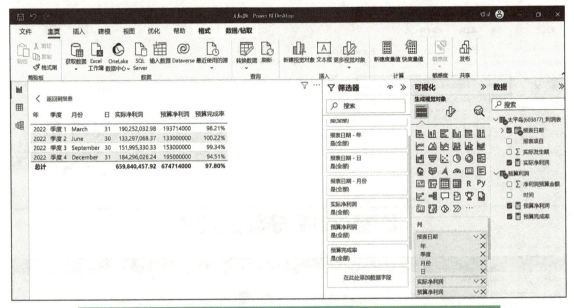

图5-30　太平鸟集团2022年各会计期间实际净利润与预算净利润数据差异图

任务四　运用Power BI实现现金流量表趋势分析

[任务描述]

通过学习现金流量表的基础知识，了解现金流量表的概念、结构和分析思路，掌握运用Power BI软件对现金流量表进行趋势分析的操作，为后续运用Power BI软件实现企业财务数据综合分析打好基础。

[知识准备]

一、现金流量表的概念

现金流量表是以收付实现制为基础，反映企业在一定会计期间内现金和现金等价物流入和流出情况的财务报表。现金是指企业库存现金和可以随时用于支付的存款。现金等价物是指企业持有的期限短、流动性强、易于转换为已知金额现金、价值变动风险很小的投资。

现金流量按其产生的原因和支付的用途不同，分为三大类：经营活动产生的现金流量、投资活动产生的现金流量、筹资活动产生的现金流量。

二、现金流量表的分析思路

1. 现金流量表结构分解

现金流量表按照经营活动、投资活动和筹资活动分别列报现金的流入和流出情况，以及流入减去流出的现金净流量。

因此,现金流量表一般分为三大部分。从上往下依次是经营、投资、筹资三大现金活动(见图 5-31)。

现金流量表

编制单位:　　　　　　　　　　　　　年　月　　　　　　　　　　　　　单位:元

项目	本月数	本年累计数
一、经营活动产生的现金流量:		
销售商品、提供劳务收到的现金		
收到的税费返还		
收到其他与经营活动有关的现金		
经营活动现金流入小计		
购买商品、接受劳务支付的现金		
支付给职工以及为职工支付的现金		
支付的各项税费		
支付其他与经营活动有关的现金		
经营活动现金流出小计		
经营活动产生的现金流量净额		
二、投资活动产生的现金流量:		
收回投资收到的现金		
取得投资收益收到的现金		
处置固定资产、无形资产和其他长期资产收回的现金净额		
处置子公司及其他营业单位收到的现金净额		
收到其他与投资活动有关的现金		
投资活动现金流入小计		
购建固定资产、无形资产和其他长期资产支付的现金		
投资支付的现金		
取得子公司及其他营业单位支付的现金净额		
支付其他与投资活动有关的现金		
投资活动现金流出小计		
投资活动产生的现金流量净额		
三、筹资活动产生的现金流量:		
吸收投资收到的现金		
取得借款收到的现金		
收到其他与筹资活动有关的现金		
筹资活动现金流入小计		
偿还债务支付的现金		
分配股利、利润或偿付利息支付的现金		
支付其他与筹资活动有关的现金		
筹资活动现金流出小计		
筹资活动产生的现金流量净额		
四、汇率变动对现金及现金等价物的影响		
五、现金及现金等价物净增加额		
加:期初现金及现金等价物余额		
六、期末现金及现金等价物余额		

图 5-31　现金流量表示意图

（1）经营活动：指企业日常的与流动资产（除交易性金融资产以外）各个项目有关的现金流入和流出。

（2）投资活动：指企业长期资产（通常指一年以上的资产）的购建及其处置产生的现金流量。

（3）筹资活动：导致企业资本及债务的规模和构成发生变化的活动所产生的现金流量。

2. 现金流量表分析内容

（1）总体了解企业现金从哪来到哪去。通过通读现金流量表三大活动现金的流入和流出，了解企业在经营运作过程中产生和使用现金的情况。例如，对现金流入来源进行分析，即可进一步对企业创造现金的能力做出评价。

（2）局部分析企业现金流量的结构。通过分析企业现金收支构成，了解现金的来龙去脉，从而评价企业的经营状况、创现能力、筹资能力和资金实力。

（3）了解企业可能存在的风险或问题。通过对经营活动、投资活动和筹资活动产生现金净额的正负分析，了解企业背后隐藏的风险与可能出现的问题。例如：若筹资活动现金流为正，则反映企业在向外部筹集资金，从而看本期企业借钱用来做了什么；若筹资活动现金流为负，从而分析本期企业是用钱还债了，还是用钱回报股东了。

[任务实施]

本任务将通过案例介绍，运用 Power BI 对太平鸟（603877）集团 2022 年现金流量表中的销售商品、提供劳务收到的现金数据，以及利润表的营业收入数据进行简要趋势分析。本任务中的数据可从配套资源教材数据 D5-04 获取。

步骤一 数据采集。

（1）获取数据。在 Power BI Desktop 界面单击"获取数据"，选择"Excel工作簿"，单击"浏览"，找到"任务5-4：太平鸟_现金流量表"与"任务5-4：太平鸟_利润表"两个文件所在位置，再单击"确定"，如图5-32所示。

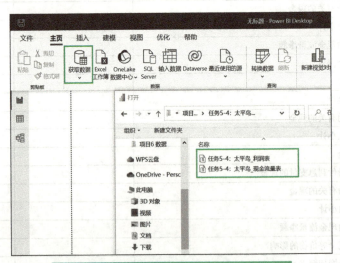

图5-32 现金流量表与利润表数据采集图

（2）进入"导航器"界面。单击案例的现金流量表与利润表，选择"转换数据"，进入 Power Query 编辑器，如图5-33所示。

图5-33 现金流量表与利润表数据采集结果

步骤二 数据清洗。

（1）将两张表均单击"将第一行用作标题"，使得第一行数据成为标题；再选中第一列，单击"逆透视其他列"，即逆透视除首列外的其他列。完成后的结果如图5-34与图5-35所示。

现金流量表趋势分析

图5-34 利润表数据逆透视结果

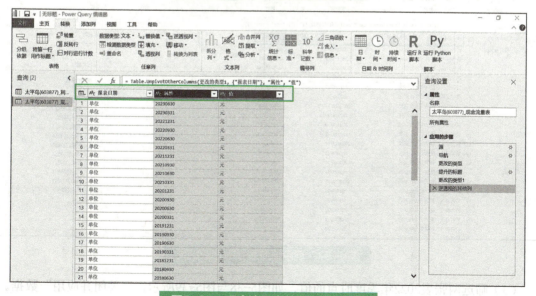

图5-35 现金流量表数据逆透视结果

（2）删除两张表的无意义行（单位行），并修改两张表的列名称和数据类型。将第一列的数据类型修改为"文本"，名称改为"利润表项目"和"现金表项目"；将第二列的数据类型修改为"日期"，名称改为"日期"；将第三列的数据类型修改为"小数"，名称改为"值"。完成后的结果如图5-36与图5-37所示。

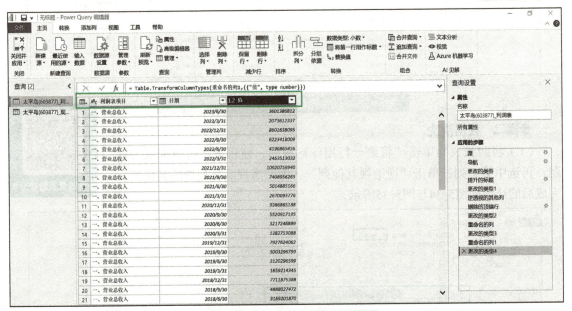

图5-36　利润表数据修改结果

图5-37　现金流量表数据修改结果

（3）筛选两张表2022年季度时点的值，如图5-38与图5-39所示，"关闭并应用"数据。

图5-38 筛选利润表数据

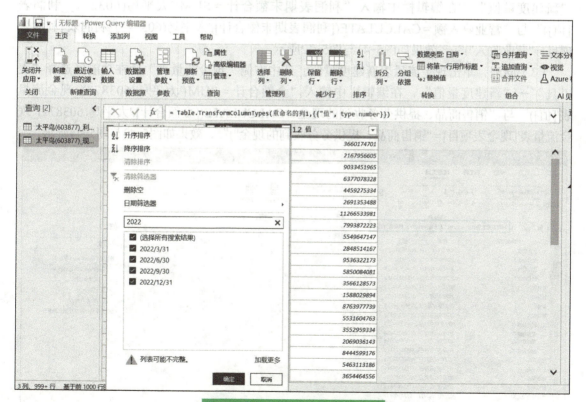

图5-39 筛选现金流量表数据

步骤三 数据建模。

（1）"关闭并应用"数据后将视图切换至"模型视图"，通过"日期"字段，建立两张表之间的关系，如图5-40所示。

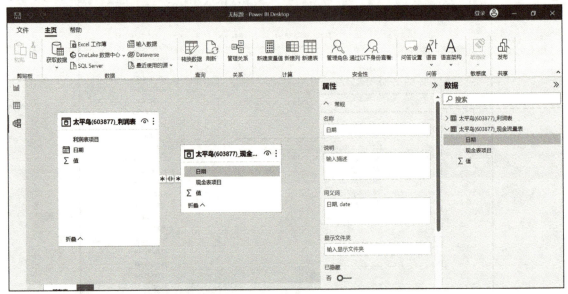

图5-40 利润表与现金流量表字段联系

（2）将视图切换至"数据视图"，选中右侧"利润表"后在功能区选择"表工具"→"新建度量值"，在编辑栏中输入"利润表期末额合计 = SUM('太平鸟(603877)_利润表'[值])"与"营业收入额 = CALCULATE([利润表期末额合计],'太平鸟(603877)_利润表'[利润表项目]="营业收入")"，效果如图5-41与图5-42所示。

（3）同理，单击现金流量表新建度量值。选中右侧"现金流量表"后在功能区选择"表工具"→"新建度量值"，在编辑栏中输入"金额合计 = SUM('太平鸟(603877)_现金流量表'[值])"与"销售商品、提供劳务收到的现金 = CALCULATE([金额合计],'太平鸟(603877)_现金流量表'[现金表项目]="销售商品、提供劳务收到的现金")"，效果如图5-43与图5-44所示。

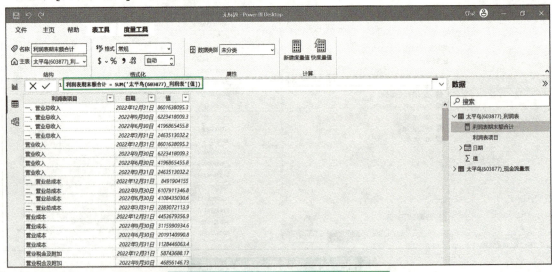

图5-41 "利润表期末额合计"度量值

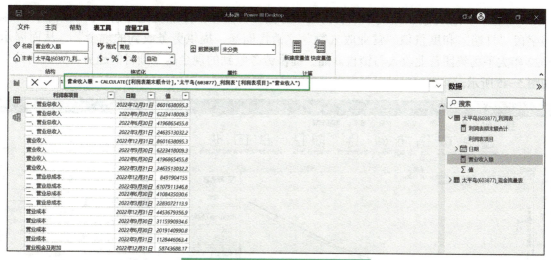

图5-42 "营业收入额"度量值

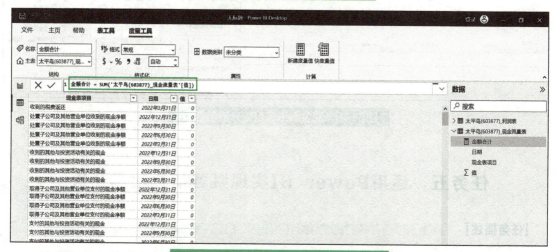

图5-43 现金表"金额合计"度量值

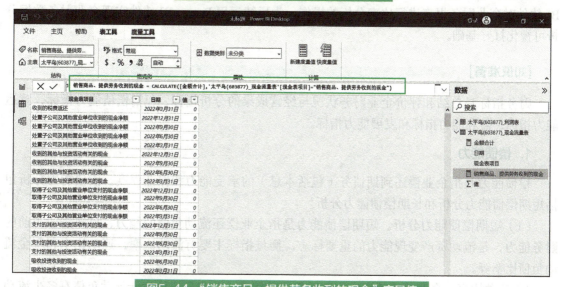

图5-44 "销售商品、提供劳务收到的现金"度量值

步骤四 **数据分析**。回到"报表视图"界面，在画布区添加视觉对象"折线图"，并添加字段"日期"和度量值"营业收入额""销售商品、提供劳务收到的现金"，从而展示 2022 年太平鸟集团营业收入与销售商品、提供劳务收到的现金两个项目的趋势，完成的结果如图 5-45 所示。

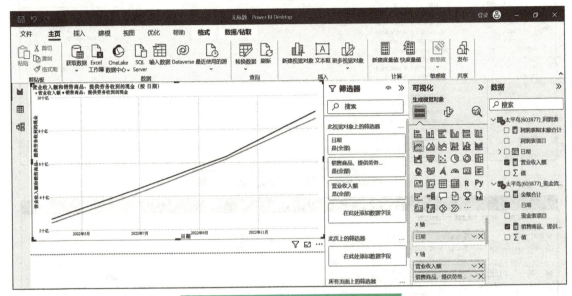

图5-45　现金流量表趋势分析示意图

任务五　运用Power BI实现财务指标比率分析

［任务描述］

通过学习财务指标的基础知识，了解相关财务指标的概念、内容和计算方法，掌握 Power BI 软件对企业财务报表进行比率分析的操作，为后续运用 Power BI 软件实现企业财务数据分析可视化打好基础。

［知识准备］

财务指标是总结和评价企业财务状况与经营成果的分析指标，包括偿债能力指标、营运能力指标、盈利能力指标和发展能力指标。

1. 偿债能力

偿债能力是指企业偿还到期债务（包括本息）的承受能力和保证程度。偿债能力分析包括短期偿债能力分析和长期偿债能力分析。

（1）短期偿债能力分析。短期偿债能力是指企业偿还流动负债的能力，反映企业当前的财务能力，是流动资产变现能力的重要标志。衡量指标主要有流动比率、速动比率和现金流动负债比率等。

1）流动比率：企业的流动资产与流动负债的比率。它表示企业每元流动负债有多少流动资产作为偿还的保证，反映了企业的流动资产在短期债务到期以前，可以变现用于偿还流动负债的能力。

意义：理论情况下，该指标为 2 时较为合理，但现实中不同行业的比率水平不同。

计算公式为

$$流动比率 = 流动资产 / 流动负债 \times 100\%$$

2）速动比率：企业的速动资产与流动负债的比率。该比率能用来衡量企业流动资产可以立即变现偿还债务的能力。速动资产是企业将变现能力较差的存货和预付款项从流动资产中剔除后的资产。

意义：该指标一般为 1，具体与同行业平均水平进行对比。速动比率过低，企业的短期偿债风险较大，速动比率过高，企业在速动资产上占用资金过多，会增加企业投资的机会成本。

计算公式为

$$速动比率 = (流动资产 - 存货 - 预付款项) / 流动负债 \times 100\%$$

3）现金流动负债比率：企业一定时期的经营现金净流量与流动负债的比率。它可以从现金流量角度来反映企业当期偿付短期负债的能力。

意义：该指标一般大于 1，表示企业流动负债的偿还有可靠保障，具体的数值需要与同行业企业进行比较。该指标越大表明企业经营活动产生的现金净流量越多，越能保证企业按期偿还到期债务。

计算公式为

$$现金流动负债比率 = 经营现金净流量 / 流动负债 \times 100\%$$

（2）长期偿债能力分析。长期偿债能力是指企业对债务总额特别是长期债务的偿债能力。若企业长期偿债能力发生问题则会影响企业获取资金的信用，因此它的大小是反映企业财务状况稳定与否及安全程度高低的重要标志。

1）资产负债率：又称负债比率，是企业的负债总额与资产总额的比率。它表示企业利用债权人提供资金进行经营活动的能力，以及企业资产对债权人权益的保障程度。

意义：不同行业该指标水平不同，资产负债率越低，企业的偿债能力越有保证，债权的保障程度越高。

计算公式为

$$资产负债率 = (负债总额 / 资产总额) \times 100\%$$

2）利息保障倍数：又称已获利息倍数，是企业息税前利润与利息支出的比率。它是衡量企业偿付利息能力的指标。

意义：该指标越大，企业利息支付越有保障。

计算公式为

$$利息保障倍数 = (净利润 + 利息费用 + 所得税费用) / 利息支出 \times 100\%$$

2. 营运能力

营运能力是反映企业资产营运效率与效益的指标，用于评价企业管理层的管理水平与企业资产运用能力，为企业提高经济效益指明方向。

1）总资产周转率：企业一定时期的营业收入额与资产总额之比。它体现企业在经营期间全部资产从投入到产出的流转速度，反映企业全部资产的管理质量和利用效率。

意义：该指标越高，说明企业总资产周转越快。

计算公式为

$$总资产周转率 = 营业收入 / 资产总额 \times 100\%$$

2）应收账款周转率：也称应收款项周转次数，是一定时期内营业收入与应收账款的比值。它反映了应收款项的周转速度。

意义：一般情况下，应收账款周转率越高越好，周转率高，表明赊账少，收账迅速，账龄较短，资产流动性强，短期偿债能力强。

计算公式为

$$应收账款周转率（次数）= 营业收入 / 应收账款$$

3）存货周转率：也称存货周转次数，是企业一定时期内的营业收入与存货的比率。它是反映企业的存货周转速度和销货能力的一项指标，也是衡量企业存货营运效率的一项综合性指标。

意义：该指标低反映企业存货积压，产品不适销；指标过高，企业可能有采购供应脱节的风险。

计算公式为

$$存货周转率（次数）= 营业成本 / 存货$$

3. 盈利能力

盈利能力分析就是对企业资产或资本的增值能力进行分析，它通常体现为企业收益数额的大小与水平的高低。

1）总资产净利率是指公司净利润与资产总额的百分比。该指标反映的是公司运用全部资产所获得利润的水平，即公司每占用 1 元的资产平均能获得多少元的利润。

意义：该指标越高，表明公司投入产出水平越高，资产运营越有效，成本费用的控制水平越高。

计算公式为

$$总资产净利率 = 净利润 / 资产总额 \times 100\%$$

2）净利润率：又称营业净利率，是净利润占营业收入的百分比。它用以衡量企业在一定时期的营业收入获取能力。

意义：该比率越大，企业的盈利能力越强。

计算公式为

$$净利润率 = 净利润 / 营业收入 \times 100\%$$

3）净资产收益率（ROE）：又称权益报酬率，它是指企业一定时期内的净利润与股东权益的百分比。它可以反映投资者投入企业的自有资本获取净收益的能力，即反映投资与报酬的关系，因而是评价企业资本经营效率的核心指标。

意义：该指标越高，说明给股东带来的收益越高。

计算公式为

$$净资产收益率 = 净利润 / 股东权益 \times 100\%$$

4. 发展能力

发展能力分析也称企业成长性分析，是指企业在生存的基础上，通过自身的生产经营活动，不断扩大规模、壮大实力的潜在能力。企业能否健康发展取决于多种因素，包括外部经营环境、企业内在素质及资源条件等。

1）销售收入增长率：企业本年销售收入增长额同上年销售收入总额的比率。它反映企业销售收入的增长幅度，是评价企业成长状况和发展能力的重要指标。

意义：该指标高说明企业业务或产品保持较好的增长势头；该指标低或为负，说明企业产品正在走向衰落。

计算公式为

销售收入增长率=（本年销售收入总额-上年销售收入总额）/上年销售收入总额×100%

2）总资产增长率：企业本年总资产增长额同年初资产总额的比率。它反映企业本期资产规模的增长情况。

意义：资产是企业用于取得收入的资源也是企业偿还债务的保障，该指标越高表明企业本期经营规模扩张速度越快，但仍需结合企业实际情况分析。

计算公式为

总资产增长率=（年末资产总额-年初资产总额）/年初资产总额×100%

3）三年利润平均增长率：表明企业利润的连续三年增长情况，体现企业的发展潜力。

意义：该指标越高，表明企业可持续发展能力越强，潜力越大。

计算公式为

$$三年利润平均增长率 = \left(\sqrt[3]{\frac{年末利润总额}{三年前年末利润总额}} - 1 \right) \times 100\%$$

表5-9展示了常用的财务分析指标。

表5-9 常用的财务分析指标

财务指标类型	指标名称	计算公式
偿债能力	流动比率	流动资产/流动负债×100%
	速动比率	（流动资产-存货-预付款项）/流动负债×100%
	现金流动负债比率	经营现金净流量/流动负债×100%
	资产负债率	负债总额/资产总额×100%
	利息保障倍数	（净利润+利息费用+所得税费用）/利息支出×100%
营运能力	总资产周转率	营业收入/资产总额×100%
	应收账款周转率	营业收入/应收账款
	存货周转率	营业成本/存货
	资产现金回收率	经营活动现金净流量/平均资产总额
盈利能力	总资产净利率	净利润/资产总额×100%
	净利润率	净利润/营业收入×100%
	成本费用利润率	利润总额/成本费用总额×100%
	总资产报酬率（ROA）	净利润/总资产×100%
	净资产收益率（ROE）	净利润/股东权益×100%
发展能力	总资产增长率	（年末资产总额-年初资产总额）/年初资产总额×100%
	三年利润平均增长率	$\left(\sqrt[3]{\frac{年末利润总额}{三年前年末利润总额}} - 1 \right) \times 100\%$

[任务实施]

本任务将通过案例介绍，运用 Power BI 对太平鸟（603877）集团 2020—2022 年的资产负债表、利润表、现金流量表的财务指标数据进行比率分析。本任务中的数据可从配套资源包教材数据 D5-05 获取。

步骤一 数据采集。

（1）获取数据。在 Power BI Desktop 界面单击"获取数据"，选择"Excel 工作簿"，"浏览"找到任务 5-5 四个文件所在位置，单击"打开"，如图 5-46 所示。

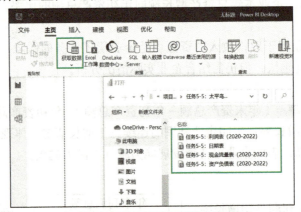

图 5-46　采集任务案例数据

（2）进入"导航器"界面。单击案例相关表格，选择"转换数据"，进入 Power Query 编辑器，采集结果如图 5-47 所示。

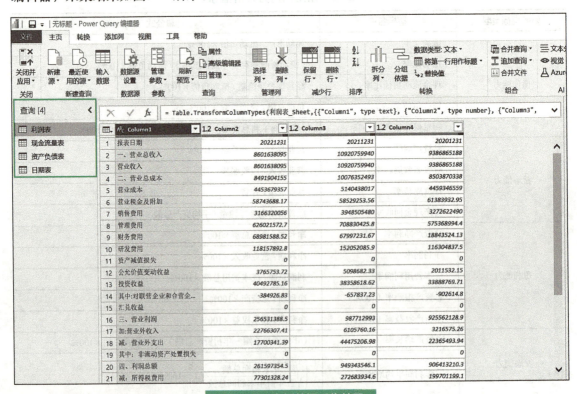

图 5-47　案例数据采集结果

步骤二 数据清洗。

（1）利润表、现金流量表、资产负债表三张表均单击"将第一行用作标题"，使得第一行数据成为标题。提升标题后，在各表分别选中第一列，单击"逆透视其他列"，即逆透视除首列外的其他列，完成结果如图5-48、图5-49、图5-50所示。

财务指标比率分析1——数据采集、清洗、关联

图5-48 利润表提升标题、逆透视结果

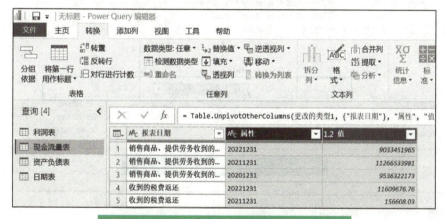

图5-49 现金流量表提升标题、逆透视结果

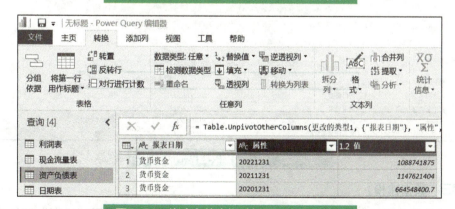

图5-50 资产负债表提升标题、逆透视结果

（2）利润表、现金流量表、资产负债表三张表均修改列名称和数据类型。将第一列的

数据类型修改为"文本",名称分别改为"利润表项目""现金流量表项目""资负表项目";将第二列的数据类型修改为"日期",名称改为"报表日期";将第三列的数据类型修改为"小数",名称分别改为"利润表项目发生额""现流表发生值""资负期末额"。完成后的结果如图5-51、图5-52、图5-53所示。

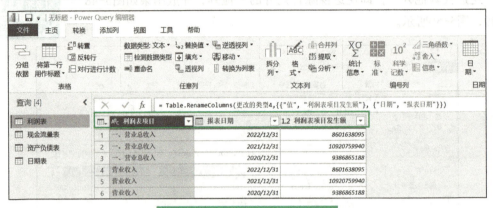

图5-51 利润表数据清洗结果

图5-52 现金流量表数据清洗结果

图5-53 资产负债表数据清洗结果

步骤三 数据建模。

(1)"关闭并应用"数据后,将视图切换至"模型视图",利用"日期"字段将"日期表"与资产负债表、利润表、现金流量表分别建立"一对多"的关系,如图5-54所示。

图5-54 案例数据表之间建模结果

（2）将视图切换至"数据视图"，为资产负债表、利润表、现金流量表新建度量值。在功能区选择"表工具"→"新建度量值"，在编辑栏中输入表5-10所示的财务报表度量值的名称与公式，度量值新建结果如图5-55、图5-56、图5-57所示。

表5-10 财务报表度量值公式

财务报表	度量值名称	度量值公式
资产负债表	资负期末额合计	资负期末额合计=SUM(' 资产负债表 '[资负期末额])
	资产总计	资产总计=CALCULATE([资负期末额合计],' 资产负债表 '[资负表项目]=" 资产总计 ")
	负债合计	负债合计=CALCULATE([资负期末额合计],' 资产负债表 '[资负表项目]=" 负债合计 ")
	所有者权益合计	所有者权益合计=CALCULATE([资负期末额合计],' 资产负债表 '[资负表项目]=" 所有者权益合计 ")
	流动资产合计	流动资产合计=CALCULATE([资负期末额合计],' 资产负债表 '[资负表项目]=" 流动资产合计 ")
	流动负债合计	流动负债合计=CALCULATE([资负期末额合计],' 资产负债表 '[资负表项目]=" 流动负债合计 ")
	应收账款	应收账款=CALCULATE([资负期末额合计],' 资产负债表 '[资负表项目]=" 应收账款 ")
	存货	存货=CALCULATE([资负期末额合计],' 资产负债表 '[资负表项目]=" 存货 ")
利润表	利润表金额合计	利润表金额合计=SUM(' 利润表 '[利润表项目发生额])
	利润总额	利润总额=CALCULATE([利润表金额合计],' 利润表 '[利润表项目]=" 四、利润总额 ")
	营业利润	营业利润=CALCULATE([利润表金额合计],' 利润表 '[利润表项目]=" 三、营业利润 ")
	净利润	净利润=CALCULATE([利润表金额合计],' 利润表 '[利润表项目]=" 五、净利润 ")
	营业收入	营业收入=CALCULATE([利润表金额合计],' 利润表 '[利润表项目]=" 营业收入 ")
	营业成本	营业成本=CALCULATE([利润表金额合计],' 利润表 '[利润表项目]=" 营业成本 ")
现金流量表	现流表发生额合计	现流表发生额合计=SUM(' 现金流量表 '[现流表发生值])
	经营活动现金流入小计	经营活动现金流入小计=CALCULATE([现流表发生额合计],' 现金流量表 '[现金流量表项目]=" 经营活动现金流入小计 ")
	投资活动现金流入小计	投资活动现金流入小计=CALCULATE([现流表发生额合计],' 现金流量表 '[现金流量表项目]=" 投资活动现金流入小计 ")
	筹资活动现金流入小计	筹资活动现金流入小计=CALCULATE([现流表发生额合计],' 现金流量表 '[现金流量表项目]=" 筹资活动现金流入小计 ")
	经营活动产生的现金流量净额	经营活动产生的现金流量净额=CALCULATE([现流表发生额合计],' 现金流量表 '[现金流量表项目]=" 经营活动产生的现金流量净额 ")
	现金流入	现金流入=[投资活动现金流入小计]+[筹资活动现金流入小计]+[经营活动现金流入小计]

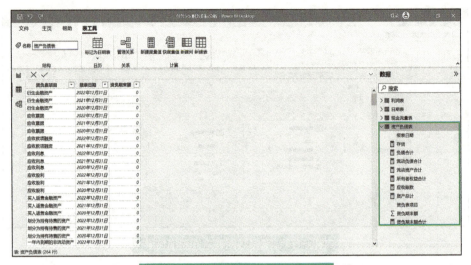

图5-55 资产负债表新建度量值

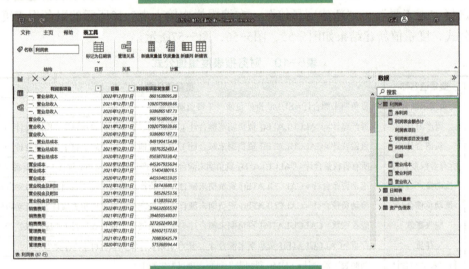

图5-56 利润表新建度量值

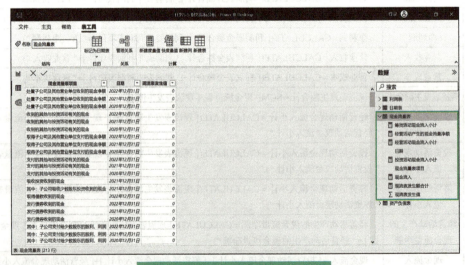

图5-57 现金流量表新建度量值

（3）在资产负债表、利润表、现金流量表新建度量值的基础上，对新建项目度量值进行比率分析，形成相应能力的财务指标比率。具体操作为在功能区选择"表工具"→"新建度量值"，在编辑栏中输入表5-11所示的财务指标度量值公式，度量值新建结果如图5-58所示。

财务指标比率分析2——财务报表新建度量值

表5-11 财务指标度量值公式

财务指标	指标度量值名称	度量值公式
偿债能力	流动比率	流动比率=DIVIDE([流动资产合计],[流动负债合计])
	资产负债率	资产负债率=DIVIDE([负债合计],[资产总计])
	现金流动负债比率	现金流动负债比率=DIVIDE([经营活动产生的现金流量净额],[流动负债合计])
	权益乘数	权益乘数=DIVIDE([资产总计],[所有者权益合计])
营运能力	总资产周转率	总资产周转率=DIVIDE([营业收入],([资产总计]+CALCULATE([资产总计],SAMEPERIODLASTYEAR('日期表'[日期])))/2)
	应收账款周转率	应收账款周转率=DIVIDE([营业收入],([应收账款]+CALCULATE([应收账款],SAMEPERIODLASTYEAR('日期表'[日期])))/2)
	存货周转率	存货周转率=DIVIDE([营业收入],([存货]+CALCULATE([存货],SAMEPERIODLASTYEAR('日期表'[日期])))/2)
盈利能力	营业净利率	营业净利率=DIVIDE([净利润],[营业收入])
	净资产收益率	净资产收益率=DIVIDE([净利润],([所有者权益合计]+CALCULATE([所有者权益合计],SAMEPERIODLASTYEAR('日期表'[日期])))/2)
发展能力	营业收入增长率	营业收入增长率=DIVIDE(([营业收入]-CALCULATE([营业收入],SAMEPERIODLASTYEAR('日期表'[日期])))/2,CALCULATE([营业收入],SAMEPERIODLASTYEAR('日期表'[日期])))
	总资产增长率	总资产增长率=DIVIDE(([资产总计]-CALCULATE([资产总计],SAMEPERIODLASTYEAR('日期表'[日期])))/2,CALCULATE([资产总计],SAMEPERIODLASTYEAR('日期表'[日期])))

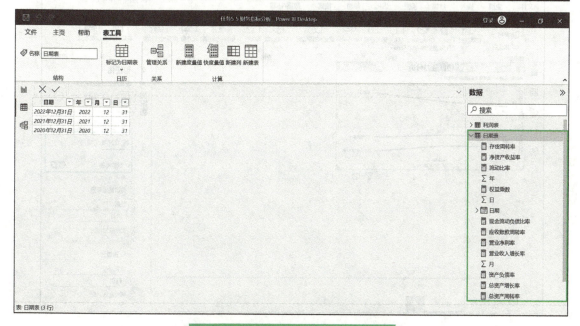

图5-58 财务指标新建度量值结果

步骤四 数据分析。

(1) 回到"报表视图"界面,以"偿债能力分析"为例,在画布区添加视觉对象"折线图",并添加偿债能力财务指标相关字段与度量值"日期""流动比率""资产负债率""现金流动负债比率",如图5-59所示。

财务指标比率分析3——财务指标新建度量值

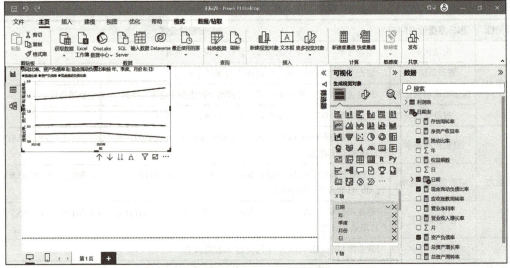

图5-59 偿债能力分析简图

(2) 选中可视化视觉对象"折线图",在右侧"可视化"区域对视觉对象进行个性化调整(调整标题字号、颜色、位置等),完成结果如图5-60所示。

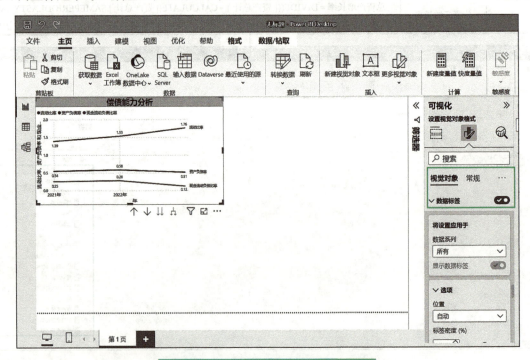

图5-60 偿债能力分析个性化展示图

（3）同理，对其他三项能力指标分析（营运能力、盈利能力、发展能力）进行个性化展示，完成后的效果如图5-61所示。

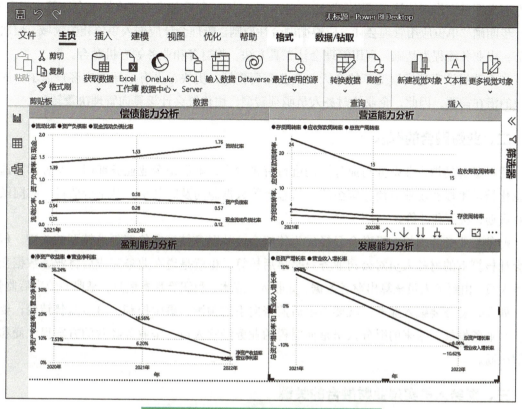

图5-61 财务指标能力分析个性化展示图

财务指标比率分析4——可视化呈现

任务六　运用Power BI实现业财数据的综合分析

[任务描述]

通过学习业财融合的基础知识，理解业财融合的概念及其重要性，通过案例分析学会运用Power BI软件对企业财务数据进行综合分析。

[知识准备]

一、业财融合的背景

2014年10月27日，财政部发布的《关于全面推进管理会计体系建设的指导意见》指出，

"管理会计是会计的重要分支，主要服务于单位（包括企业和行政事业单位，下同）内部管理需要，是通过利用相关信息，有机融合财务与业务活动，在单位规划、决策、控制和评价等方面发挥重要作用的管理活动。"2016年6月22日，财政部发布了《管理会计基本指引》，进一步明确"单位应用管理会计，应遵循融合性原则。管理会计应嵌入单位相关领域、层次、环节，以业务流程为基础，利用管理会计工具方法，将财务和业务等有机融合。"

在全球经济高速发展变革的今天，企业需要更好、更快、更有效地响应客户需求，挖掘客户的潜在需要。因此，企业的财务人员亟须转型，由传统会计核算向管理决策转变。

二、业财融合的概念

业财融合是指企业财务与业务活动进行有机融合，本质是企业业务部门与财务部门通过信息化技术手段实现业务流、资金流、信息流等数据源的及时共享，基于价值目标共同做出企业规划、决策和评价。

财务与业务活动的有机融合已经成为传统会计从财务核算向价值创造转型的关键。传统的会计核算下的财务人员对公司业务只是事后核算，也就是说在业务完成后将业务数据交予财务人员，由财务人员核算出财务数据，如收入、成本、利润等基本信息，是典型的事后监督。

如今，财务要融入业务，就要由事后监督向事前预测、事中控制、事后监督转变，要全程参与业务发展。未来的财务人员是懂财税的业务经营人员，是业务经营的方案提供商和问题解决商。

三、财务人员实现业财融合的关键

（1）思想意识的转变。思维转变是最难的，也是最关键的。财税人员首先应跳出财税岗位，从宏观角度通盘考虑业务，运用财税知识提出解决方案。

（2）专业技能的转变。财务人员要成为业务伙伴的根本途径是能帮助决策者从财务数据中提炼出有价值的信息，基于数据的分析和预测，转化为对商业决策有价值的建议。因此，数据分析能力和沟通能力尤为重要。

[任务实施]

本任务将通过案例介绍，运用Power BI对太平鸟（603877）集团2020—2022年的利润表与营收业务相关数据进行综合分析。本任务中的数据可从配套资源包教材数据D5-06获取。

步骤一　数据采集。在Power BI Desktop界面单击"获取数据"，选择"Excel工作簿"，然后"浏览"找到"任务5-6：太平鸟营收业务数据"文件所在位置，依次导入四张表格数据进入Power Query编辑器。数据导入结果如图5-62所示。

步骤二　数据清洗。

（1）依次使用"将第一行用作标题""逆透视其他列""删除行"等操作，对利润表、门店营业收入表、门店数量表、生产量表与销售量表五张表格进行数据初步清洗，结果如图5-63～图5-67所示。

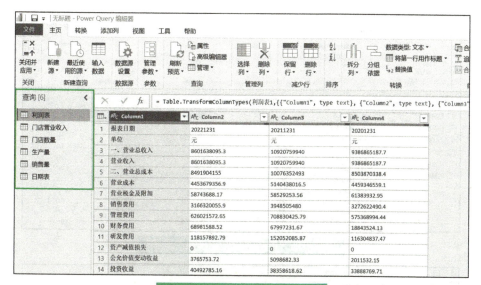

图5-62　案例数据导入结果

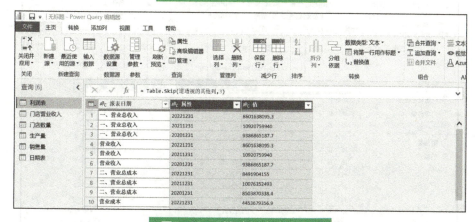

图5-63　利润表初步清洗结果

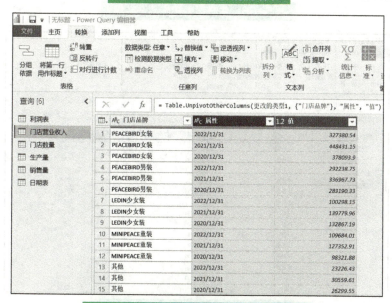

图5-64　门店营业收入表初步清洗结果

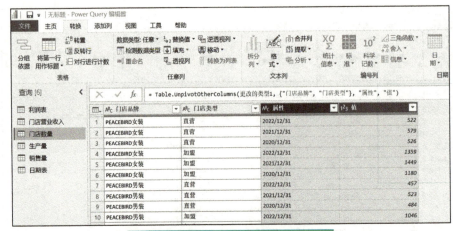

图5-65 门店数量表初步清洗结果

图5-66 生产量表初步清洗结果

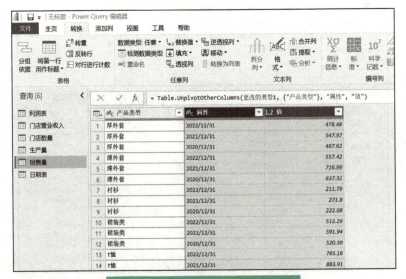

图5-67 销售量表初步清洗结果

（2）分别修改每张表的列名称和各列数据类型，完成后的结果如图5-68～图5-72所示。

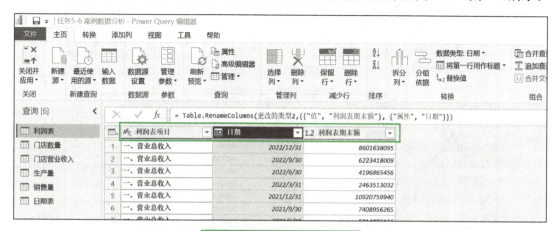

图5-68 利润表清洗结果

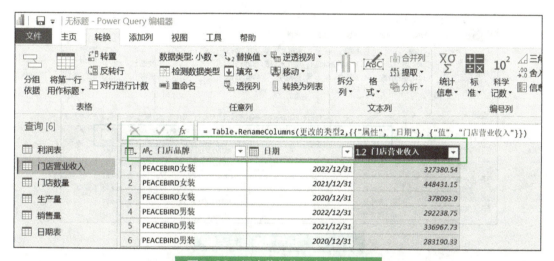

图5-69 门店营业收入表清洗结果

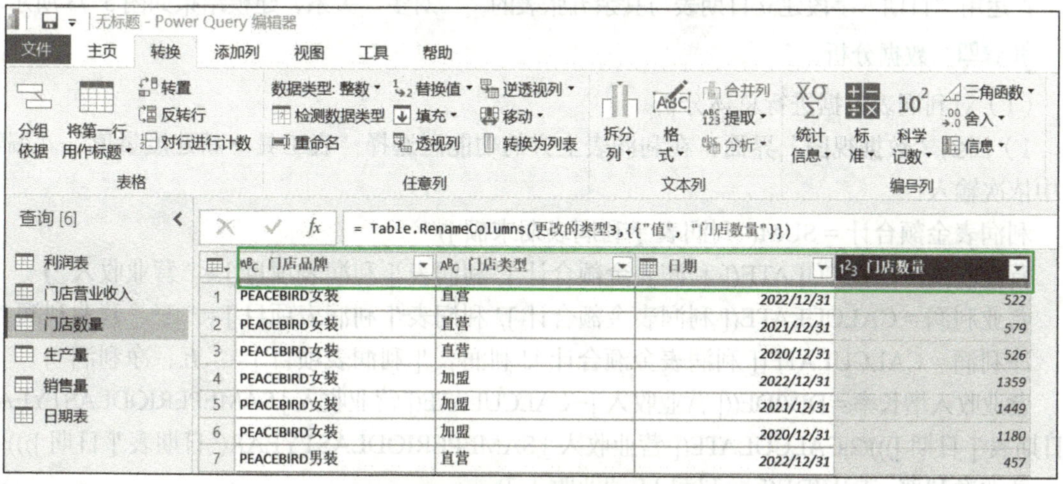

图5-70 门店数量表清洗结果

图5-71 生产量表清洗结果

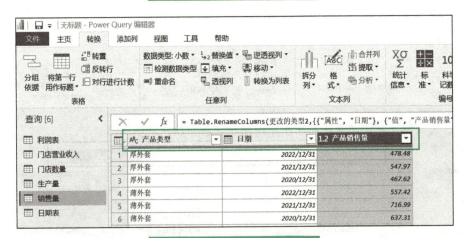

图5-72 销售量表清洗结果

步骤三 数据建模。"关闭并应用"数据回到 Power BI Desktop 界面,将视图切换至"模型视图",运用"日期"字段建立日期表与其余五张表的"一对多"关系,建模结果如图5-73所示。

步骤四 数据分析。

(1)对利润表数据进行总体分析。

1)回到"数据视图"界面,在利润表上方的功能区选择"表工具→新建度量值"。编辑栏中依次输入:

利润表金额合计 = SUM(' 利润表 '[利润表期末额])

营业收入 = CALCULATE([利润表金额合计],' 利润表 '[利润表项目] = " 营业收入 ")

营业利润 = CALCULATE([利润表金额合计],' 利润表 '[利润表项目] = " 三、营业利润 ")

净利润 = CALCULATE([利润表金额合计],' 利润表 '[利润表项目] = " 五、净利润 ")

营业收入增长率 = DIVIDE((([营业收入]-CALCULATE([营业收入],SAMEPERIODLASTYEAR(' 日期表 '[日期])))/2,CALCULATE([营业收入],SAMEPERIODLASTYEAR(' 日期表 '[日期])))

营业净利率 = DIVIDE([净利润],[营业收入])

新建度量值结果如图 5-74 所示。

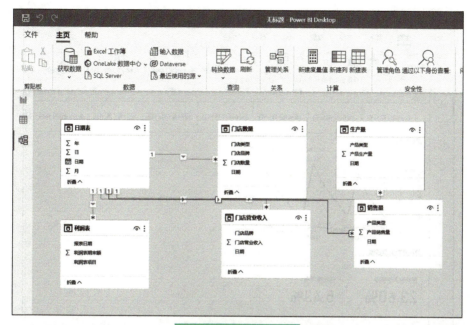

图5-73 建模结果

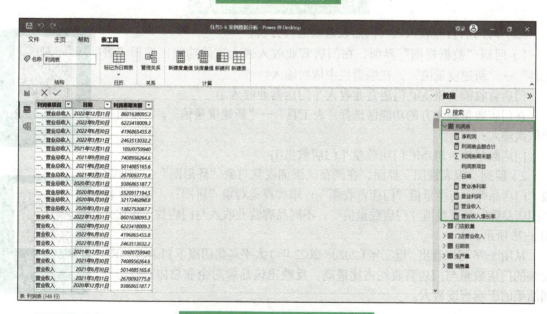

图5-74 利润表新建度量值结果

2)回到"报表视图"界面:在画布区添加视觉对象"切片器",将"日期表"中的"日期"拖入字段中。

3)选中可视化视觉对象"折线图",并添加"利润表"字段"日期"和度量值"营业收入""营业利润"。

4)选中"卡片图"添加度量值"营业净利率""营业收入增长率"。

通过日期切片器与两项数值、两项比率的总体呈现可知:2020—2022年期间,太平鸟集团的营业利润与营业收入值均呈下降趋势,结合营业净利率与营业收入增长率的下降幅度,清晰反映出太平鸟集团的盈利能力减弱。分析效果如图5-75所示。

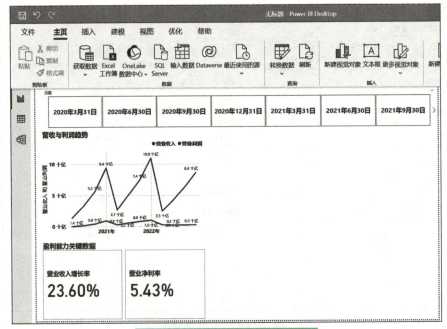

图5-75 利润表总体分析效果

（2）对门店营业收入表与门店数量表进行分析。

1）回到"数据视图"界面，在门店营业收入表上方的功能区选择"表工具"→"新建度量值"。在编辑栏中依次输入：

门店营收额 = SUM('门店营业收入'[门店营业收入])

在门店数量表上方的功能区选择"表工具"→"新建度量值"。在编辑栏中依次输入：

门店数量值 = SUM('门店数量'[门店数量])

业财融合综合分析2——利润数据分析

2）回到"报表视图"界面，在画布区添加视觉对象"环形图"，添加字段"门店品牌"与度量值"门店营收额"；添加视觉对象"饼图"，添加字段"门店品牌"与度量值"门店数量值"。不同品牌营业收入与门店数量占比如图5-76所示。

从图5-76可以看出，近三年（2020—2022年）太平鸟集团旗下PEACEBIRD女装的门店数量与门店营收均占比最高，反映出该品牌对企业总体营收与利润结果的影响程度最大。

业财融合综合分析3——门店营收、数量数据分析

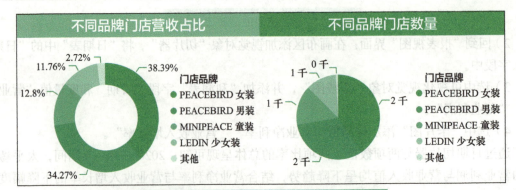

图5-76 不同品牌营业收入与门店数量占比

（3）利润表数据与明细表数据结合分析。

1）回到"数据视图"界面，新建度量值：

PEACEBIRD 女装门店数量 = CALCULATE([门店数量值],' 门店数量 '[门店品牌] = "PEACEBIRD 女装 ")

PEACEBIRD 女装营收额 = CALCULATE([门店营收额],' 门店营业收入 '[门店品牌] = "PEACEBIRD 女装 ")

PEACEBIRD 女装品牌单店营收 = DIVIDE([PEACEBIRD 女装营收额],[PEACEBIRD 女装门店数量])

产品销售总量 = SUM(' 销售量 '[产品销售量])

2）回到"报表视图"界面，在画布区添加视觉对象"表"，添加字段"日期"与度量值"PEACEBIRD 女装门店数量"；添加视觉对象"分区图"，添加字段"报表日期"与度量值"PEACEBIRD 女装品牌单店营收"；添加视觉对象"漏斗图"，添加字段"产品类型"与度量值"产品销售总量"。太平鸟营收数据分析如图 5-77 所示。

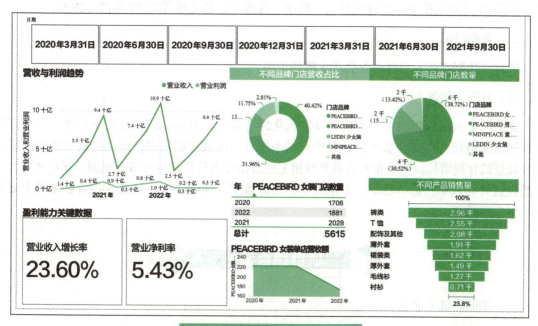

图5-77　太平鸟营收数据分析

结合相关数据分析，2022 年太平鸟的营收断崖式下跌与其主要品牌 PEACEBIRD 女装线下大量关店相关。

业财融合综合分析4——业务财务数据综合分析

◆ 拓展知识 ◆

全国首单工业互联网数据资源入表案例在桐乡落地

一、案例导入

随着大数据技术的不断发展，数据已经成为企业核心资产之一。如何合理地对数据进行会计处理，反映数据的价值和贡献，成为企业面临的一个重要问题。2024年1月1日起，财政部会计司发布的《企业数据资源相关会计处理暂行规定》正式施行，规定为数据资源的会计处理提供了明确的指导原则。这一里程碑事件也标志着我国在数据资产入表领域正式进入实际操作阶段，随后，数据资产入表在全国各地各行业开始争相涌现。2024年1月，全国首单工业互联网数据资产化案例在浙江省桐乡市落地。作为桐乡市数据资本化先行先试企业，浙江五疆科技发展有限公司（以下简称"五疆发展"）已完成数据资源入表准备，并正式启动入表工作。

五疆发展本次试点形成的数据资产是"化纤制造质量分析数据资产"。通过感知、汇聚来自工艺现场的生产数据，经清洗、加工后形成高质量的数据资源，用数据融通模型计算分析后，可实时反馈并调控、优化产线相关参数，也可实现对产品线关键质量指标的实时监控和化纤生产过程总体质量水平的实时评级，从而达到提高化纤产品质量、提升企业质量管理能力、提高经营效能的目标。目前"化纤制造质量分析数据资产"包含了2787万条质量管理数据，物理化验数据、过程质检、控制图数据、对比指标参数、指标报警、预警趋势、不合格率等共27个数据模型，质量指数、合格率、优等率、稳定度等共38类指标体系。

二、案例讨论

请讨论数据资产入表对企业会产生哪些影响。

三、分析与建议

党的二十大报告指出："加快建设现代化经济体系，着力提高全要素生产率，着力提升产业链供应链韧性和安全水平，着力推进城乡融合和区域协调发展，推动经济实现质的有效提升和量的合理增长。"财务人员需要对相关经济指标进行精确地核算、预测、评价和监督，才能促进劳动效率、资本效率、土地效率、资源效率、环境效率、科技进步贡献率等全要素生产率不断提高。

项目综合测试

一、知识测试（单选）

1. 分析企业资本结构状况，对企业资产负债表使用的方法可能是（　　）。
   A. 结构分析法　　B. 对比分析法　　C. 比率分析法　　D. 趋势分析法
2. 分析判断企业所处的地位与水平时，经常采用的分析方法可能是（　　）。
   A. 结构分析法　　B. 对比分析法　　C. 比率分析法　　D. 趋势分析法
3. 下列财务报表以收付实现制为编制基础的是（　　）。
   A. 资产负债表　　B. 利润表　　C. 现金流量表　　D. 所有者权益变动表
4. （　　）是反映企业某一会计时点财务状况的报表。
   A. 利润表　　　　　　　　　　　　B. 资产负债表
   C. 所有者权益变动表　　　　　　　D. 现金流量表
5. 企业债权人查看企业财务指标时一般最关注（　　）。
   A. 盈利能力　　B. 偿债能力　　C. 成长能力　　D. 周转能力

二、技能测试

从配套资源包教材数据 D5-07 获取数据,运用 Power BI 软件采集和清洗表格数据后,分别运用对比、趋势、结构以及比率分析等方法对同行业三家公司 2020—2022 年的财务报表数据进行分析,并创建相应视觉对象,展示各公司的经营状况。

项目评价

评价项目	评价要求	分值	得分
1. 课堂表现	按时出勤,认真听课并积极参与课堂活动	20	
2. 知识掌握	了解数据分析的基本概念与四大数据分析方法,理解并阅读三大财务报表,理解常用的财务指标内容与计算方法	20	
3. 技能水平	能够运用 Power BI 软件对三大财务报表与财务指标进行数据分析操作,并能够运用多种数据分析方法对业财数据进行综合分析	30	
4. 职业素养	具备较强的大数据分析思维,能够在不同场景灵活运用数据分析方法,培养主动融合业务工作的意识和素养	30	
合计		100	

项目六 财务大数据可视化

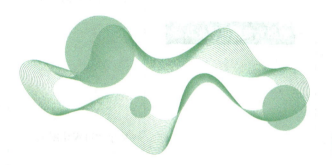

◎ **知识目标**
- 理解数据可视化的概念和作用
- 理解常用的数据可视化图形及其应用场景

◎ **技能目标**
- 能够识别常用的数据可视化图形
- 能够准确运用合适的数据可视化图形
- 能够运用Power BI软件实现数据可视化

◎ **素质目标**
- 具备较强的大数据分析思维能力和解决问题的能力
- 具备数据展示的素养和审美意识
- 树立优秀的数据呈现审美意识
- 培养尊重数据、严谨务实的科学态度

财务大数据基础

[知识导图]

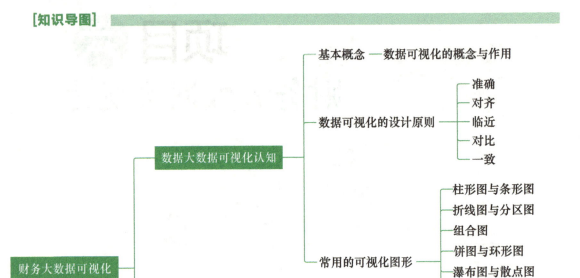

[情景引入]

小杨同学能够自如地使用 Power BI 软件对任意数据进行分析后，不少同事领导都拜托她对公司的一些相关数据进行处理，使得同事领导们能在短时间内从杂乱无章的数据中快速得到自己想要的有效数值，大大提高了公司的运营效率。但同时小杨同学也从同事那儿陆续得到不少反馈："小杨呀，我们这些不太懂财务的人，就算拿到表看到这些一个个提炼后的数字也不太理解背后的含义呀！""对呀，而且年龄大了老花眼了，这一行行的数据看得我眼痛。"小杨瞬间理解同事们的困惑，看来以后处理数据时需要进行数据可视化操作，以图形化的方式让大家更直观地感受数据背后的意义。

任务一　了解数据可视化的基础知识

[任务描述]

通过学习数据可视化的基础知识，了解数据可视化的起源、概念和作用，了解数据可视化的设计原则，能够认识数据可视化的重要性，并了解 Power BI 可视化的基本功能。

[知识准备]

一、数据可视化的起源

数据可视化最早出现的时期已无从考证，但对其溯源，数据可视化最早以地图、图表形式出现在制图领域，早期人们将搜集到的相关数字信息用地图呈现出来。目前，我国出土最早的地图实物是西汉时期的放马滩地图，如图6-1所示。

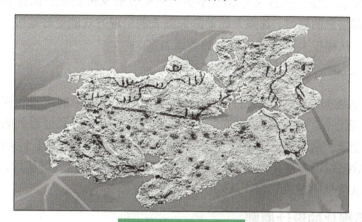

图6-1　放马滩地图

17世纪中叶，随着测量和概率相关理论的诞生以及解析几何的兴起，数据可视化被应用于天文分析、人口统计等科学研究领域。随着社会生产力发展水平的提高与科技进步，数据可视化的图形不再局限于几何图形，更能直观表达数据信息的抽象图形出现，如折线图、条形图、饼图、时序图等。在此时期，人们认识到数据信息价值的重要性，大量主题数据（疫情、交通、卫生等）涌现，数据可视化作为理解大量数据的技术手段被广泛应用于社会各个领域。各国各地纷纷建立国家统计局，数据可视化在社会、工业、商业和交通规划等领域大放异彩。

从20世纪开始，现代电子计算机的诞生与统计应用的发展彻底变革了数据可视化工作。20世纪50年代，人们用计算机创建出了首批图形图表，由此计算机图形学出现。20世纪90年代初期，"信息可视化"概念被提出，即在有限的展现空间中以直观的方式传达大量的抽象信息。进入21世纪后，随着计算机相关硬件升级，全球进入大数据时代，面对海量、高维、多源的动态数据，需要综合可视化、图形学、数据挖掘等多项技术，从大量、复杂的数据中快速挖掘出有效数据，这门新兴学科被称为"可视分析学"。

思考分析

观察一下，在我们生活中，有哪些数据可视化的场景或应用案例？

二、数据可视化的概念与作用

数据可视化是指借助不同的可视化工具，将复杂的数据通过图形化的手段进行有效表达，准确高效、简洁全面地传递某种信息，帮助数据使用者发现海量数据的规律和特征，挖掘数据背后的价值。简而言之，数据可视化就是用图形描绘数据信息。

数据可视化的作用主要体现在以下三个方面：

1. 方便数据阅读

数据可视化将技术手段与视觉艺术相结合，借助图形化手段将复杂的数据清晰地展示出来。人类大脑处理视觉信息的速度比处理书面信息快10倍，因此使用图表总结复杂的数据能够帮助数据使用者快速读取与阅读数据。

2. 方便信息传播

人眼通过视觉和图像比通过文本和数字更容易吸收和掌握信息，因此数据可视化利用图表向人们提供数据信息的同时，其强大的动静态图表的呈现方式能更好地吸引人们的注意力，保持人们的兴趣，从而扩大数据背后信息的传播力度。

3. 方便数据分析

数据可视化是数据经过分类、排序、组合等处理后，用简单的逻辑和视觉效果使数据规律、多维度地呈现出来。可视化的呈现方式能够让数据使用者轻易地看到表示对象或主题数据的多个属性或变量，从而快速理解数据之间的关系，方便对其进行进一步的深度分析。

综上所述，数据赋予可视化价值的同时，可视化也增加了数据的智能性，两者相辅相成，帮助数据使用者从信息中提取知识，从知识中收获价值。

三、数据可视化的设计原则

成功的数据可视化，是一张简洁、准确、突出洞察的图表。

美国设计大师罗宾·威廉姆斯（Robin Williams）曾在《写给大家看的设计书》中提出了对齐、亲密、对比、重复的设计黄金四原则。将设计界的黄金原则与可视化应用相结合，我们完成数据可视化时应遵循以下原则：

1. 准确

数据可视化的最终目的是将数据信息准确、直观地呈现给数据使用者。因此，正确表达数据背后的信息，是进行数据可视化设计的根本原则。

2. 对齐

对齐就是利用人类的视觉惯性，将要呈现的内容、要素进行整齐排版，使版面简洁、有条理性，从而引导阅读者的视觉流向，有助于向数据使用者更好地传递信息。

3. 临近

临近就是将要呈现的同类或彼此相关的数据信息放在相近的位置，形成一个视觉单元，有助于数据使用者快速理解信息背后的逻辑，从而提高信息的可读性。

4. 对比

通过对比，将呈现的重要数据或信息凸显出来，从而反映数据背后存在的问题或传达重要的信息。运用颜色、大小、粗细等对比方式，让关键的内容对数据使用者产生更强的视觉效果，凸显重点，建立信息层级。

5. 一致

一致，顾名思义，数据可视化在呈现同类信息或重复出现的元素时，字体、字号、间距、颜色、图标等方面要保持一致，并且整个界面要保持统一的风格。让数据可视化最终呈现的效果避免杂乱，具备整体感。

综上，根据以上原则制作出来的数据可视化作品，基本可以保证呈现的数据信息简洁易读、准确清爽。

> **直通职场**　　　　　　　　BI 工程师

BI 工程师是主要负责数据分析、数据仓库及相关报表制作，对数据进行处理的专业人员。BI 工程师需要熟练掌握数据库开发技术，了解数据处理流程和报表开发工具，熟悉主流的 BI 开发工具，如 SSIS、Power BI 等，其工作内容主要包括：①负责设计、开发和维护商业智能解决方案，以支持企业的决策制定和业务分析。通过整合、清理和分析数据，为组织提供有洞察力的报表和仪表板。②需求分析和数据整合与清理，数据建模和设计。③团队协作和沟通，与数据科学家、数据工程师和业务分析师等团队成员密切协作。④关注商业智能领域的新技术和趋势，持续学习和应用实践。⑤关注系统的安全性，采取必要的安全措施，确保数据的保密性和完整性。

> **拓展阅读**　　　　　　天猫"双11"数据大屏

2018 年天猫"双11"活动十周年，数据大屏（见图 6-2）上一直跳动最后定格在 2 135 亿元的销售数据让人们印象深刻，这也是"双11"大屏首次在商场的屏幕上实现同步。这份实时变化的大数据展示链路凝结了阿里巴巴集团诸多顶尖级工程师长达数月的辛勤劳作，其中关键指标也颇具亮点，包括从天猫交易下单购买到数据采集、数据计算、数据校验，最终落到"双11"大屏上展现的全链路时间压缩在 5 秒以内，0 点顶峰计算性能高达数十万订单/秒，多条链路实时计算备份确保万无一失。

数据可视化大屏在最短的时间内用最具冲击力的视觉语言，将阿里巴巴"双11"活动中最重要的信息传递给消费者。数据投屏技术也让媒体、消费者与阿里巴巴公司在数据层面实现了信息对称，从而刺激更多的消费者"剁手"，成为千亿数据贡献者的一分子。

通过可视化的方式直观呈现数据，让观者一秒抓住数据背后的信息，这便是数据可视化的妙用。

图6-2　天猫"双11"数据大屏

[任务实施]

Power BI 可视化区域

运用 Power BI 软件进行数据可视化，最终可视化作品呈现于 Power BI 中的报表画布区域，如图 6-3 所示。

图6-3 Power BI界面

1. 功能区

与其他Office软件顶部"功能区（导航栏）"结构类似，Power BI Desktop界面顶部的功能区包括"文件""主页""插入""建模""视图""优化""帮助"。单击"文件"等选项卡按钮，将会出现"新建""打开""保存""另存为"等熟悉的操作选项。

操作"主页"选项卡下方的"插入"区域与"插入"选项卡可以在报表画布上新建页面和进行视觉对象或文本框等元素的插入，分别如图6-4、图6-5所示。"更多视觉对象"可以在官网下载新的自定义视觉对象，增加可以生成的图表形式。

图6-4 "主页"选项卡

图6-5 "插入"选项卡

"视图"选项卡可以对报表画布的视觉对象和元素进行个性化调整，如图6-6所示。在"主题"中可进行各种配色的选择。

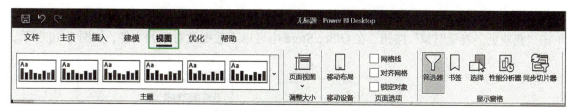

图6-6 "视图"选项卡

"优化"选项卡可对报表画布的视觉对象和元素进行智能排版，优化调整，实现作品的交互性设计，如图6-7所示。

图6-7 "优化"选项卡

2. 报表画布

Power BI界面中最大的区域便是报表画布，这是可视化作品最终呈现的区域，能对数据内容进行全面展示。借助右侧报表编辑器的"数据""筛选器"和"可视化效果"窗格创建视觉对象，生成的视觉对象将在此区域中显示。画布底部的每个选项卡均表示报表中的一个页面，选择某个选项卡将打开该页。报表画布呈现的内容会随报表编辑器选择的内容不同而异。

3. 报表编辑器

Power BI报表编辑器主要由"数据"窗格、"可视化效果"窗格以及"筛选器"窗格三个部分组成。"数据"窗格用于管理可视化效果的基础数据。"筛选器"窗格和"可视化效果"窗格则用于可视化效果外观的个性化设置，包括类型、字体、筛选、格式设置等。

（1）"数据"窗格。"数据"窗格用来显示数据中存在的表、字段与度量值，如图6-8所示。勾选某张表中的某个字段，将其添加进可视化视觉对象，即可生成可视化图表。将"字段"拖到报表画布区域，即可启动一个新的可视化效果。也可以将"字段"拖动到现有可视化视觉对象中，将字段添加到该可视化效果中。

（2）"可视化效果"窗格。"可视化效果"窗格提供了众多视觉对象，其包含四个部分：选择视觉对象区域及其下方的字段区、格式区与分析区。

在"选择视觉对象区域"中可以选择可视化效果类型，小图标代表可以创建的不同类型的可视化效果，包括常见的条形图、柱状图、折线图、组合图、饼图、散点图、卡片图等，如图6-9所示。

图6-8 "数据"窗格示意图

除了该区域默认提供的可视化视觉对象外，Power BI 还提供了自定义的可视化视觉对象，单击"获取更多视觉对象"按钮，在 Office Store 中可以下载视觉对象的文件，如图 6-10 所示。

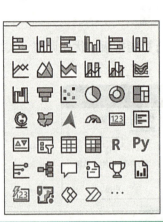

图 6-9 "选择视觉对象区域"示意图　　图 6-10 "获取更多视觉对象"示意图

"选择视觉对象区域"的下方，从左到右依次是字段区、格式区、分析区。

1）字段区：用来管理视觉对象中的"字段"。根据设计者的数据呈现需要并匹配合适的图表类型，将相应字段进行拖拽，一般字段区有"图例""X 轴""Y 轴""值"等字段。字段区的"栏"会根据选择的可视化效果类型而有所不同。以条形图为例，"栏"包括"X 轴""Y 轴"，如图 6-11 所示。此部分还包含控制钻取和筛选器行为的选项，如图 6-12 所示。

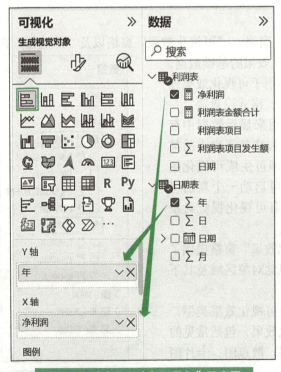

图 6-11 "字段区（条形图）"示意图　　图 6-12 "钻取和筛选器"示意图

2）格式区：用来设置视觉对象格式。根据数据呈现需要，对视觉对象的可视化元素进行个性化调整。单击"画笔"图标，打开"设置视觉对象格式"窗格，在此可对视觉对象的元素进行调整。元素分为"视觉对象"与"常规"两部分，"常规"下包括标题、图标、位置等通用元素，"视觉对象"下的元素取决于所选可视化效果的类型，一般包括调整轴标题、图例颜色、画布区背景等。以"条形图"为例，"视觉对象"下可对X轴、Y轴、条形等进行个性化调整，如图6-13所示。"常规"下可对该视觉对象的标题名称、字体颜色、背景色、对齐方式等进行调整，如图6-14所示。

3）分析区：用来对视觉对象进行进一步分析，添加动态参考行，突出重要趋势或见解。单击"放大镜"图标即可显示"分析"窗格。个别可视化对象拥有"分析"值，即对可视化对象添加分析线等。一般分析指标包括恒定线、最小值线、最大值线、平均值和中值线等。以"条形图"为例，分析区指标有"X轴恒线""恒定线""误差线"，如图6-15所示。

（3）"筛选器"窗格。"筛选器"窗格主要用于查看、设置和修改不同级别的筛选。

筛选器包含三种级别，分别是视觉对象级筛选器、页面级筛选器和报告级筛选器。视觉对象级筛选器对本视觉对象进行筛选，如图6-16顶部的"此视觉对象上的筛选器"。页面级筛选器是对当前报表页面的所有对象进行筛选的，即图6-16中部的"此页上的筛选器"。报告级筛选器则是针对整个报表进行筛选的，即图6-16底部的"所有页面上的筛选器"。在创建可视化效果时，Power BI会自动将可视化效果中的所有字段添加到"筛选器"窗格的视觉对象级别筛选器区域中。

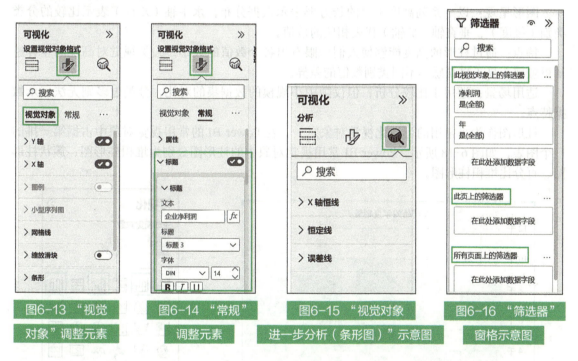

图6-13 "视觉对象"调整元素　　图6-14 "常规"调整元素　　图6-15 "视觉对象"进一步分析（条形图）示意图　　图6-16 "筛选器"窗格示意图

任务二　运用Power BI绘制常用数据可视化图形

[任务描述]

通过学习数据可视化图形的基础知识，了解常用可视化图形的特点及其应用场景，学会选择适合的图形为数据说话，并且熟练运用 Power BI 软件绘制常用的可视化图形。

[知识准备]

数据图表泛指在屏幕中显示的，可直观展示统计信息属性（时间性、数量性等），对知识挖掘和信息直观生动感受起关键作用的图形结构，是一种很好地将对象属性数据直观、形象地"可视化"的手段。

合理的数据图表，会更直观地反映数据间的关系，比用数据和文字描述更清晰、更易懂。将工作表中的数据转换成图表呈现，可以帮助我们更好地了解数据间的比例关系及变化趋势，对研究对象做出合理的推断和预测。常用的图表类型有：柱形图、条形图、折线图、分区图、饼图、环形图、瀑布图、散点图、雷达图等，近年来比较酷炫的图表有词云、漏斗图、数据地图以及瀑布图等。

[任务实施]

一、柱形图与条形图的认知与实现

1. 柱形图

柱形图又称长条图，用来展示分类数据之间的对比情况，如图 6-17 所示。

图形呈现：以一系列高度不等的长方形表示数据分布，水平轴（X 轴）表示比较的分类类别（维度），垂直轴（Y 轴）代表相应的数值。

特点：通过柱形的高度能够使人们一眼看出各个数值的大小；人类视觉对高度的差异感知更敏感，易于直观感受不同类别数值的差异。

适用场景：适用于比较分析，但仅限中小规模的数据集的对比，分类过多则无法展示数据特点。

柱形图作为最常用的可视化视觉对象之一，在 Power BI 的常用视觉对象中占据第一排的三个图表，如图 6-18 所示。Power BI 常用视觉对象中的柱形图分别为堆积柱形图、簇状柱形图、百分比堆积柱形图。

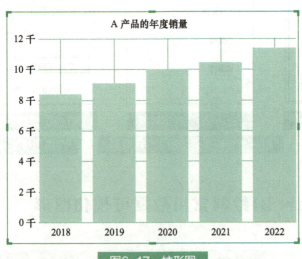

图 6-17　柱形图

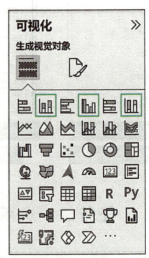

图 6-18　"柱形图——视觉对象"示意图

项目六 财务大数据可视化

接下来通过对某连锁店不同产品的销量进行可视化呈现，介绍如何运用 Power BI 实现柱状图的绘制。相关案例数据可从配套资源包教材数据 D6-01 获取。

步骤一 数据采集。打开 Power BI 软件，通过"获取数据"→"Excel 工作簿"→"任务 6-1 柱形图与条形图案例数据"文件→勾选"柱形图"数据→"加载"的步骤，将数据采集进入 Power BI 界面，采集过程如图 6-19 所示，完成结果如图 6-20 所示。

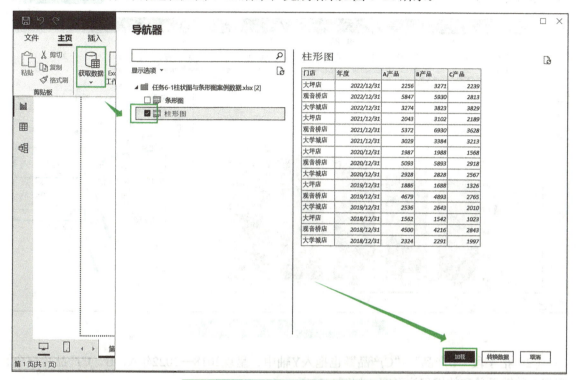

图6-19　柱形图数据采集过程示意图

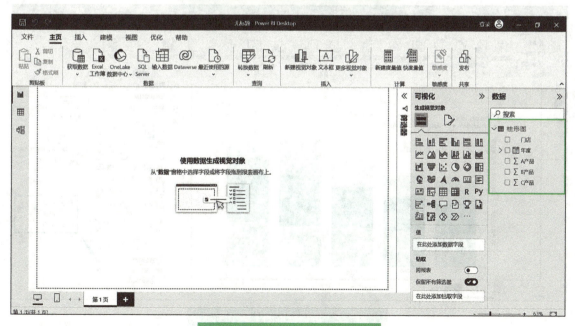

图6-20　柱形图数据采集结果

步骤二 数据可视化。

（1）在"可视化效果"窗格的"选择视觉对象区域"中选择堆积柱形图，然后将"年度"字段拖入X轴中，"A产品"拖入到Y轴中，一个呈现A产品（一个序列）2018—2022年度销量的柱形图就出来了，如图6-21所示。随后可单击"画笔"图标，在格式区对图表进行个性化调整。

柱状图绘制

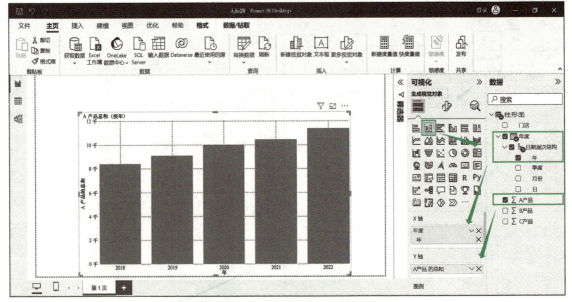

图6-21 堆积柱形图（一个序列）

（2）把字段"B产品""C产品"也拖入Y轴中，呈现2018—2022年A、B、C产品（三个序列）的销量总和的堆积柱形图，如图6-22所示。

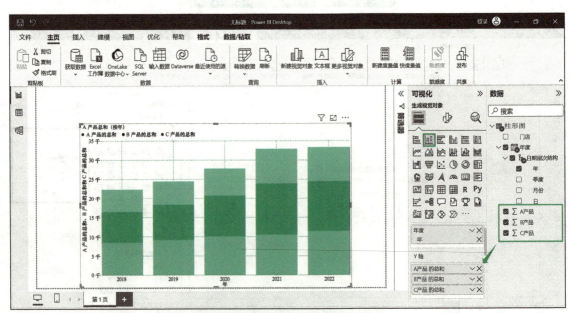

图6-22 堆积柱形图（多个序列）

（3）将"选择视觉对象区域"中的堆积柱形图单击更换为"簇状柱形图"，呈现2018—2022年A、B、C产品（三个序列）销量对比的簇状柱形图，如图6-23所示。

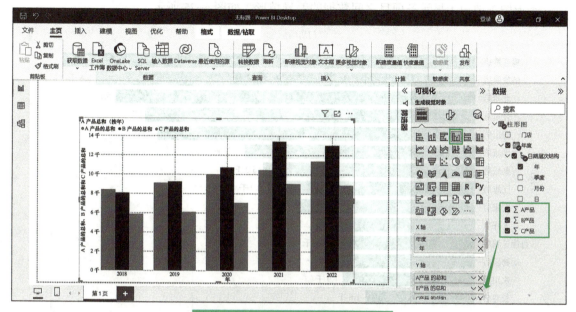

图6-23　簇状柱形图（多个序列）

（4）将"选择视觉对象区域"中的簇状柱形图单击更换为"百分比堆积柱形图"，呈现2018—2022年A、B、C产品（三个序列）销量占比情况的百分比堆积柱形图，如图6-24所示。

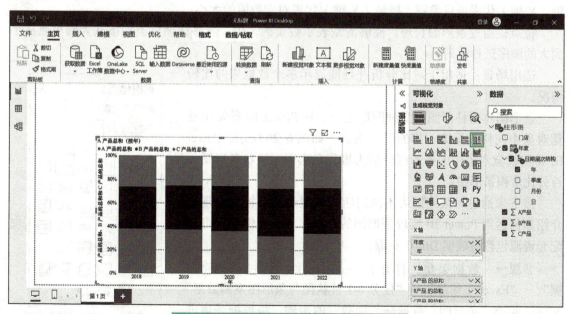

图6-24　百分比堆积柱形图（多个序列）

2. 条形图

条形图主要用于显示各项目之间数据的差异情形，如图 6-25 所示。

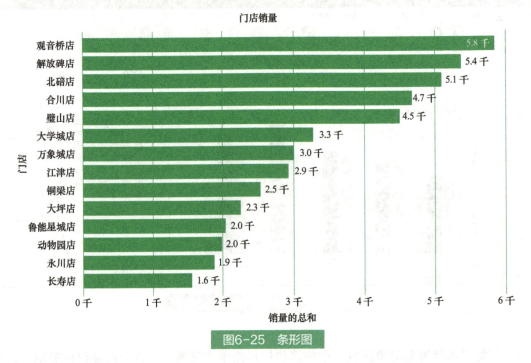

图6-25 条形图

图形呈现：条形图与柱状图的行列相反，用一系列水平条的长短来表示数据的多少，纵轴（Y轴）代表项目类别，横轴（X轴）代表对应数值的大小。

特点：通过条形的长短，能够清楚表示数量的多少，能够让项目类别按从大到小或从小到大的顺序进行排列。

适用场景：适用于对比分析并且能展示多个数据集的比较情况。

条形图作为柱形图的变种图形之一，在 Power BI 的常用视觉对象中同样占据第一排的三个图表，如图 6-26 所示。Power BI 常用视觉对象中的条形图分别为堆积条形图、簇状条形图、百分比堆积条形图。

接下来通过对某连锁店不同门店的销量进行可视化呈现，介绍如何运用 Power BI 实现条形图的绘制。相关案例数据可从配套资源包教材数据 D6-01 获取。

步骤一 数据采集。打开 Power BI 软件，通过"获取数据"→"Excel 工作簿"→"任务 6-1 柱状图与条形图案例数据"文件→勾选"条形图"数据→"加载"的步骤，将数据采集进入 Power BI，采集过程如图 6-27 所示，完成结果如图 6-28 所示。

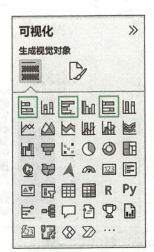

图6-26 "条形图——视觉对象"示意图

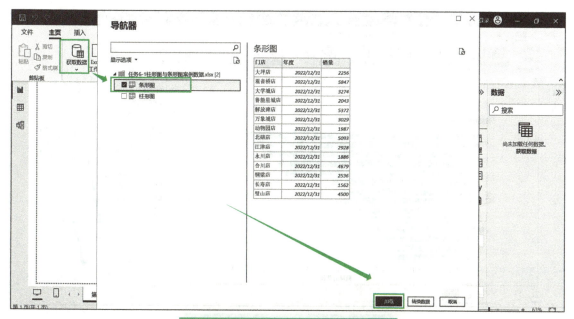

图6-27 条形图数据采集过程示意图

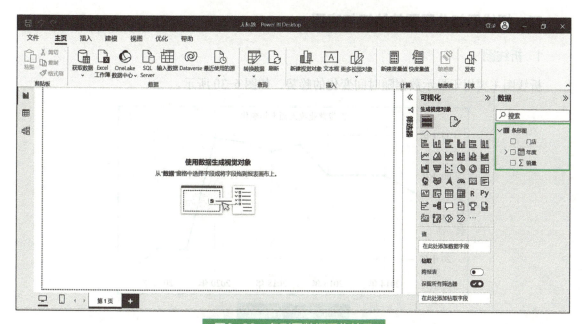

图6-28 条形图数据采集结果

步骤二 数据可视化。在"可视化"窗格的"选择视觉对象区域"中选择堆积条形图,然后将"销量"字段拖入 X 轴中,"门店"字段拖入到 Y 轴中,在画布中展示一个呈现不同门店的年度销量(从高到低)的条形图,如图 6-29 所示。随后可单击"画笔"图标,在格式区对图表进行个性化调整。

条形图绘制

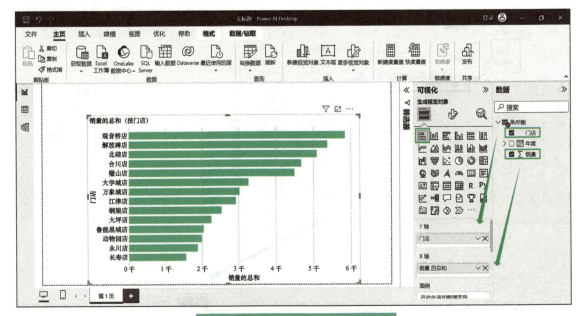

图6-29 堆积条形图（一个序列）

二、折线图与分区图的认知与实现

1. 折线图

折线图主要用于显示数据随时间变化的趋势，如图6-30所示。

图6-30 折线图

图形呈现：水平轴（X轴）为时间，垂直轴（Y轴）为数据的绝对值大小，将同一系列的数据点用线连接起来形成折线。

特点：展示数据在一定时期内的增减幅度、趋势、峰值等特征。

适用场景：观察相等时间间隔下数据的变化趋势或规律。

接下来通过对某百货商场十年（2012—2022年）的营业收入额，介绍如何运用 Power BI 实现折线图的绘制。相关案例数据可从配套资源包教材数据 D6-02 获取。

步骤一 数据采集。打开 Power BI 软件，通过"获取数据"→"Excel 工作簿"→"任务6-2 折线图与分区图案例数据"文件→勾选"重百利润数据"→"转换数据"的步骤，将数据采集进入 Power Query，采集过程如图 6-31 所示，完成结果如图 6-32 所示。

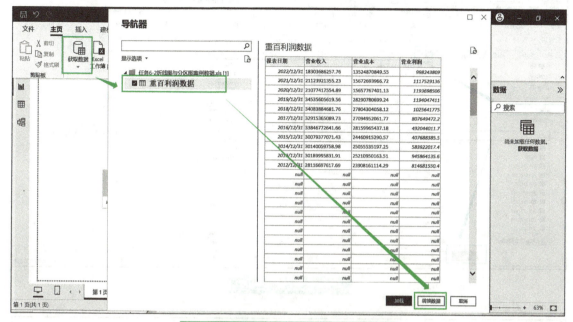

图6-31 折线图案例数据采集示意图

图6-32 折线图案例数据采集结果

步骤二 数据清洗。在 Power Query 编辑器中，选中任意一列"下拉"符号→"删除空"→"确定"，从而清除表格空值，如图 6-33 所示。根据每列数据修改"数据类型"，数据清洗结果如图 6-34 所示。

折线图绘制

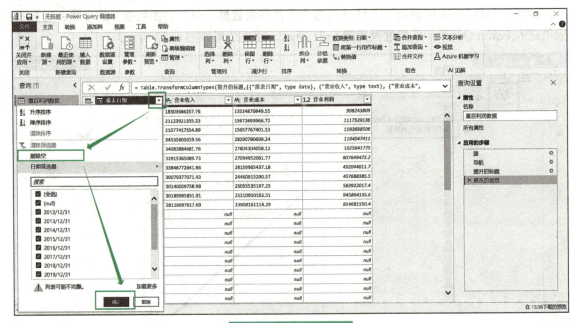

图6-33 删除空值

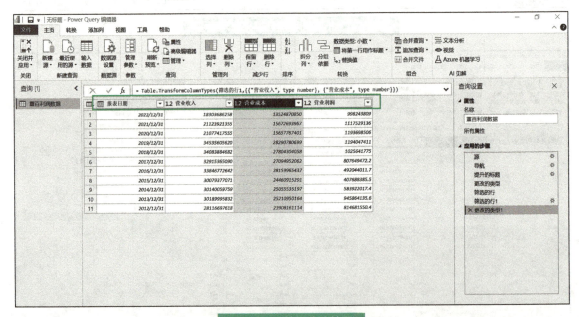

图6-34 数据清洗结果

步骤三 数据可视化。

(1)"关闭并应用"数据回到Power BI界面,在"可视化"窗格的"选择视觉对象区域"中选择折线图,然后将"报表日期(年)"字段拖入X轴中,"营业收入"字段拖入Y轴中,画布中呈现百货商场2012—2022十年营业收入额变化趋势的折线图,如图6-35所示。

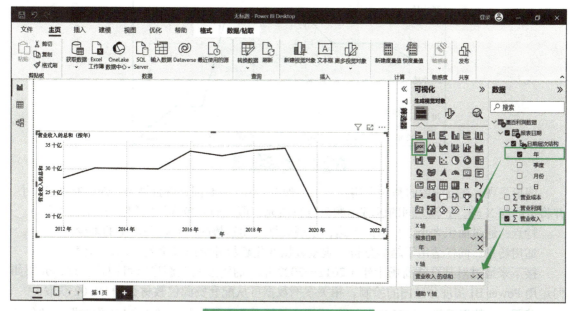

图6-35 营业收入额折线图

（2）将字段"营业成本""营业利润"也拖入Y轴中，呈现百货商场近十年（2012—2022年）营业数据变化结果的多条折线图，如图6-36所示。随后可单击"画笔"图标，在格式区对图表进行个性化调整。

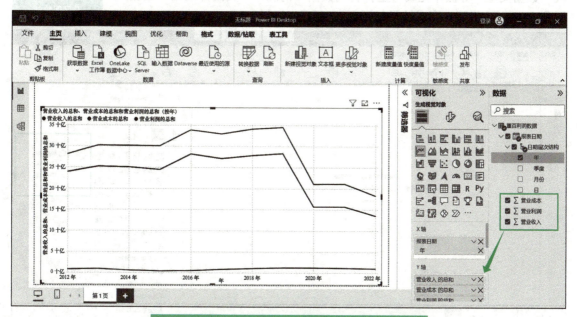

图6-36 营业收入、营业成本、营业利润折线图

2. 分区图

分区图又称面积图，显示数据范围随时间变化的趋势，如图6-37所示。

图6-37 分区图

图形呈现：在折线图的基础上构建，水平轴（X轴）为时间，垂直轴（Y轴）为数据大小，并将折线与X轴、Y轴之间的区域用颜色进行填充，填充的区域称为面积。

特点：通过面积大小进行量的表达，呈现数据变动趋势的同时强调数量的多少。

适用场景：同样适用于趋势分析，观察数据变化趋势并突出某个趋势间的总值。

接下来通过对某百货商场十年（2012—2022年）的营业利润额进行可视化呈现，介绍如何运用 Power BI 实现分区图的绘制。相关案例数据可从配套资源包教材数据 D6-02 获取。

步骤一 数据采集。打开 Power BI 软件，通过"获取数据"→"Excel 工作簿"→"任务6-2 折线图与分区图案例数据"文件→勾选"重百利润数据"→"转换数据"步骤将数据采集进 Power BI 软件。

步骤二 数据清洗。在 Power Query 编辑器中，通过"删除空"、修改"数据类型"等操作完成"重百利润数据"清洗，"关闭并应用"数据回到 Power BI 界面，完成结果如图6-38所示。

分区图绘制

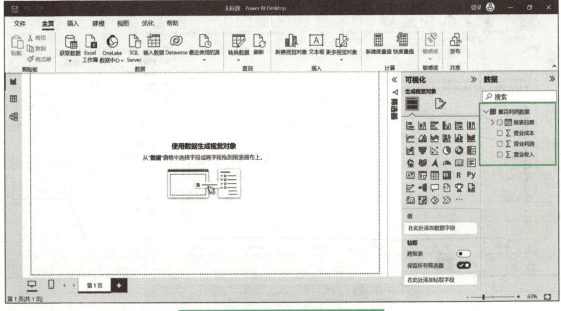

图6-38 分区图案例数据采集结果

步骤三 数据可视化。

（1）在"可视化"窗格的"选择视觉对象区域"中选择分区图，然后将"报表日期

（年）"字段拖入X轴中，"营业成本"字段拖入Y轴中，画布中呈现某百货商场2012—2022十年营业成本费用变化趋势的分区图，如图6-39所示。

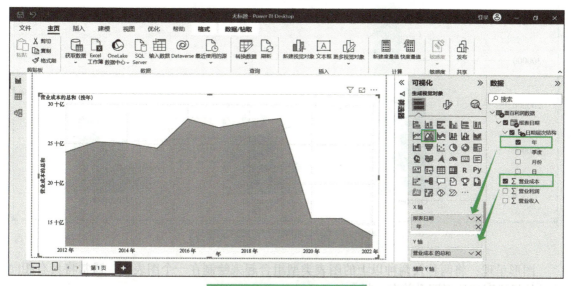

图6-39 营业成本分区图

（2）将"选择视觉对象区域"中的分区图单击更换为"堆积面积图"，"营业收入"字段也拖入Y轴中，画布中呈现某百货2012—2022十年的营业收入额与营业成本额变化趋势以及间接营业利润（营业收入-营业成本）变化的堆积面积图，如图6-40所示。随后可单击"画笔"图标，在格式区对图表进行个性化调整。

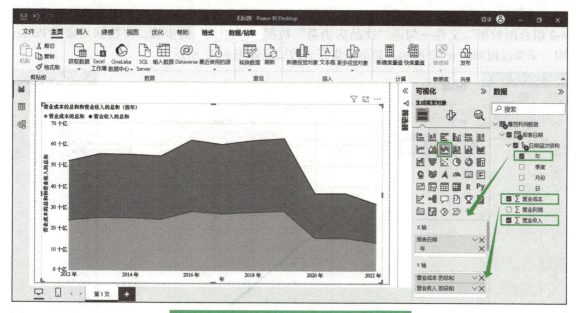

图6-40 营业收入、营业成本堆积面积图

三、组合图的认知与实现

组合图用于同时展示多组数据，并强调不同数据关注的不同侧重点，如图6-41所示。

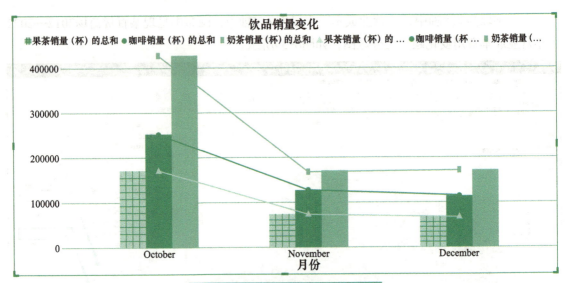

图6-41 折线和簇状柱形组合图

图形呈现：将两种及两种以上的图表类型组合起来绘制在一个图表上，通常将具有相同X轴的折线图和柱形图合并在一起。

特点：通过将两个图表合并为一个图表可以更快地对数据进行比较，更直观地发现两个数据类别之间的关联。

适用场景：一般用来比较具有不同值范围的多个度量值。

接下来通过对某饮品店10—12月不同饮品的销量（杯数）进行可视化呈现，介绍如何运用Power BI实现组合图的绘制。相关案例数据可从配套资源包教材数据D6-03获取。

步骤一 数据采集。打开Power BI软件，通过"获取数据"→"Excel工作簿"→"任务6-3组合图数据"文件→勾选"饮品店销量"数据→"加载"的步骤，将数据采集进Power BI，采集过程如图6-42所示，数据采集完成的结果如图6-43所示。

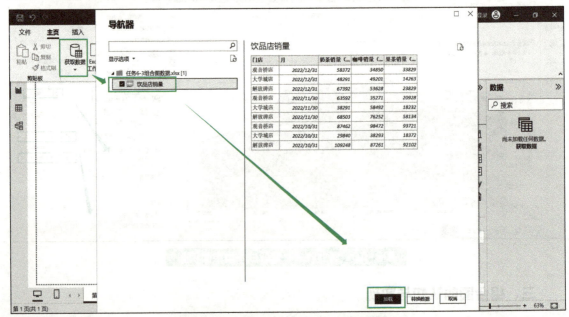

图6-42 组合图案例数据采集示意图

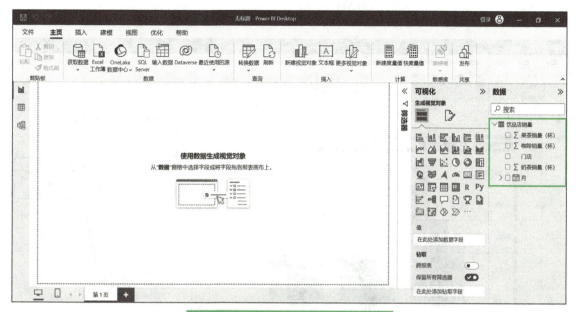

图6-43 组合图案例数据采集结果

步骤二 数据可视化。

（1）在"可视化"窗格的"选择视觉对象区域"中选择折线和簇状柱形图，然后将"月份"字段拖入X轴中，"果茶销量""咖啡销量""奶茶销量"字段依次拖入列Y轴中，画布中呈现某饮品店10—12月三种饮品销量杯数的簇状柱形图，如图6-44所示。

组合图绘制

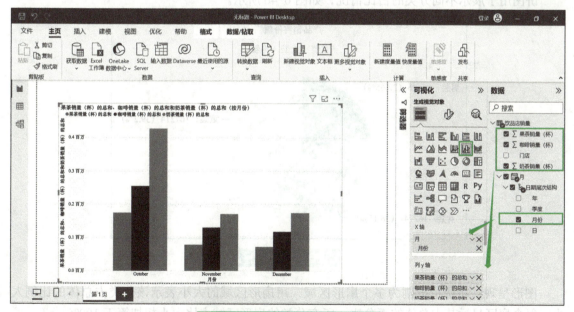

图6-44 饮品销量簇状柱形图

（2）再将"果茶销量""咖啡销量""奶茶销量"字段依次拖入行y轴中，形成折线与簇状柱形的组合图，图中呈现饮品店10—12月三种饮品销量杯数的同时，还展示饮品销量10—12月的变化趋势，如图6-45所示。随后可单击"画笔"图标，在格式区对图表进行个性化调整。

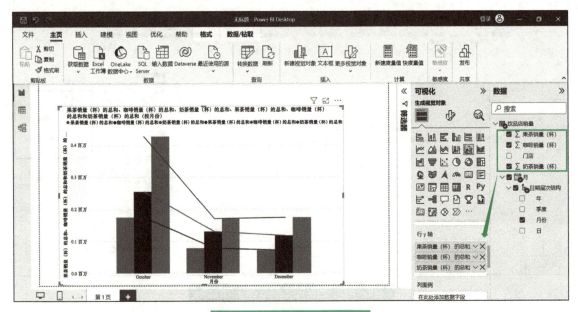

图6-45 饮品销量组合图

四、饼图与环形图的认知与实现

1. 饼图

饼图用于展示不同分类的占比情况，如图 6-46 所示。

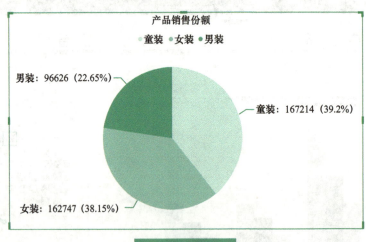

图6-46 饼图

图形呈现：将圆形分割为多个扇形区域，用扇形区域的大小表示该分类占总体的比例大小，每个扇区显示其占总体的百分比，所有分类的扇形区域占比大小相加等于100%。

特点：用扇形的面积展示各部分在整体中的占比，比较各部分的占比情况。

适用场景：适用于单一维度数据展示；进行比较的项目类别不宜过多；需要突出重点项目的占比情形。

项目六 财务大数据可视化

接下来通过对某品牌不同产品的销售额进行可视化呈现,介绍如何运用 Power BI 实现饼图的绘制。相关案例数据可从配套资源包教材数据 D6-04 获取。

步骤一 数据采集。打开 Power BI 软件,通过"获取数据"→"Excel 工作簿"→"任务 6-4 饼图与环形图案例数据"文件→勾选"饼图"数据→"加载"的步骤,将数据采集进 Power BI,采集过程如图 6-47 所示,数据采集完成结果如图 6-48 所示。

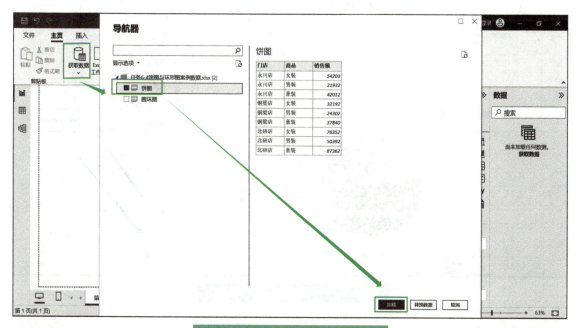

图6-47 饼图案例数据采集过程

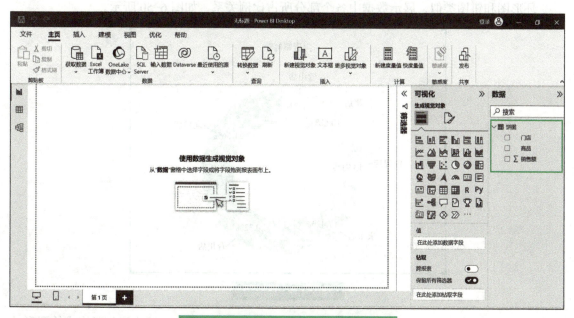

图6-48 饼图案例数据采集完成结果

步骤二 数据可视化。在"可视化"窗格的"选择视觉对象区域"中选择饼图，然后将"商品"字段放入图例中，"销售额"字段拖入值一栏，画布呈现品牌不同产品销售份额的饼图，如图6-49所示。随后可单击"画笔"图标，在格式区对图表进行个性化调整。

饼图绘制

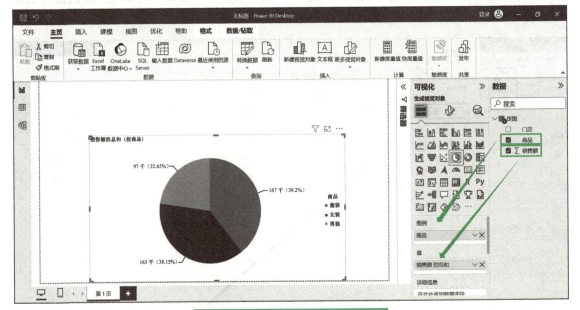

图6-49 不同产品销售份额饼图

2. 环形图

环形图和饼图类似，展示数据中各个部分所占比例关系，如图6-50所示。

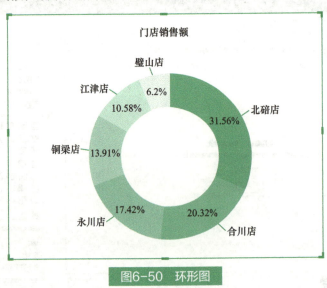

图6-50 环形图

图形呈现：由两个及两个以上大小不一的饼图叠在一起，挖去中间的部分所构成的图形，用圆环显示占比大小。

特点：环形图让人们更关注环的长度，从而对各部分所占比例进行比较；中间空心区域能够清晰展示数值或文本信息。

适用场景：适用于结构分析，对比各个数据在总和中所占的百分比。

接下来通过对品牌不同门店的销售额进行可视化呈现，介绍如何运用 Power BI 实现环形图的绘制。相关案例数据可从配套资源包教材数据 D6-04 获取。

步骤一　数据采集。 打开 Power BI 软件，通过"获取数据"→"Excel 工作簿"→"任务 6-4 饼图与环形图案例数据"文件→勾选"圆环图"数据→"加载"的步骤，将数据采集进 Power BI 软件，采集过程如图 6-51 所示，数据采集完成结果如图 6-52 所示。

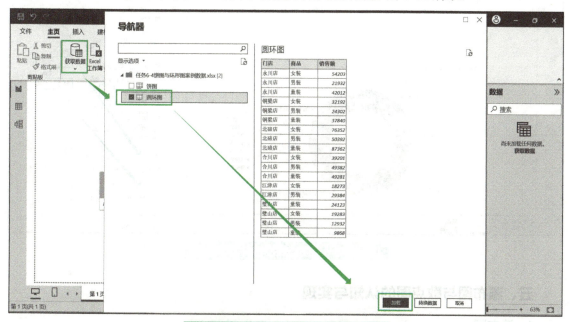

图6-51　环形图案例数据采集过程

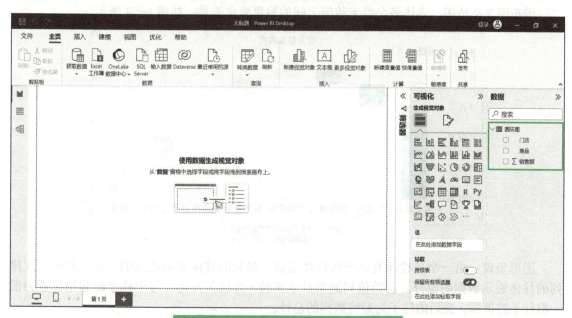

图6-52　环形图案例数据采集完成结果

步骤二 数据可视化。在"可视化"窗格的"选择视觉对象区域"中选择环形图,然后将"门店"字段放入图例中,"销售额"字段拖入值一栏,画布中呈现品牌不同门店销售份额的环形图,如图6-53所示。随后可单击"画笔"图标,在格式区对图表进行个性化调整。

环形图绘制

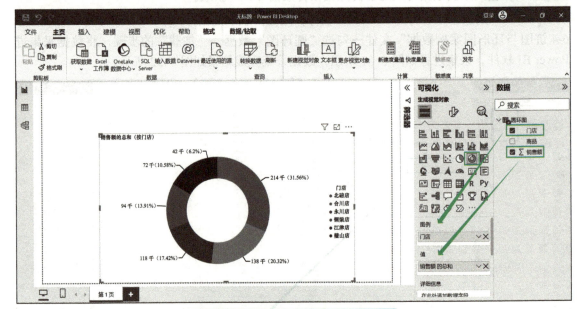

图6-53　不同门店销售份额环形图

五、瀑布图与散点图的认知与实现

1. 瀑布图

瀑布图又称桥图,表达多个特定数值之间的数量变化关系,如图6-54所示。

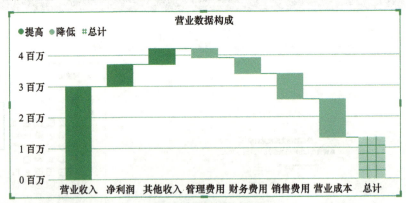

图6-54　瀑布图

图形呈现:由一个长柱体及多个短柱体组成,最长的柱体表示数据的总体,其余依次排列的柱体表示数据的部分。初始值列通常从水平轴(X轴)开始,每个柱子的起始位置为前一根柱子的顶端,最后的柱子为最终数据的总计。

特点:通过悬空柱形,更直观反映数据的增减变化;通过短柱体的垂直高度展示数据,直观展示指标构成。

适用场景：适用于呈现结果累积的过程；适用于结构分析，通过多个柱体对比，呈现影响总体值的关键维度。

接下来通过对某门店2022年营业数据构成进行可视化呈现，介绍如何运用Power BI实现瀑布图的绘制。相关案例数据可从配套资源包教材数据D6-05获取。

步骤一　**数据采集。**打开Power BI软件，通过"获取数据"→"Excel工作簿"→"任务6-5瀑布图与散点图案例数据"文件→勾选"瀑布图"数据→"加载"的步骤，将数据采集进Power BI，数据采集过程如图6-55所示，数据采集完成结果如图6-56所示。

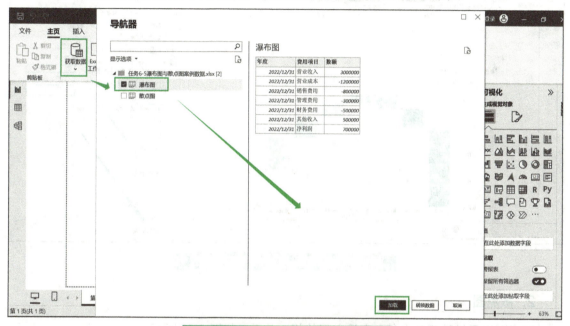

图6-55　瀑布图案例数据采集过程

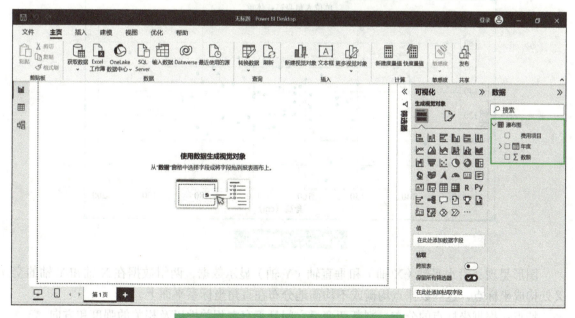

图6-56　瀑布图案例数据采集完成结果

步骤二 数据可视化。在"可视化"窗格的"选择视觉对象区域"中选择瀑布图,然后将"费用项目"字段放入类别中,"数额"字段拖入Y轴中,画布呈现门店年度营业数据构成的瀑布图,如图6-57所示。随后可单击"画笔"图标,在格式区对图表进行个性化调整。

瀑布图绘制

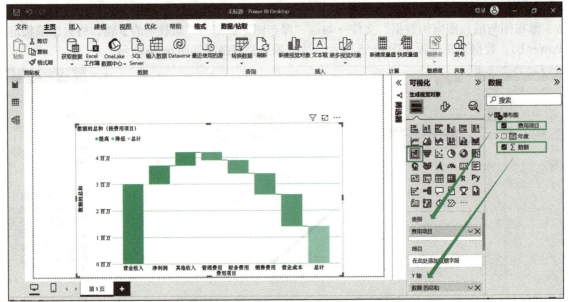

图6-57 瀑布图(门店营业数据构成)

2. 散点图

散点图用于显示两个或多个变量之间的相互关系,如图6-58所示。

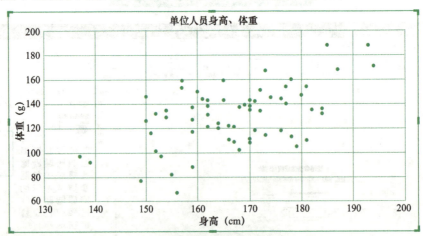

图6-58 散点图

图形呈现:沿水平轴(X轴)和垂直轴(Y轴)显示数据,两组数据在X轴和Y轴的交叉处构成坐标点,这些数据点均衡或不均衡地分布在直角坐标系平面上。

特点:根据坐标点的分布,判断两变量之间是否存在相关性以及相关的强度和方向。

适用场景：适用于相关分析，发现各变量之间的关系；适合展示较大的数据集。

接下来通过对某单位人员的身高与体重数据相关性进行可视化呈现，介绍如何运用 Power BI 实现散点图的绘制。相关案例数据可从配套资源包教材数据 D6-05 获取。

步骤一 数据采集。 打开 Power BI 软件，通过"获取数据"→"Excel 工作簿"→"任务 6-5 瀑布图与散点图案例数据"文件→勾选"散点图"数据→"加载"的步骤，将数据采集进 Power BI 软件，数据采集过程如图 6-59 所示，数据采集完成结果如图 6-60 所示。

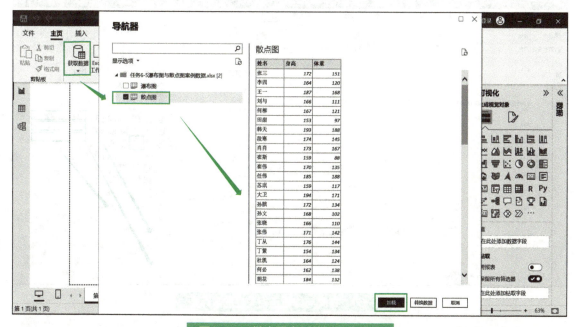

图6-59 散点图案例数据采集过程

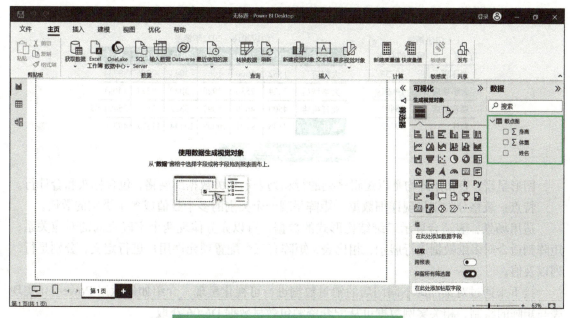

图6-60 散点图案例数据采集完成结果

步骤二 数据可视化。在"可视化"窗格的"选择视觉对象区域"中选择散点图,然后将"姓名"字段放入值一栏中,"身高"字段拖入 X 轴中,"体重"字段拉入 Y 轴中,画布中呈现人员身高与体重正相关性的散点图,如图 6-61 所示。随后可单击"画笔"图标,在格式区对图表进行个性化调整。

散点图绘制

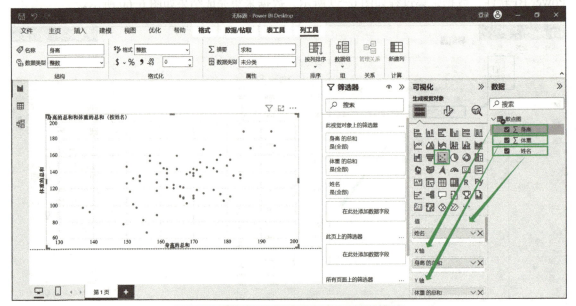

图6-61 身高与体重正相关性的散点图

六、表格与矩阵的认知与实现

表格与矩阵均以行、列的形式呈现相关数据,如图 6-62 所示。

门店销量	
门店	销量的总和
大坪店	9734
大学城店	14091
观音桥店	25491
总计	49316

门店2018—2022年销量						
门店	2018	2019	2020	2021	2022	总计
大坪店	1562	1866	1987	2043	2256	9734
大学城店	2324	2536	2928	3029	3274	14091
观音桥店	4500	4679	5093	5372	5847	25491
总计	8386	9101	10008	10444	11377	49316

图6-62 表格与矩阵

图形呈现:表和矩阵均是以逻辑序列的行和列表示相关数据的网格,包含标头和合计行。

特点:表格分类别呈现详细数据;矩阵呈现一个类别的多个数值或多个类别的数值。

适用场景:表适合展示二维结构形式的数据,可以充分体现两个字段之间的对应关系;矩阵则适合对多维数据进行展示,相比表,矩阵有三个配置项允许用户进行定义,分别是行、列以及值。

接下来通过对某品牌不同门店的销量数据进行可视化呈现,介绍如何运用 Power BI 实现表与矩阵的绘制。相关案例数据可从配套资源包教材数据 D6-06 获取。

步骤一 数据采集。打开 Power BI 软件,通过"获取数据"→"Excel 工作簿"→"任务

6-6 表与矩阵案例数据"文件→勾选"Sheet1"数据→"加载"的步骤,将数据采集进 Power BI,数据采集过程如图 6-63 所示,数据采集完成结果如图 6-64 所示。

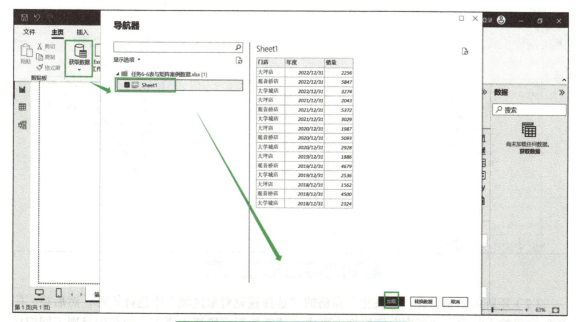

图6-63　表格与矩阵案例数据采集过程

图6-64　表格与矩阵案例数据采集完成结果

步骤二　数据可视化。

(1)表的绘制。在"可视化"窗格的"选择视觉对象区域"中选择表,然后将"门店"与"销量"字段都拖入列中,画布呈现不同门店的销量数据表格图,如图6-65所示。随后可单击"画笔"图标,在格式区对图表进行个性化调整。

表与矩阵绘制

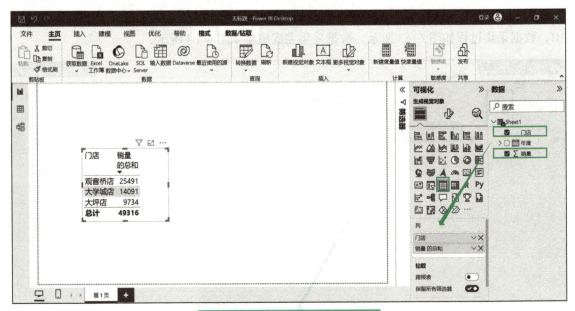

图6-65 不同门店销量数据表

（2）矩阵的绘制。在"可视化"窗格的"选择视觉对象区域"中选择矩阵，然后将"门店"字段放入行中，"年度"字段拖入列中，"销量"字段拖入值中，画布中呈现不同门店2018—2022年5年的销量数据矩阵图，如图6-66所示。随后可单击"画笔"图标，在格式区对图表进行个性化调整。

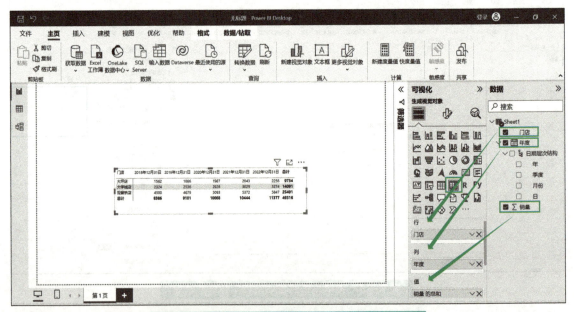

图6-66 不同门店2018—2022年销量数据矩阵

七、KPI与仪表盘的认知与实现

KPI（关键绩效指标）与仪表盘均用于展现某个指标的进度或完成情况，分别如图6-67、图6-68所示。

项目六 财务大数据可视化

图6-67 KPI

图6-68 仪表盘

图形呈现：KPI为一个视觉提示（具体数值）；仪表盘为一个圆弧，圆弧内显示一个值，线（或指针）表示目标或目标值（KPI），底纹表示在实现目标方面的进度，弧内的值表示进度值。

特点：通过将当前值与目标值（KPI）进行对比，评估指标的当前值和状态；仪表盘运用圆弧能够更清晰展示指标所在范围，直观呈现指标完成度。

适用场景：KPI适用于衡量项目进度，只适合展现数据的累计情况；仪表盘也适用于显示在实现目标方面的进度，并且能够显示KPI数据信息。

1. KPI

接下来通过对某店2022年月度的销售额KPI数据进行可视化呈现，介绍如何运用Power BI实现KPI图的绘制。相关案例数据可从配套资源包教材数据D6-07获取。

步骤一 数据采集。打开Power BI软件，通过"获取数据"→"Excel工作簿"→"任务6-7 KPI与仪表盘案例数据"文件→勾选"KPI"数据→"加载"的步骤，将数据采集进Power BI，数据采集过程如图6-69所示，数据采集完成结果如图6-70所示。

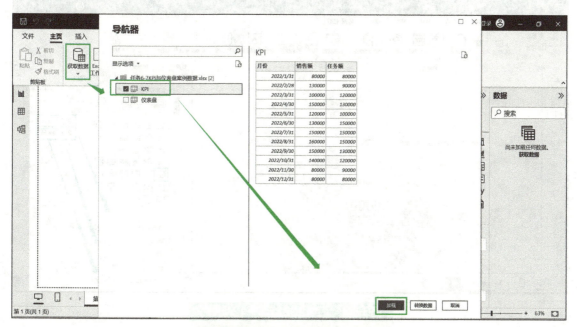

图6-69 KPI案例数据采集过程

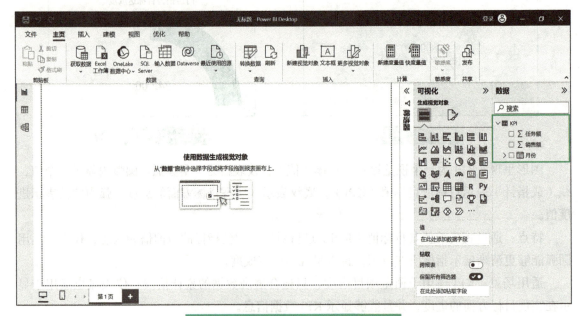

图6-70　KPI案例数据采集完成结果

步骤二 数据可视化。在"可视化"窗格的"选择视觉对象区域"中选择 KPI，然后将"销售额"字段放入值中，"月份"字段拖入走向轴中，"任务额"字段拖入目标中，该门店 2022 年 1—12 月的销售额 KPI 图形成，如图 6-71 所示。随后可单击"画笔"图标，在格式区对图表进行个性化调整。

KPI绘制

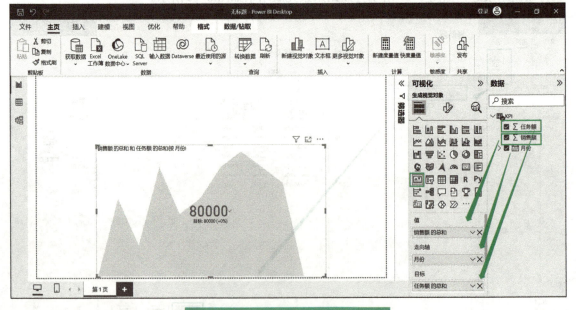

图6-71　门店2022年1—12月KPI

2. 仪表盘

接下来通过对某公司销售收入达成度进行可视化呈现，介绍如何运用 Power BI 实现仪表盘的绘制。相关案例数据可从配套资源包教材数据 D6-07 获取。

步骤一 数据采集。打开 Power BI 软件，通过"获取数据"→"Excel 工作簿"→"任务 6-7 KPI 与仪表盘案例数据"文件→勾选"仪表盘"数据→"加载"的操作，将数据采集进 Power BI，数据采集过程如图 6-72 所示，数据采集完成结果如图 6-73 所示。

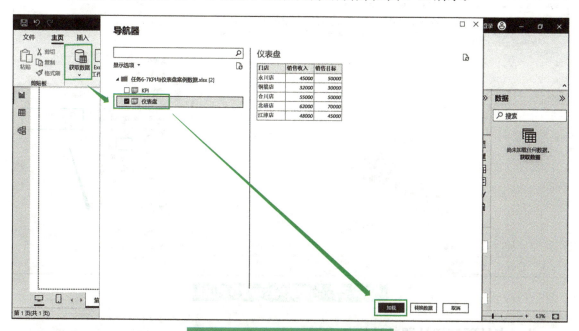

图6-72 仪表盘案例数据采集过程

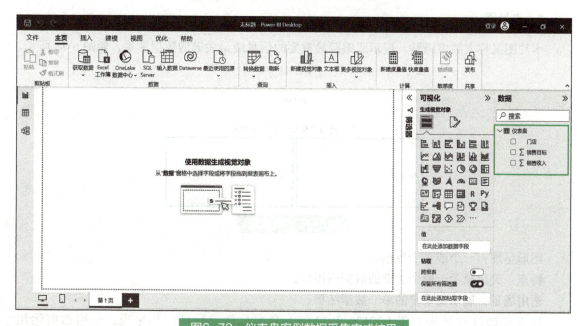

图6-73 仪表盘案例数据采集完成结果

步骤二 数据可视化。在"可视化"窗格的"选择视觉对象区域"中选择仪表盘,然后将"销售收入"字段放入值中,"销售目标"字段拖入目标值中,该公司当月销售收入达成度的仪表盘形成,如图 6-74 所示。随后可单击"画笔"图标,在格式区对图表进行个性化调整。

仪表盘绘制

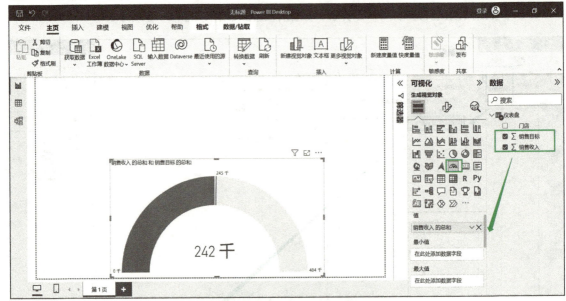

图6-74 销售收入达成度仪表盘

八、卡片图与切片器的认知与实现

1. 卡片图

卡片图又称大数字磁贴,展示或跟踪最重要的信息或最关键的数据结果,如图 6-75 所示。

图6-75 卡片图

图形呈现:一个或多个数据。

特点:突出显示一两个关键的数据或指标。

适用场景:展示最重要的单一数据结果。

接下来通过对某店十年(2012—2022 年)利润总额进行可视化呈现,介绍如何运用 Power BI 实现卡片图的绘制。相关案例数据可从配套资源包教材数据 D6-08 获取。

步骤一 数据采集。打开 Power BI 软件，通过"获取数据"→"Excel 工作簿"→"任务 6-8 卡片图与切片器案例数据"文件→勾选"利润"数据→"加载"的步骤，将数据采集进 Power BI，数据采集过程如图 6-76 所示，数据采集完成结果如图 6-77 所示。

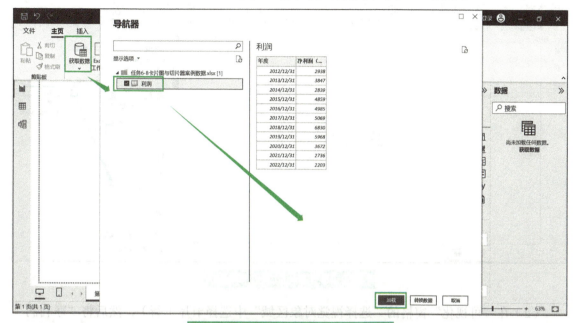

图6-76 卡片图案例数据采集过程

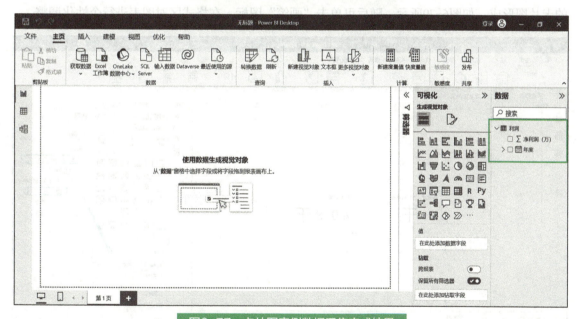

图6-77 卡片图案例数据采集完成结果

步骤二 数据可视化。

（1）在"可视化"窗格的"选择视觉对象区域"中选择卡片图，然后将"净利润"字段放入字段中，该店十年（2012—2022年）的净利润总和的卡片图形成，如图6-78所示。随后可单击"画笔"图标，在格式区对图

卡片图绘制

表进行个性化调整。

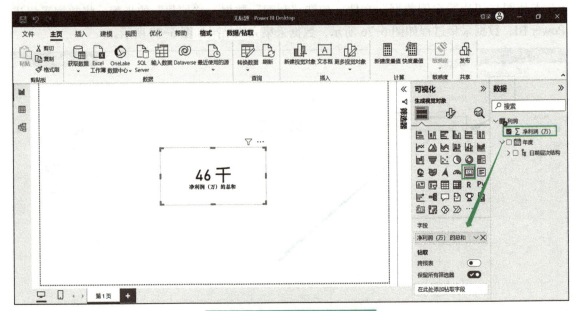

图6-78 净利润总和卡片图

（2）在"可视化"窗格的"选择视觉对象区域"中选择卡片（新），然后将"净利润"与"年度（年）"字段放入数据中，该店十年（2012—2022年）的净利润总和与年平均利润额的卡片图形成，如图6-79所示。随后可单击"画笔"图标，在格式区对图表进行个性化调整。

图6-79 净利润总和与年平均利润额卡片图

2. 切片器

切片器是Power BI软件的重要控件，其用于筛选视觉对象的独立图表，如图6-80所示。

项目六　财务大数据可视化

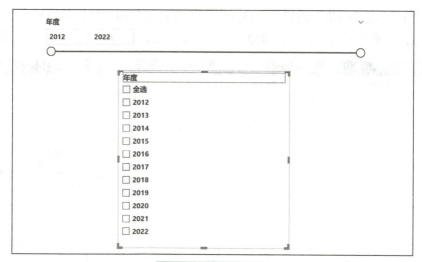

图6-80　切片器

适用场景：切片器用于限制在报表的其他可视化效果中显示的部分数据集；对报表内数据进行各种维度的动态切换，同一个页面中的所有图表可以同步响应，如"日期"切片器。

接下来将结合卡片图案例，运用Power BI对某店十年（2012—2022年）的利润额的筛选进行可视化呈现。

步骤一　数据采集。打开Power BI软件，通过"获取数据"→"Excel工作簿"→"任务6-8 卡片图与切片器案例数据"文件→勾选"利润"数据→"加载"，完成数据采集。

步骤二　数据可视化。

（1）在"可视化"窗格的"选择视觉对象区域"中选择切片器，然后将"年度（年）"字段放入字段中，2012—2022年筛选控件的切片器形成，如图6-81所示。数据使用者可随意按住滑块对想要呈现的某一年度的数据集进行筛选。

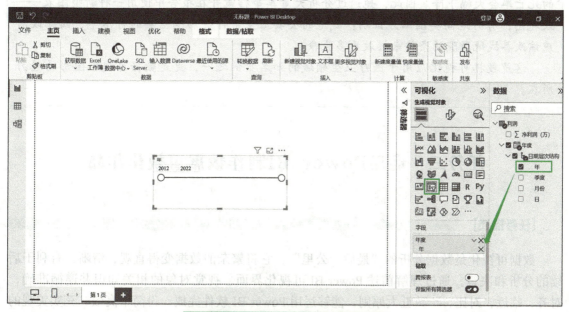

图6-81　水平方向"年度"切片器

（2）随后可单击"画笔"图标，在格式区"视觉对象"的"切片器设置"中调整切片器格式，样式选择"垂直列表"，切片器随之变成下拉列表筛选格式，如图6-82所示。

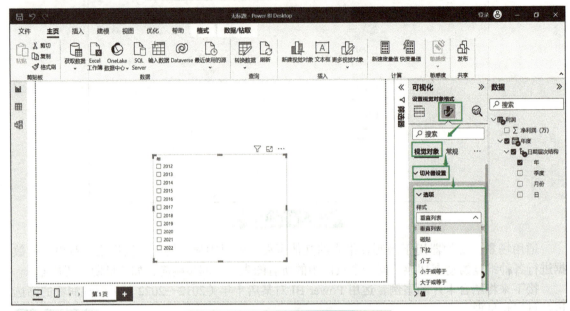

图6-82 垂直方向"年度"切片器

拓展阅读　　　　　　　　南丁格尔玫瑰图

19世纪50年代，英国、法国、土耳其和俄国之间爆发克里米亚战争，现代护士之母——弗洛伦斯·南丁格尔（Florence Nightingale）主动申请前往战场，自愿担任战地护士。在此期间，南丁格尔发现，当卫生委员会来到战区改善医院整体的卫生环境后，士兵的死亡率会大幅下降。因此，她通过分析大量军事档案并在报告中使用一种新型图表——玫瑰图，有力地向英国军方证明：战地的公共卫生条件会影响士兵的存活率，因此政府应该改善战地医院的条件来拯救更多生命。

这是数据可视化应用于医疗卫生领域的知名案例之一，更是数据可视化图形的魅力所在。

任务三　运用Power BI制作数据可视化作品

[任务描述]

数据可视化是数据分析的"最后一公里"，它将繁杂的数据变得直观、清晰，有利于后续的分析和决策。通过理解前述Power BI可视化界面、视觉对象的相关知识并遵循准确、对齐、临近、对比、一致五大原则，能够运用Power BI软件完成一份简单高效、充实美观的数据可视化作品。

本任务中的数据可从配套资源教材数据 D6-09 获取。

[知识准备]

数据可视化仪表盘是一种以图表、图形等视觉化元素为基础的数据展示工具。它将数据以直观易懂的方式呈现，让用户轻松了解数据的内在含义。数据可视化仪表盘不仅能够帮助用户快速发现和理解数据的模式和趋势，还能帮助用户做出有效的决策。要设计一个优秀的数据可视化仪表盘，需要考虑以下几个要点：

（1）数据选择和整理。选择适合的数据，保证数据的准确性和完整性，并进行合理的整理和清洗。

（2）图表选择和布局。根据数据类型和展示需求，选择合适的图表类型，并合理布局，使得信息传达更加清晰明了。

（3）颜色运用。运用合适的颜色搭配，突出重点信息，并注意不同人群的可辨识度。

（4）交互性设计。增加用户与仪表盘的互动性，如添加筛选器、下钻功能等，帮助用户更深入地了解数据。

[任务实施]

本内容将通过案例介绍，运用 Power BI 对太平鸟（603877）集团 2020—2022 年的相关销售数据进行数据可视化分析设计。

步骤一 数据采集。打开 Power BI 软件，通过"获取数据"→"Excel 工作簿"→"任务6-9可视化作品案例数据"文件→勾选"产品销量""利润表""利润目标""门店数量""门店信息表""门店营收数据""日期表"7 张工作表数据→"转换数据"的操作，将数据采集进 Power Query 编辑器，采集过程如图 6-83 所示，完成结果如图 6-84 所示。

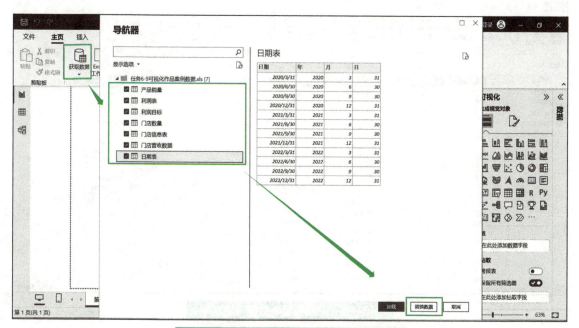

图6-83 可视化作品案例数据采集过程

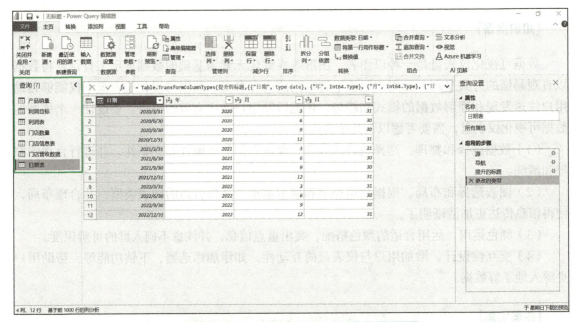

图6-84 可视化作品案例数据采集完成结果

步骤二 数据清洗。依次使用"将第一行用作标题""逆透视其他列""删除行""更改数据类型及文本"等操作,对"产品销量""利润表""利润目标""门店数量""门店营收数据""门店信息表"6张表格进行数据清洗,数据清洗结果如图6-85~图6-90所示。

综合案例数据采集、清洗

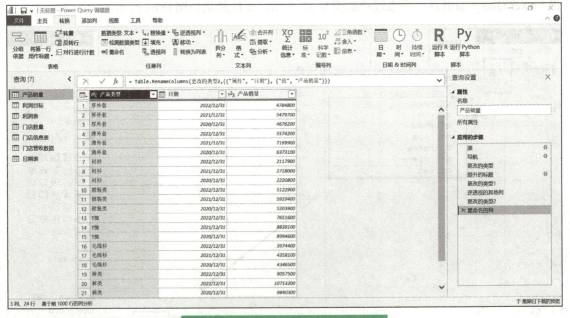

图6-85 产品销量表数据清洗结果

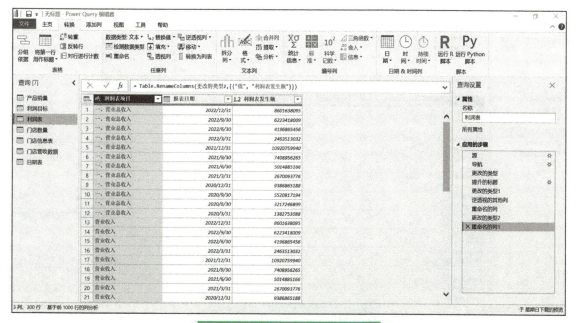

图6-86 利润表数据清洗结果

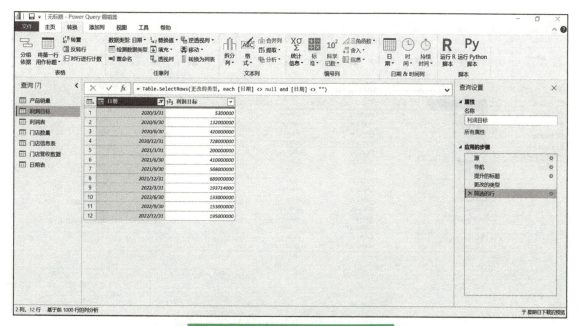

图6-87 利润目标表数据清洗结果

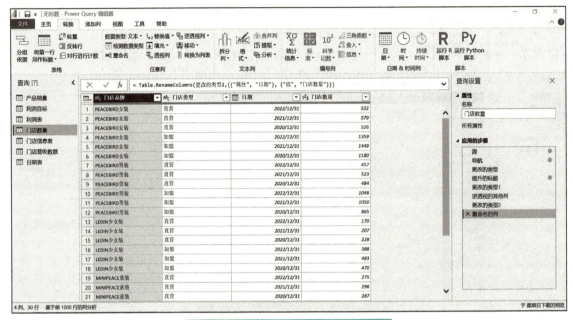

图6-88 门店数量表数据清洗结果

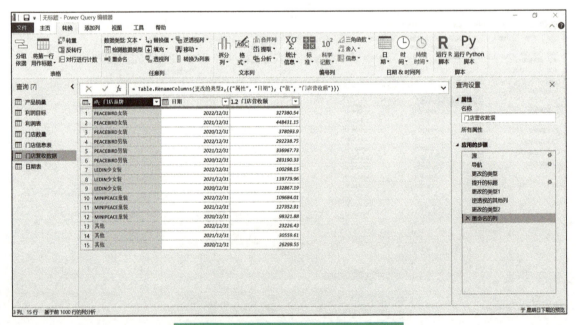

图6-89 门店营收数据表数据清洗结果

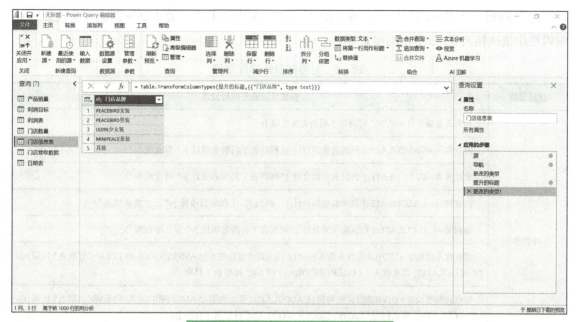

图6-90　门店信息表数据清洗结果

步骤三　数据建模。

（1）"关闭并应用"数据回到Power BI Desktop界面，将视图切换至"模型"视图。运用"日期"字段，建立日期表与利润表、门店数量表、门店营收数据表、产品销量表的"一对多"关系；同理，运用"日期"字段，建立利润表与利润目标表的"一对多"关系；运用门店信息表的"门店品牌"字段与门店营收数据表、门店数量表建立"一对多"关系。建模结果如图6-91所示。

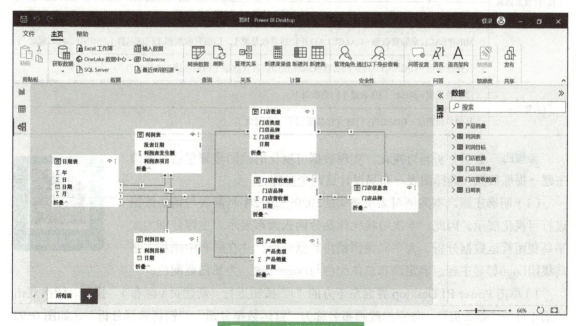

图6-91　表格关联结果

（2）回到"数据视图"界面，在表的上方选择功能区中的"表工具→新建度量值"。在编辑栏中依次输入表6-1所示的度量值。

表6-1 财务报表新建度量值

数据表格	新建度量值名称与公式
利润表	利润表金额合计=SUM('利润表'[利润表发生额])
	营业收入=CALCULATE([利润表金额合计],'利润表'[利润表项目]="营业收入")
	营业成本=CALCULATE([利润表金额合计],'利润表'[利润表项目]="营业成本")
	营业利润=CALCULATE([利润表金额合计],'利润表'[利润表项目]="三、营业利润")
	净利润=CALCULATE([利润表金额合计],'利润表'[利润表项目]="五、净利润")
	营业收入增长率=DIVIDE(([营业收入]-CALCULATE([营业收入],SAMEPERIODLASTYEAR('日期表'[日期])))/2,CALCULATE([营业收入],SAMEPERIODLASTYEAR('日期表'[日期])))
	营业利润增长率=DIVIDE(([营业利润]-CALCULATE([营业利润],SAMEPERIODLASTYEAR('日期表'[日期])))/2,CALCULATE([营业利润],SAMEPERIODLASTYEAR('日期表'[日期])))
	净利润增长率=DIVIDE(([净利润]-CALCULATE([净利润],SAMEPERIODLASTYEAR('日期表'[日期])))/2,CALCULATE([净利润],SAMEPERIODLASTYEAR('日期表'[日期])))
利润目标表	利润目标值=SUM('利润目标'[利润目标])
	利润完成率=DIVIDE([净利润],[利润目标值])
门店营收数据表	门店营收总额=SUM('门店营收数据'[门店营收额])
	PEACEBIRD女装营收额=CALCULATE([门店营收总额],'门店营收数据'[门店品牌]="PEACEBIRD女装")
	PEACEBIRD男装营收额=CALCULATE([门店营收总额],'门店营收数据'[门店品牌]="PEACEBIRD男装")
	LEDIN少女装营收额=CALCULATE([门店营收总额],'门店营收数据'[门店品牌]="LEDIN少女装")
	MINIPEACE童装营收额=CALCULATE([门店营收总额],'门店营收数据'[门店品牌]="MINIPEACE童装")
	其他营收额=CALCULATE([门店营收总额],'门店营收数据'[门店品牌]="其他")
门店数量表	门店数量值=SUM('门店数量'[门店数量])
	品牌单店营收=DIVIDE([门店营收总额],[门店数量值])

步骤四 数据分析与可视化。实现数据可视化的绘图步骤包括：明确主题→提炼数据→选择图表→布局设计这四个步骤。

（1）明确主题。本案例对太平鸟集团2020—2022年利润表与销售数据进行可视化展示。因此，本次可视化作品分两张画布展示，主题分别为太平鸟集团营运数据分析、太平鸟集团销售数据分析，并在画布中添加太平鸟集团Logo彰显主题。确定画布总体配色与Logo一致，为黑白蓝配色。

综合案例数据建模

1）单击Power BI Desktop界面左下方的"+"按钮进行"新建页（画布）"操作，依次双击"第1页""第2页"，分别修改画布名称为"营运数据分析""销售数据分析"，如图6-92所示。

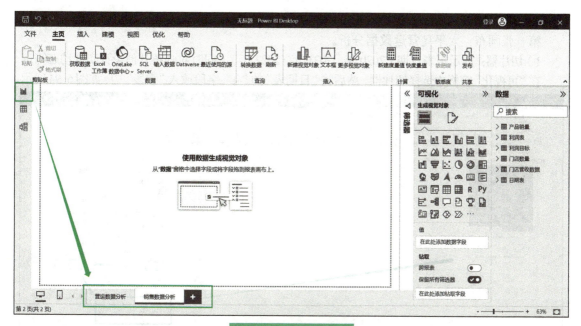

图6-92 新建画布

2)单击功能区"插入"选项卡→单击"图像"→选中公司Logo图片→单击"打开",太平鸟集团Logo即可放置于画布中,如图6-93所示。

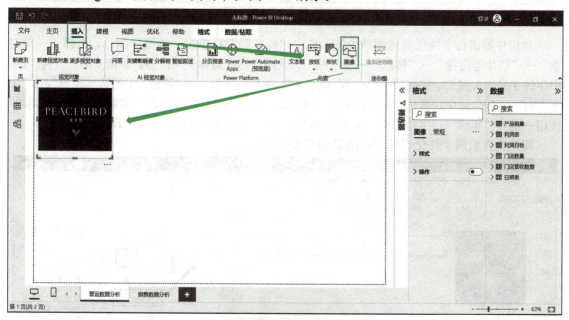

图6-93 插入图片

(2)提炼数据。第一张画布对太平鸟集团2020—2022年总体营运数据进行呈现。使用的度量值包括:利润表中的"营业收入""营业成本""营业利润""净利润",利润目标表中的"利润目标"与门店营收数据表中的"门店营业收入"等。第二张画布对太平鸟集团2020—2022年销售数据进行分析、呈现。使用的度量值包括:门店营收数据表中的"门店营收总额""PEACEBIRD女装营收额""PEACEBIRD男装营收额""LEDIN少女装营收额""MINIPEACE童装营收额"与"品牌单店营收",门店数量表中的"门店数量值"等。

(3) 选择图表。

第一张画布：太平鸟营运数据分析。

1) 切片器：展示报表日期（2020年、2021年、2022年），同时对画布其他设计实现动态筛选。在"可视化"窗格中选择切片器，然后将"日期表"的"年"字段放入"字段"中，如图6-94所示。

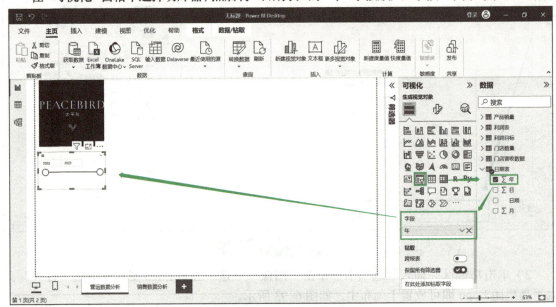

图6-94 "年份"切片器

对切片器进行个性化美化调整设置。选中"切片器"后单击"画笔"图标，选择"视觉对象"→"切片器设置"→"样式"→"磁贴"；关闭"切片器标头"按钮；单击"值"→将"值"中字体字号加大到15，字体颜色选中深蓝色（#034B6F），"值"→"边框"中的边框位置勾选"上下左右"，颜色选中深蓝色（#034B6F），线条宽度加宽到5；最后单击"常规"→打开"标题"按钮→输入"年份"，字体加粗，字号加到15，字体颜色选中深蓝色（#034B6F）。

调整设置后的个性化设计完成结果如图6-95所示。

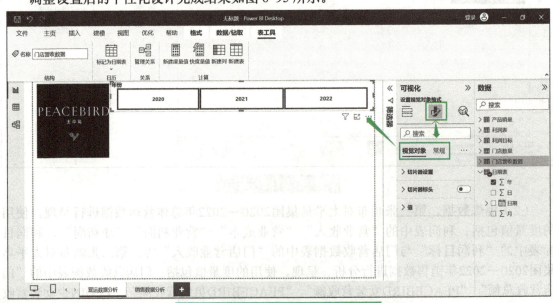

图6-95 调整后的"年份"切片器

2）卡片图：展示营业收入、净利润关键数据信息。

在"可视化"窗格中选择卡片图（新），然后将"利润表"的"营业收入""营业收入增长率"字段放入"数据"中，如图6-96所示。

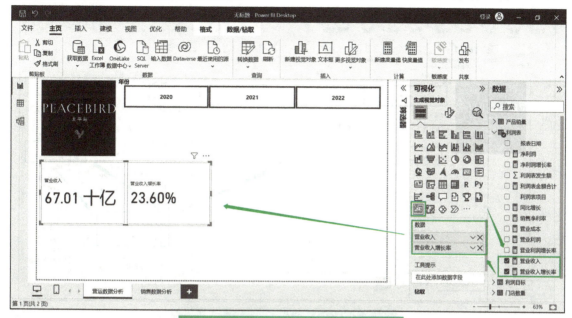

图6-96　卡片图（营业收入——初始）

选中"卡片图（新）"后单击"画笔"图标，选择"视觉对象"→"卡"→打开"强调栏"按钮，并在"位置"中选择"下"呈现下框线，关闭"边框"按钮。

然后，选择"视觉对象"→"标注"→"值"，将字体加粗并将字号减小到25，字体颜色选中孔雀蓝色（#027AB0）。选择"标注"→打开"标签"按钮，同样将字体（DIN）字号调整至15，字体颜色选中黑色（#1A1A1A）。

调整设置后的个性化设计完成结果如图6-97所示。

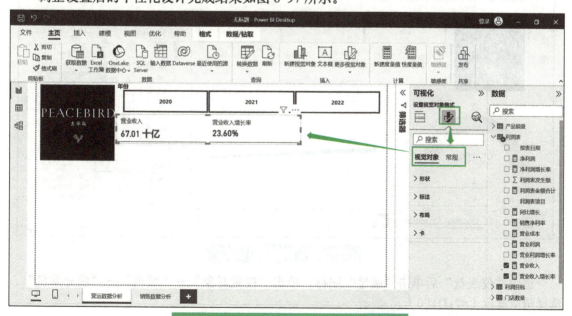

图6-97　卡片图（营业收入——调整后）

运用"Ctrl+C"与"Ctrl+V"复制粘贴"营业收入"关键数据卡片图(新),将数据"营业收入""营业收入增长率"更换为"净利润""净利润增长率","净利润"关键数据用卡片图(新)呈现,如图6-98所示。

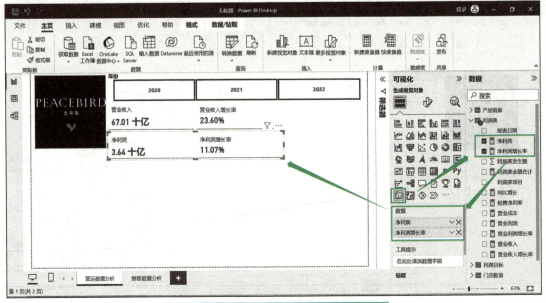

图6-98 卡片图(净利润——调整后)

3)仪表盘:展示实际净利润与利润目标关系。

在"可视化"窗格中选择仪表盘,然后将"利润目标表"的"利润完成率"(实际净利润/利润目标)字段放入"值"中,如图6-99所示。

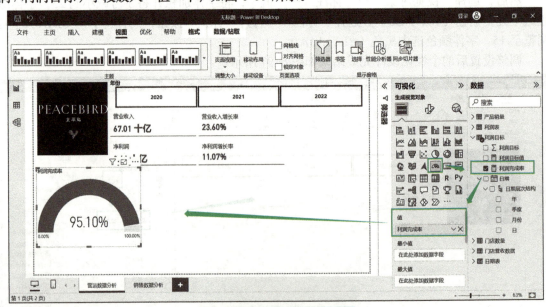

图6-99 仪表盘(初始)

选中"仪表盘"后单击"画笔"图标,单击"视觉对象"→"颜色"→"填充颜色",选择晴空蓝色(#71D1F0)。

选择"视觉对象"→关闭"数据标签"与"目标标签"按钮。

选择"视觉对象"→打开"标注值"按钮,将"值"的字体加粗,字体颜色选择深蓝色(#034B6F)。

然后在"常规"→"标题"中文本输入"利润目标达成率",字体加粗,字号加大到20,字体颜色选择深蓝色(#034B6F),选择居中对齐。

调整设置后的个性化设计完成结果如图6-100所示。

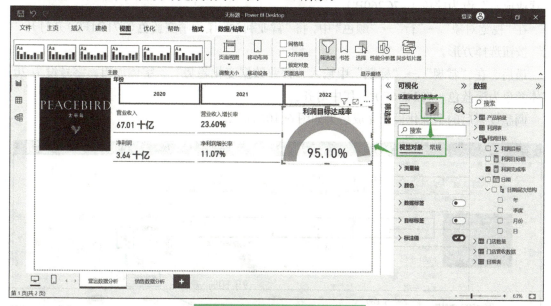

图6-100 仪表盘(调整后)

4)组合图(折线和簇状柱形图):展示营业收入、营业成本、营业利润三年(2020—2022年)变化趋势。

在"可视化"窗格中选择折线和簇状柱形图,然后将"日期表"的"日期"字段放入"X轴"中,将"利润表"的"营业收入""营业成本"字段放入"列y轴"中形成簇状图,将"利润表"的"营业利润"字段拖入"行y轴"中形成折线图,最后组合图如图6-101所示。

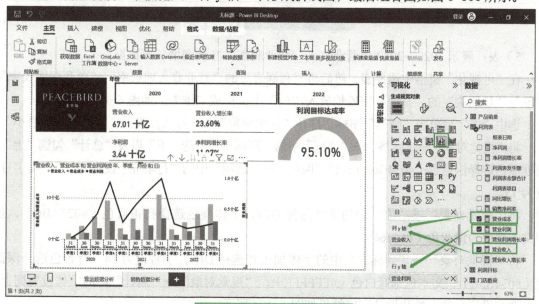

图6-101 组合图(初始)

选中"折线和簇状柱形图"后单击"画笔"图标,在"视觉对象"→"X轴"→"值"中字体选择DIN,字号加大至12,字体颜色选择深灰色(#666666);打开"X轴"→关闭"标题"按钮;打开"视觉对象"→"Y轴"与"图例"字体设置同上。

然后,在"视觉对象"→"列"→"颜色"中,将"营业收入"设为孔雀蓝色(#027AB0),"营业成本"设为棕色(#7C260B)。

在"视觉对象"→"行"→"颜色"中,将"营业利润"设为晴空蓝色(#71D1F0)并打开"标记"按钮选择方形。

最后,在"常规"→"标题"中输入"营业数据变化趋势",字体加粗,字号设为20,字体颜色为深蓝色(#034B6F),居中对齐。

调整设置后的个性化设计完成结果如图6-102所示。

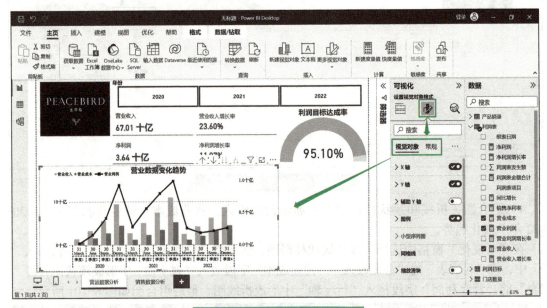

图6-102 组合图(调整后)

5)表:展示2020—2022年营业收入、营业利润、净利润增长率数据。

在"可视化"窗格中选择表,然后将"利润表"的"营业收入增长率""净利润增长率"字段与"日期表"的"日期"字段均放入"列"中,形成二维表,如图6-103所示。

选中"表"后单击"画笔"图标,打开"视觉对象"→"样式预设",选择"差异最小"。

将"视觉对象"→"网格"→"边框"中的"列标头"勾选"下"以及"总计"勾选"上",边框颜色选择深蓝色(#034B6F);将"网格"→"选项"中的"行填充"设为6,"全局字号"设为13。

将"视觉对象"→"值"中的字体选择DIN,字体颜色选择孔雀蓝色(#027AB0),备用文本颜色为深灰色(#666666)。

将"视觉对象"→"列标题"中的字体加粗并选择DIN,字号设为14,背景色选择深蓝色(#034B6F),文本色选择白色(#FFFFFF),"视觉对象"→"总计"中的字体设置同上。

调整设置后的个性化设计完成结果如图6-104所示。

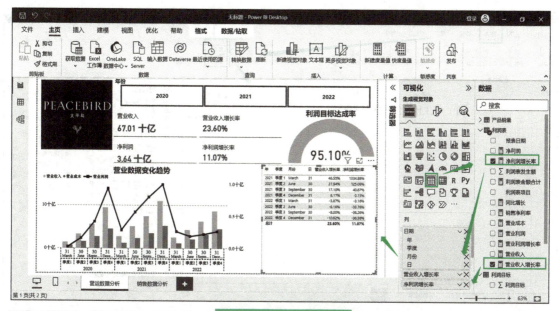

图6-103 表（初始）

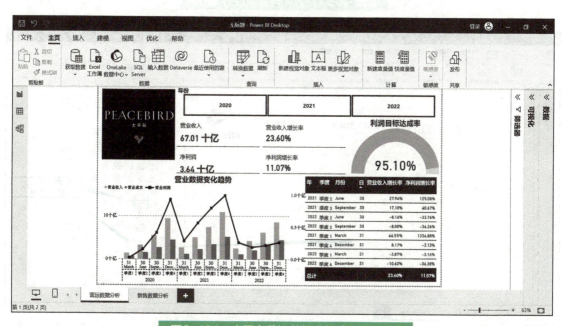

图6-104 太平鸟营运数据分析（初始设计）

至此，第一张画布图表设计完成。

第二张画布：太平鸟销售数据分析。

首先单击功能区"插入"选项卡→单击"图像"→选中横版 Logo 图片→单击"打开"，太平鸟集团旗下不同品牌 Logo 即可放置于画布中，如图 6-105 所示。

综合案例
第一张画布设计

1）切片器：展示太平鸟集团旗下不同品牌，同时对画布其他图表实现动态筛选。

在"可视化"窗格中选择切片器，然后将"门店信息表"的"门店品牌"字段放入"字段"中，如图 6-106 所示。

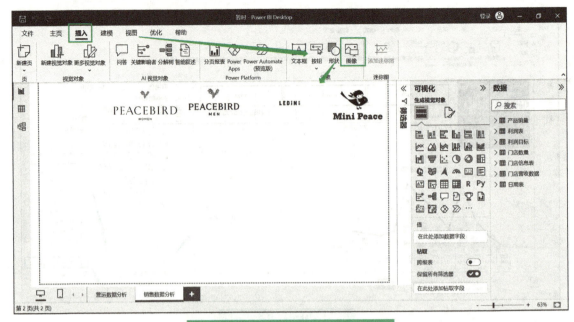

图6-105 插入不同品牌Logo图片

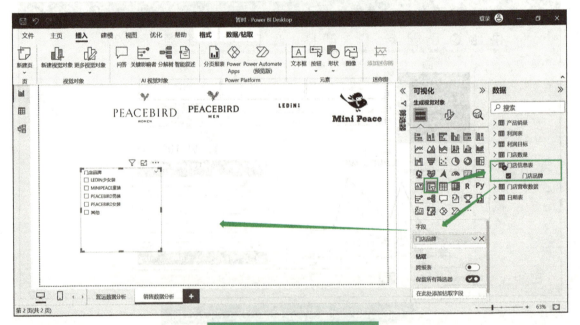

图6-106 切片器（调整前）

选中"切片器"，单击"画笔"图标，在"视觉对象"→"切片器设置"→"样式"中选择"磁贴"。

打开"视觉对象"→关闭"切片器标头"按钮。

然后，将"视觉对象"→"值"中的字体加粗，字号加大到15，字体颜色选中墨蓝色（#051C2C）。"值"→"边框"中的边框位置勾选"上下左右"，颜色选中墨蓝色（#051C2C），线条宽度加宽到5。

最后，选择"常规"→打开"标题"按钮→输入"太平鸟旗下品牌"，字体加粗，字号加到15，字体颜色选中墨蓝色（#051C2C）。

调整设置后的个性化设计完成结果如图6-107所示。

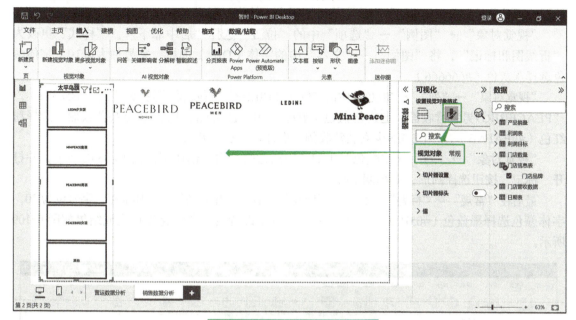

图6-107 切片器（调整完）

2）组合图（折线和簇状柱形图）：展示太平鸟集团旗下不同品牌门店三年营收额的变化趋势。

在"可视化"窗格中选择折线和簇状柱形图，然后将"日期表"的"日期"字段放入"X轴"中，将"门店营收数据表"的"PEACEBIRD女装营收额""PEACEBIRD男装营收额""LEDIN少女装营收额""MINIPEACE童装营收额"字段放入"列y轴"中形成簇状图，将"门店营收数据表"的"门店营收总额"字段拖入"行y轴"中形成折线图，最后组合图如图6-108所示。

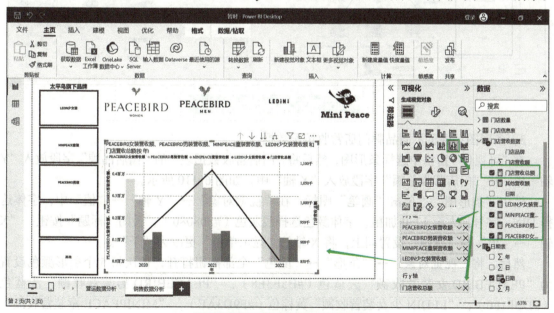

图6-108 组合图（调整前）

205

选中"折线和簇状柱形图",单击"画笔"图标,在"视觉对象"→"X轴"→"值"中,字体选择 DIN,字号加大至 12,字体颜色选择深灰色(#666666);打开"X 轴"→关闭"标题"按钮;"视觉对象"→"Y 轴"中的字体设置同上,并将 Y 轴值的"显示单位"更改为"千"。

"视觉对象"→"图例"→"选项"中的"位置"选择"居中靠下","样式"更改为"折线图和标记",将"图例"→"文本"中的字体(DIN)加粗,字号加大至 10,字体颜色选择深灰色(#666666)。

"视觉对象"→"列"→"颜色"中的"PEACEBIRD 女装营收额"选择天蓝色(#B5E3E8),"PEACEBIRD 男装营收额"选择浅蓝色(#DBF1F0),"MINIPEACE 童装营收额"选择粉红色(#FEAFAB),"LEDIN 少女装营收额"选择黄棕色(#F9D3AE)。

"视觉对象"→"行"→"颜色"中的"门店营收总额"选择深蓝色(#034B6F),并打开"标记"按钮选择圆形,大小调至 6。

最后在"常规"→"标题"中输入"不同品牌营收额变化趋势",字体加粗,字号设为 20,字体颜色选择墨蓝色(#051C2C),左上对齐。调整设置后的个性化设计完成结果如图 6-109 所示。

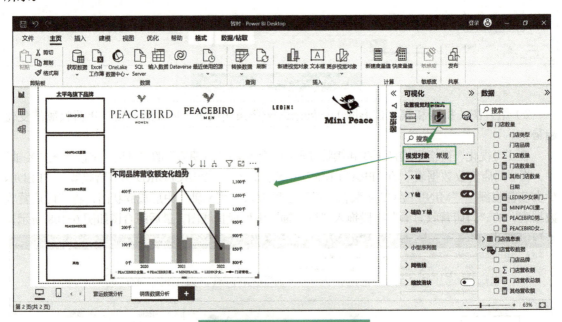

图 6-109　组合图(调整完)

3)条形图:展示不同品牌门店营收情况数据。

在"可视化"窗格中选择条形图,然后将"门店营收数据表"的"门店品牌"字段放入"Y 轴"中,将"门店营收总额"字段放入"X 轴"中,如图 6-110 所示。

选中"条形图",单击"画笔"图标,在"视觉对象"→"Y 轴"→"值"中,字体选择 DIN,字号加大至 12 并加粗,字体颜色选择浅灰色(#808080),关闭"标题"按钮;"X 轴"→"值"与"标题"设置同上,将 X 轴的"显示单位"更改为"千"。

然后,将"视觉对象"→"条形"→"颜色"全部按钮打开,依次将 5 个条形颜色设置为"PEACEBIRD 女装营收额"天蓝色(#B5E3E8),"PEACEBIRD 男装营收额"浅蓝色(#DBF1F0),"LEDIN 少女装营收额"黄棕色(#F9D3AE),"MINIPEACE 童装营收额"粉红色(#FEAFAB),"其他"灰白色(#E6E6E6)。

选择"视觉对象"→打开"数据标签"按钮,"值"的字体选择DIN,字号加大至12,字体加粗并将颜色更改为墨蓝色(#051C2C)。

最后在"常规"→"标题"中输入"品牌门店营收额顺序",字体加粗,字号为20,字体颜色为墨蓝色(#051C2C),靠左对齐。调整设置后的个性化设计完成结果如图6-111所示。

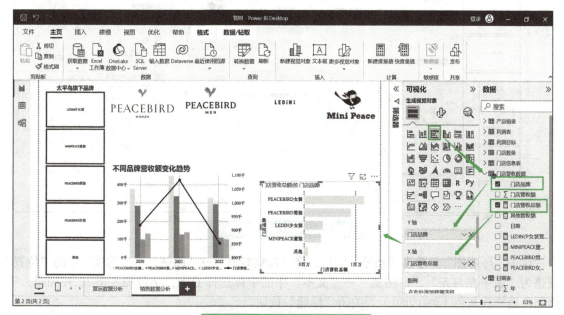

图6-110 条形图(调整前)

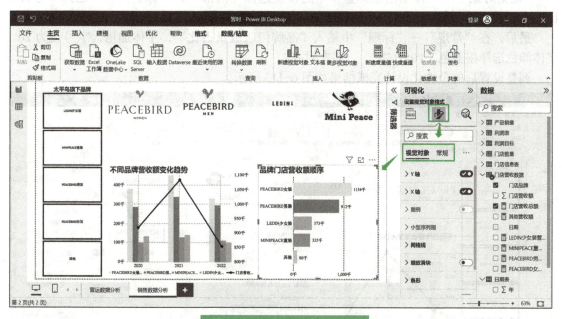

图6-111 条形图(调整完)

4)环形图:展示不同品牌门店数量占比情况数据。

在"可视化"窗格中选择环形图,然后将"门店数量表"的"门店品牌"字段放入"图例"中,将"门店数量"字段放入"值"中,如图6-112所示。

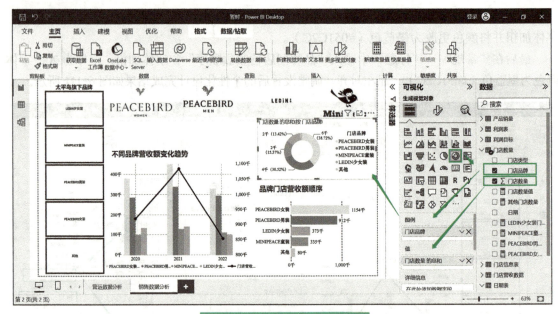

图6-112 环形图（调整前）

选中"环形图"，单击"画笔"图标，将"视觉对象"→"图例"→"选项"中的"位置"调整为"居中左对齐"，"图例"→"文本"中的字体选择DIN，字号加大至12并加粗，字体颜色选择浅灰色（#808080），关闭"标题"按钮。

在"视觉对象"→"扇区"中将不同品牌对应颜色进行修改（同条形图一致）。

"视觉对象"→"详细信息标签"中的位置选择"内部"，"标签内容"选择"总百分比"，标签"值"字体选择DIN，字号加大至12并加粗，字体颜色选择白色（#FFFFFF）。

最后，在"常规"→"标题"中输入"品牌门店数量占比"，字体加粗，字号设为20，字体颜色选择墨蓝色（#051C2C），靠左对齐。

调整设置后的个性化设计完成结果如图6-113所示。

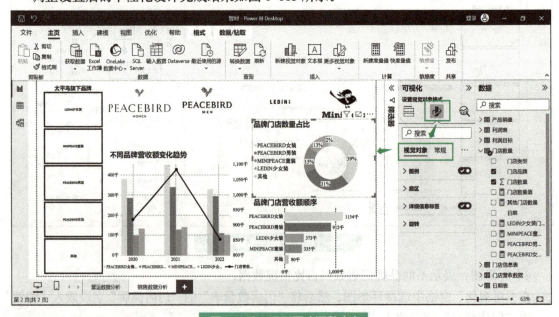

图6-113 环形图（调整完）

5）卡片图：展示品牌营收的关键数据。

在"可视化"窗格中选择卡片图，然后将"门店营收数据表"的"品牌单店营收"字段放入"字段"中，如图6-114所示。

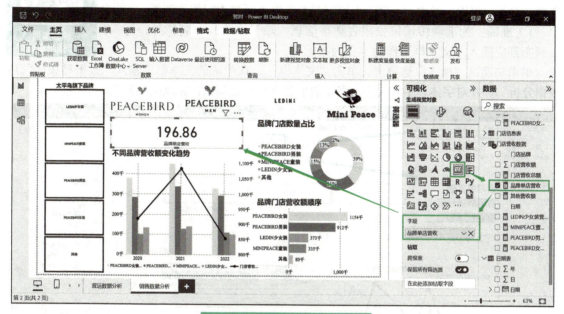

图6-114　卡片图（调整前）

选中"卡片图"，单击"画笔"图标，"视觉对象"→"标注值"中的字体字号保持45，字体颜色选中墨蓝色（#051C2C），关闭"类别标签"按钮。

最后，在"常规"→"标题"中输入"单店营收额"，字体加粗，字号设为20，字体颜色选择墨蓝色（#051C2C），居中对齐。

调整设置后的个性化设计完成结果如图6-115所示。

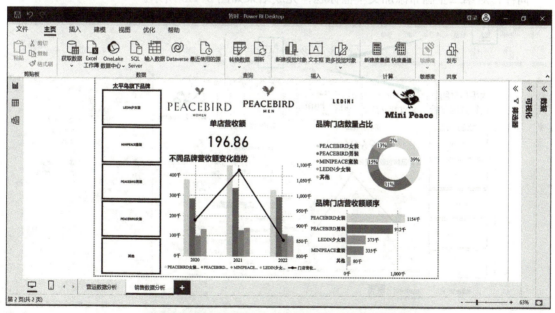

图6-115　太平鸟集团销售数据分析（初始设计）

至此，第二张画布图表设计完成。

（4）布局设计。经过前序三个步骤明确主题→提炼数据→选择图表后，一份数据可视化作品基本完成，但最后在布局设计环节，我们需要遵循准确、对齐、临近、对比、一致五大原则对两张报表画布进行整体调整。

1）准确：为准确传递每张报表画布信息，除了修改画布名称外，每张画布都应插入"文本框"作为本张画布标题。

综合案例
第二张画布设计

单击功能区"插入"选项卡，单击"文本框"，在生成的文本框中输入"太平鸟集团营运数据分析"，并对字体、字号大小、字体颜色进行个性化调整，完成结果如图 6-116 所示。

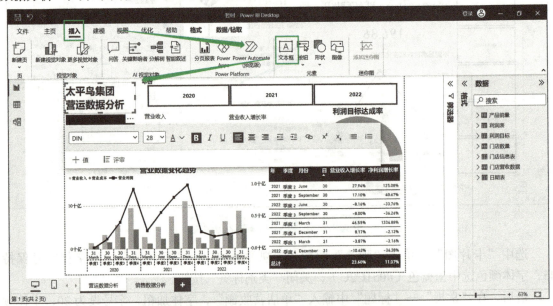

图6-116　太平鸟集团营运数据分析（文本框）

同样，对第二张画布添加文本框标题，完成结果如图 6-117 所示。

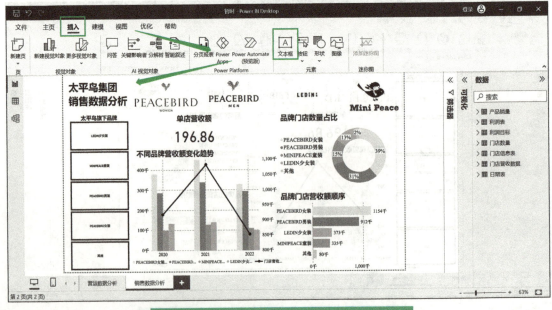

图6-117　太平鸟集团销售数据分析（文本框）

2）对齐：将画布中的图表保证对齐排列，可使画布结构合理简洁。选中画布中任意"视觉对象"，然后单击功能区的"格式"选项卡→"对齐"，能够快速实现画布中报表的各种对齐和分布效果。

3）临近：每张画布呈现数据内容相近，并且呈现类似或相关内容的不同图表也临近摆放。例如："营运数据分析"画布中，净利润绝对值卡片图与利润达成率的仪表盘平行排布。

4）对比：将不同图表以边框分割开来，从而使信息内容的组织结构合理，并形成主次。

5）一致：本次案例背景色与企业 Logo 配色黑白一致，画布总体运用蓝色色调，从而营造统一观感。

最终，太平鸟集团 2020—2022 年营运数据与销售数据可视化作品呈现完成，结果如图 6-118、图 6-119 所示。

综合案例排版布局

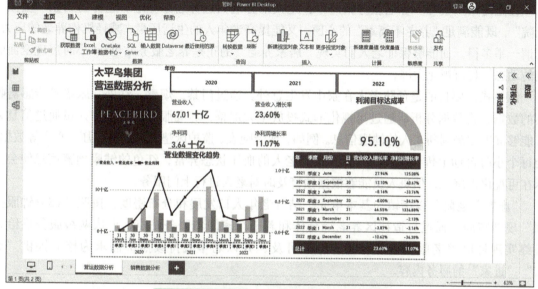

图 6-118　太平鸟集团营运数据分析结果

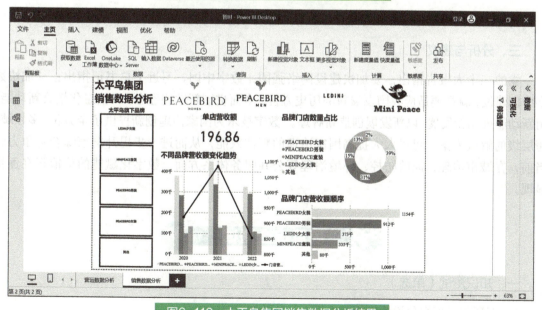

图 6-119　太平鸟集团销售数据分析结果

◆ 拓展知识 ◆

信息大屏助力搭建"虚拟养老院"

一、案例引入

数字经济时代,随着我国人口老龄化进程加快,上海市闵行区在新虹街道试点建设居家"虚拟养老院"。截至 2022 年 3 月,"虚拟养老院"已覆盖街道 200 多位空巢、高龄独居、失能失智等老人。"虚拟养老院"模式通过在家中安装传感设备和智能产品,实现与家门口养老服务站的联动,让老人在家中就享受到与现实养老院类似的全方位照护。

在上海市"9073"养老服务格局中,绝大部分老人选择居家养老。这样的居家"虚拟养老院",既能满足"养老不离家"的心愿,又能提高老年人的生活质量,减轻机构养老的压力,可谓一举多得。而能够保证老人们实现"居家养老"的正是养老服务站里 24 小时展现全面监控的动态信息可视化大屏。

该模式首要目的是预防老人在家中发生意外。通过门禁、烟感、红外、床垫等传感器收集的数据,将数据分析后通过可视化形式投放至大屏幕,养老服务站的工作人员通过信息大屏能够准确预测判断老人的健康信息。例如,智能腕表、监护床垫监测到的血压、心率等数据,会每个小时自动上传一次到后台,一旦有老人的血压状态异常,红色的健康预警信息便会显示在可视化大屏上,值班人员能够根据预警及时对老人进行上门服务。

"虚拟养老院"以街镇为基本单元,结合老年人口发展和分布密度,按照"15 分钟服务圈"规划布局。通过打造社区养老综合体和若干个家门口服务站点,形成两级服务供给,最终实现社区养老服务设施可达、服务可及,并以老年人持续照护需求为核心提供"近家""进家"的服务内容。

二、案例讨论

请讨论数据可视化还可以运用在哪些城市服务场景中。

三、分析与建议

党的二十大报告指出,要加快建设网络强国、数字中国。习近平总书记指出:"加快数字中国建设,就是要适应我国发展新的历史方位,全面贯彻新发展理念,以信息化培育新动能,用新动能推动新发展,以新发展创造新辉煌。"数字技术为国家治理创新提供了全方位、多领域、跨层级的解决方案,可以大大提高国家治理的整体效能,从而进一步提升国家综合竞争力。当前,在城市治理、风险防控、环境治理等公共服务体系方面,数字化赋能的价值正在逐步显现。

项目综合测试

一、知识测试(单选)

1. 下列关于可视化说法错误的是(　　)。

A. 可视化工具种类繁多，并没有优劣之分

B. 数据整理和清洗是数据可视化的基础，是允许有效可视化、分析、记录的必经过程

C. 可视化的目的是将结果更加清晰地展示给用户

D. 数据可视化主要是为了追求美观性，而不用注重其真实性

2. 被称为大数字磁贴，用来跟踪最重要的信息的图表是（　　）。

　　A. 卡片图　　　B. 切片图　　　C. 瀑布图　　　D. 表和矩阵

3. （　　）用来展示变量的变化趋势情况。

　　A. 饼图　　　　B. 散点图　　　C. 折线图　　　D. 柱状图

4. 以下不属于可视化设计原则的是（　　）。

　　A. 一致性　　　B. 准确性　　　C. 临近易读　　　D. 华丽高档

5. 被称为数据分析"最后一公里"的是（　　）。

　　A. 数据获取　　B. 数据处理　　C. 数据可视化　　D. 数据建模

二、技能测试

请分小组进入"新浪财经"网站采集任意一家上市公司近 5 年的财报数据，运用 Power BI 软件采集、清洗并分析数据后，遵循数据可视化五大原则实现对这家公司近 5 年财报数据的可视化呈现，最终完成一份信息明确、简洁美观的智能可视化作品。

项目评价

评价项目	评价要求	分值	得分
1. 课堂表现	按时出勤，认真听课并积极参与课堂活动	20	
2. 知识掌握	了解数据可视化的概念和作用，理解常用的数据可视化图形并区分不同图形的应用场景	20	
3. 技能水平	能够识别常用的可视化图形并运用 Power BI 软件准确使用图形对数据进行可视化操作	30	
4. 职业素养	具备较强的大数据分析思维能力和解决问题的能力，培养数据展示的素养和审美意识	30	
合计		100	

项目七
财务大数据综合实训

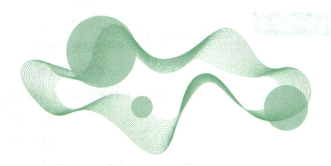

◎ **知识目标**
- 能够叙述数据分析的基本流程
- 能够理解数据分析工作的意义

◎ **技能目标**
- 能够熟练运用Power BI软件完成数据分析工作
- 能够灵活选择合适的数据分析方法进行数据分析

◎ **素质目标**
- 具备较强的逻辑思维能力和分析解决问题能力
- 具备解决会计核算与监督中综合复杂性问题的能力
- 树立终身学习的学习理念
- 培养尊重数据、严谨务实的科学态度

[知识导图]

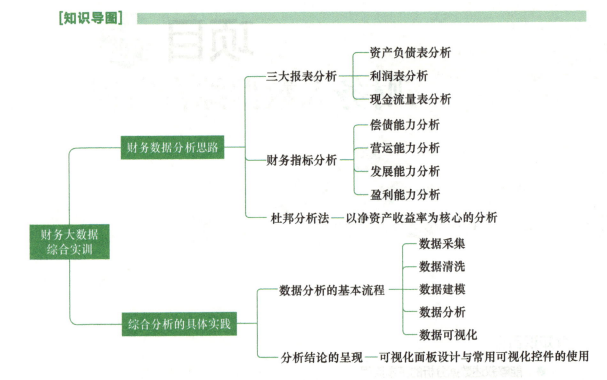

[情景引入]

半年时光转瞬即逝，通过持续不断的学习和探索，小杨同学已经能够承担起公司日常的数据分析工作。回想起这一段历程，她不禁感慨道："数据分析真是一个系统的工程，它始于数据采集，重于数据清洗，难于数据建模，巧于数据分析，美于数据可视化，每个环节都不容忽视。"在数据驱动的时代，运用数据以提升企业管理水平和实现价值创造是财务人员的重要使命。小杨同学下定决心要进一步深入学习数据分析，更好地履行岗位职责。

任务一 分析上市公司财务报表数据

[任务描述]

本任务基于格力电器 2018—2022 年资产负债表、利润表以及现金流量表数据，利用 Power BI 软件对财务报表数据进行分析与可视化，从而判断该企业的盈利水平及发展前景，帮助企业管理层、投资者做出正确决策。通过本任务的学习，综合把握数据分析的全过程，巩固 Power BI 软件的相关操作，系统加深对财务分析方法的理解。

[知识准备]

珠海格力电器股份有限公司（000651）是我国家电行业的领军企业，是一家集研发、生产、销售、服务于一体的全球性家电企业，主营业务为生产销售空调器、自营空调器出口业务及其相关零配件的进出口业务。"格力"品牌空调是企业的主要发展板块并且一直领先全球。通过获取格力电器 2018—2022 年财务数据并进行数据分析与可视化，监控关键财务指标数据，及时调整企业经营策略。本案例可视化面板共有 5 个页面，分别为资产负债表、现金流量表、利润表、财务指标分析（四大能力）、杜邦分析，表 7-1 展示最终可视化面板中所有视觉对象的构成情况。

表7-1 格力电器案例可视化面板视觉对象构成情况

画布名称	视觉对象的名称	视觉对象的作用
资产负债表	切片器	展示报表日期数据
	卡片图	展示资产、负债以及所有者权益合计数据
	瀑布图	展示资产负债表各个报表项目的具体金额
	环形图	展示资产、负债以及所有者权益比例构成情况；展示流动资产与非流动资产、流动负债与非流动负债比例构成情况
利润表	切片器	展示报表日期数据
	卡片图	展示营业利润、利润总额以及净利润合计数据
	折线图	展示核心利润的变化趋势
	环形图	展示销售费用、管理费用、财务费用以及研发费用的占比情况
	簇状柱形图	展示营业收入、营业成本以及营业利润的分布与比较情况
现金流量表	切片器	展示报表日期数据
	卡片图	展示经营活动、筹资活动以及投资活动现金流入小计数据
	环形图	分别展示经营活动、筹资活动、投资活动现金流入以及现金流出占比数据
	矩阵	展示不同报表项目同比变化情况
财务指标分析（四大能力）	切片器	展示报表日期数据
	折线图	展示偿债能力、营运能力、盈利能力以及发展能力财务指标随时间变化的趋势
杜邦分析	切片器	展示报表日期数据
	卡片图	展示净资产收益率分解指标数据

在本案例利润表分析中利用折线图展示了核心利润的变化趋势。对外经济贸易大学张新民教授作为财务分析领域资深的专家，他在《从报表看企业——数字背后的秘密》（第四版）中指出，在日常周转中，企业的管理能力和竞争力必然会转变为两个内容：一个是获得利润表中的核心利润，另一个就是产生现金流量表中的经营活动现金净流量。其中核心利润的计算公式如下：

核心利润 = 营业收入 − 营业成本 − 税金及附加 − 销售费用 − 管理费用 − 研发费用 − 利息费用

简单地说，核心利润就是利润表中纯经营的部分，也就是毛利减掉税金及附加再减四项费用（销售费用、管理费用、研发费用和利息费用）的部分。在利息费用获取存在困难时，使用财务费用作为代替。核心利润对于理解经营性战略为主导的企业具有更为重要的意义。

本案例可视化视觉对象的具体计算将在操作示例中展示。

[任务实施]

步骤一 数据获取与整理。

（1）在新浪财经网站主页的行情板块搜索"格力电器"，进入格力电器"财务数据"模块，在界面最下方单击"下载全部历史数据到Excel中"，分别将资产负债表、利润表以及现金流量表数据保存至本地，新浪财经数据界面如图7-1所示。

其他非流动负债	—	—	—	—	—
非流动负债合计	5,585,873.28	3,677,677.40	3,154,557.84	2,335,244.96	1,495,990.53
负债合计	27,776,164.71	25,314,871.09	25,367,855.08	25,537,086.49	23,270,088.63
所有者权益					
实收资本(或股本)	563,140.57	563,140.57	563,140.57	591,446.90	591,446.90
资本公积	81,758.11	49,610.20	40,351.03	31,091.86	21,832.68
减：库存股	308,605.63	564,393.56	564,393.56	1,957,964.62	1,957,964.62
其他综合收益	272,582.66	204,290.16	160,426.67	815,445.59	664,417.15
专项储备	2,584.54	2,584.54	2,240.38	2,240.38	2,240.38
盈余公积	374.58	224,111.87	—	198,372.71	198,372.71
一般风险准备	50,722.31	50,722.31	50,722.31	50,722.31	50,722.31
未分配利润	9,531,596.69	9,145,807.40	9,318,832.92	9,801,494.89	10,162,514.06
归属于母公司股东权益合计	10,194,153.84	9,675,873.49	9,571,320.33	9,532,850.02	9,733,581.59
少数股东权益	490,733.86	511,731.31	540,266.55	602,369.72	365,229.62
所有者权益(或股东权益)合计	10,684,887.70	10,187,604.80	10,111,586.88	10,135,219.74	10,098,811.21
负债和所有者权益(或股东权益)总计	38,461,052.42	35,502,475.89	35,479,441.96	35,672,306.23	33,368,899.85

下载全部历史数据到excel中　↑返回页顶↑

客户服务热线：4000520066　欢迎批评指正

常见问题解答 互联网违法和不良信息举报　新浪财经意见反馈留言板

新浪简介 | About Sina | 广告服务 | 联系我们 | 招聘信息 | 网站律师 | SINA English | 通行证注册 | 产品答疑

新浪公司　版权所有

新浪财经免费提供股票、基金、债券、外汇等行情数据以及其他资料均来自相关合作方，仅作为用户获取信息之目的，并不构成投资建议。新浪财经以及其合作机构不为本页面提供信息的错误、残缺、延迟或因依靠此信息所采取的任何行动负责。市场有风险，投资需谨慎。

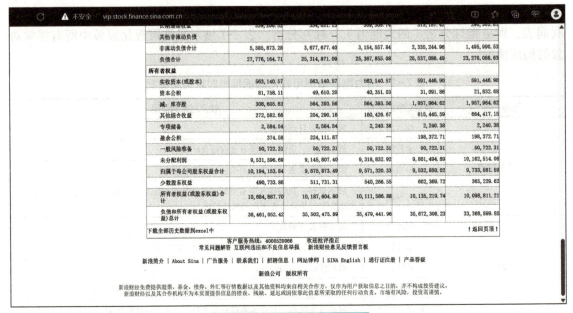

图7-1　新浪财经数据界面

注意

①从新浪财经下载数据需要账号，需要提前注册并登录；②资产负债表、利润表以及现金流量表共需要下载3次。

（2）新建一个Excel工作簿，在工作簿中新建四张工作表。分别对四张工作表进行重命名：资产负债表、利润表、现金流量表以及日期表。日期表数据如图7-2所示。

	A
1	报表日期
2	2018/12/31
3	2019/12/31
4	2020/12/31
5	2021/12/31
6	2022/12/31

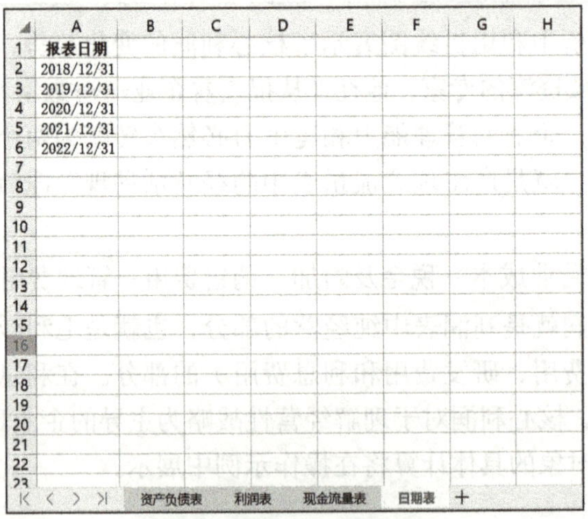

图7-2　日期表数据

（3）分别打开已下载到本地的资产负债表、利润表以及现金流量表文件，可以看到报表数据以分季度的方式呈现。针对本案例而言，仅保留2018—2022年年度数据列（20××-12-31）和第一列报表项目。因此，分别将三张报表满足条件的数据复制到前述新建的Excel工作簿中。完成后将第一列“报表日期”名称修改为“报表项目”，图7-3展示了利润表整理后的效果。

	A	B	C	D	E	F	G
1	报表项目	20221231	20211231	20201231	20191231	20181231	
2	一、营业总收入	1.90151E+11	1.89654E+11	1.70497E+11	2.00508E+11	2.00024E+11	
3	营业收入	1.88988E+11	1.87869E+11	1.68199E+11	1.98153E+11	1.98123E+11	
4	二、营业总成本	1.62107E+11	1.63522E+11	1.46261E+11	1.70724E+11	1.69589E+11	
5	营业成本	1.39784E+11	1.41225E+11	1.24229E+11	1.43499E+11	1.38234E+11	
6	营业税金及附加	1612243409	1076664462	964600693.8	1542983749	1741892705	
7	销售费用	11285451112	11581735617	13043241798	18309812188	18899578046	
8	管理费用	5267999734	4051241003	3603782804	3795645600	4365850083	
9	财务费用	-2206764592	-2260201997	-1937504660	-2426643430	-948201396.7	
10	研发费用	6281394430	6296715941	6052563108	5891219716	6988368286	
11	资产减值损失	0	0	0	0	261674177.3	
12	公允价值变动收益	-343575705.1	-58130545.1	200153472.1	228264067.9	46257424.83	
13	投资收益	86883941.74	522063222.6	7130100171.7	-226634780.6	106768935	
14	其中:对联营企业和合营企业的投资收益	-3324287.24	51594929.82	35314343.21	-20983248.83	560513.87	
15	汇兑收益						
16	三、营业利润	27284079086	26677365292	26043517838	29605107122	30996884692	
17	加:营业外收入	59810331.36	154321776.9	287160722	345706663.1	317857733.4	
18	减:营业外支出	126522574.9	28449570.3	21741130.88	598106556.8	41234701.05	
19	其中:非流动资产处置损失						
20	四、利润总额	27217384843	26803237499	26308937429	29352707229	31273507724	
21	减:所得税费用	4206040490	3971343866	4029695234	4525463625	4894477907	
22	五、净利润	23011344653	22831893633	22279242195	24827243604	26379029187	
23	归属于母公司所有者的净利润	24506627372	23063732373	22175108137	24696641369	26202787681	

图7-3　Excel利润表整理后效果

（4）切换至"资产负债表"工作表，由于资产负债表中存在部分资产项目的合计行数据，在后续度量值创建时会影响案例数据计算的准确性，因此需要对合计行进行删除操作。具体删除以下行数据：应收票据及应收账款、其他应收款（合计）、在建工程（合计）、固定资产及清理（合计）、应付票据及应付账款、其他应付款（合计）、长期应付款（合计）、归属于母公司股东权益合计、负债和所有者权益（或股东权益）总计。删除完毕后，在表格最左侧新增两列，A列命名为"会计要素类别"，B列命名为"要素划分"。针对A列"会计要素类别"列，如果C列"报表项目"为资产类，则在A列"会计要素类别"所对应行单元格中填充"资产"，同理负债类报表项目则填充"负债"，所有者权益类项目则填充"所有者权益"；针对B列"要素划分"列，根据A列和C列进一步进行划分，资产类报表项目区分"流动资产"和"非流动资产"，负债类报表项目区分"流动负债"和"非流动负债"，所有者权益类项目均填充"所有者权益"。完成操作后的效果如图7-4所示。

	A	B	C	D	E	F	G	H	I
1	会计要素类别	要素划分	报表项目	20221231	20211231	20201231	20191231	20181231	
2	资产	流动资产	货币资金	1.57484E+11	1.16939E+11	1.36413E+11	1.25401E+11	1.13079E+11	
3	资产	流动资产	交易性金融资产	3867203364	0	370820500	952208583.6	1012470387	
4	资产	流动资产	衍生金融资产	0	198773198.7	285494154	92392625.69	170216138.9	
5	资产	流动资产	应收票据	6818428.95	0	0	0	35911567876	
6	资产	流动资产	应收账款	14824742623	13840899803	8738230905	8513334545	7699658990	
7	资产	流动资产	应收款项融资	28427310345	25612056693	20973404595	28226249897	0	
8	资产	流动资产	预付款项	2344668845	4591886517	3129202003	2395610555	2161876009	
9	资产	流动资产	应收利息	0	0	0	0	2257098902	
10	资产	流动资产	应收股利	1260498.66	615115.33	0	0	0	
11	资产	流动资产	其他应收款	803017460.1	333546754.9	147338547.9	159134399.1	296590642.5	
12	资产	流动资产	买入返售金融资产						
13	资产	流动资产	存货	38314176764	42765598328	27879505159	24084854064	20011518231	
14	资产	流动资产	划分为持有待售的资产						
15	资产	流动资产	一年内到期的非流动资产	3314191633	11033571933	0	445397710.4	0	
16	资产	流动资产	待摊费用						
17	资产	流动资产	待处理流动资产损益						
18	资产	流动资产	其他流动资产	4704576941	9382177587	15617301914	23091144217	17110921224	
19			流动资产合计	2.5514E+11	2.2585E+11	2.13633E+11	2.13366E+11	1.99711E+11	
20	资产	非流动资产	发放贷款及垫款	719799280.3	0	5273805582	14423786409	9071332785	
21	资产	非流动资产	可供出售金融资产	0	4142652902	0	0	2216195036	
22	资产	非流动资产	持有至到期投资	150351500					
23	资产	非流动资产	长期应收款	116084973.5	2419031.07	0	0	0	
24	资产	非流动资产	长期股权投资	5892290569	10337008015	8119841062	7064186161	2250732462	
25	资产	非流动资产	投资性房地产	634689202	454854822.6	463420861.4	498648691.9	537589343.1	

图7-4　Excel资产负债表数据整理后效果

注意，C列报表项目中名称为流动资产合计、非流动资产合计、资产总计、流动负债合计、非流动负债合计、负债合计、所有者权益（或股东权益）合计所对应的A列和B列单元格为空。

（5）切换至"现金流量表"工作表，在表格最左侧新增两列，A列命名为"活动类别"，B列命名为"现金类别"。根据C列报表项目的具体内容，在A列活动类别中填写"经营活动""投资活动""筹资活动"或者"其他"，在B列现金类别中填写"现金流入""现金流出"或者"其他"。完成效果如图7-5所示。

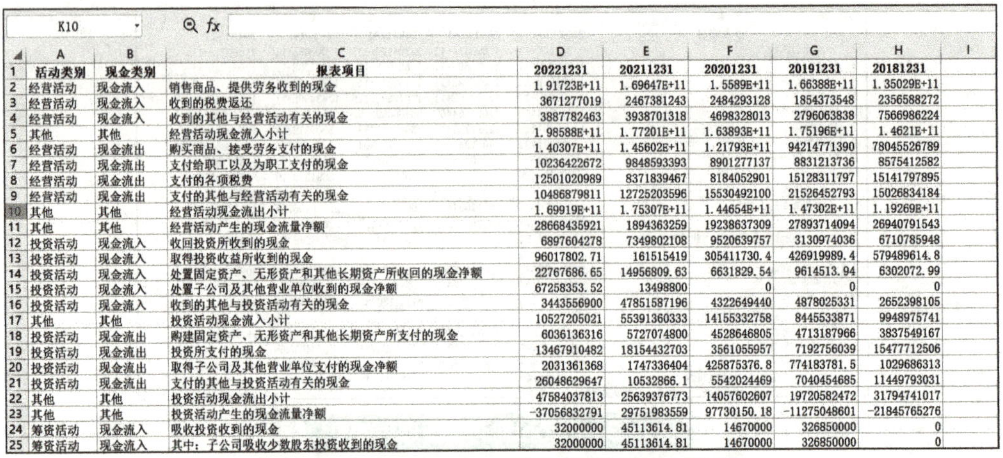

	A	B	C	D	E	F	G	H
1	活动类别	现金类别	报表项目	20221231	20211231	20201231	20191231	20181231
2	经营活动	现金流入	销售商品、提供劳务收到的现金	1.91723E+11	1.69647E+11	1.5589E+11	1.66388E+11	1.35029E+11
3	经营活动	现金流入	收到的税费返还	3671277019	2467381243	2484293128	1854373548	2356588272
4	经营活动	现金流入	收到的其他与经营活动有关的现金	3887782463	3938701318	4698328013	2796063838	7566986224
5	其他	其他	经营活动现金流入小计	1.98588E+11	1.77201E+11	1.63893E+11	1.75196E+11	1.4621E+11
6	经营活动	现金流出	购买商品、接受劳务支付的现金	1.40307E+11	1.45602E+11	1.21793E+11	94214771390	78045526789
7	经营活动	现金流出	支付给职工以及为职工支付的现金	10236422672	9848593393	8901277137	8831213736	8575412582
8	经营活动	现金流出	支付的各项税费	12501020989	8371839467	8184052901	15128311797	15141797895
9	经营活动	现金流出	支付的其他与经营活动有关的现金	10486879811	12725203596	15530492100	21526452793	15026834184
10	其他	其他	经营活动现金流出小计	1.69919E+11	1.75307E+11	1.44654E+11	1.47302E+11	1.19269E+11
11	其他	其他	经营活动产生的现金流量净额	28668435921	1894363259	19238637309	27893714094	26940791543
12	投资活动	现金流入	收回投资所收到的现金	6897604278	7349802108	9520639757	3130974036	6710785948
13	投资活动	现金流入	取得投资收益所收到的现金	96017802.71	161515419	305411730.4	426919989.4	579489614.8
14	投资活动	现金流入	处置固定资产、无形资产和其他长期资产所收回的现金净额	22767686.65	14956809.63	6631829.54	9614513.94	6302072.99
15	投资活动	现金流入	处置子公司及其他营业单位收到的现金净额	67258353.52	13498800	0	0	0
16	投资活动	现金流入	收到的其他与投资活动有关的现金	3443556900	47851587196	4322649440	4878025331	2652398105
17	其他	其他	投资活动现金流入小计	10527205021	55391360333	14155332758	8445533871	9948975741
18	投资活动	现金流出	购建固定资产、无形资产和其他长期资产所支付的现金	6036136316	5727074800	4528646805	4713187966	3837549167
19	投资活动	现金流出	投资所支付的现金	13467910482	18154432703	3561055957	7192756039	15477712506
20	投资活动	现金流出	取得子公司及其他营业单位支付的现金净额	2031361368	1747336404	425875376.8	774183781.5	1029686313
21	投资活动	现金流出	支付的其他与投资活动有关的现金	26048629647	10532866.1	5542024469	7040454685	11449793031
22	其他	其他	投资活动现金流出小计	47584037813	25639376773	14057602607	19720582472	31794741017
23	其他	其他	投资活动产生的现金流量净额	-37056832791	29751983559	97730150.18	-11275048601	-21845765276
24	筹资活动	现金流入	吸收投资收到的现金	32000000	45113614.81	14670000	326850000	0
25	筹资活动	现金流入	其中：子公司吸收少数股东投资收到的现金	32000000	45113614.81	14670000	326850000	0

图7-5　Excel现金流量表数据整理后效果

完成上述所有操作后，将 Excel 工作簿命名为“格力电器财务报表”。

步骤二　数据清洗。

（1）打开Power BI软件，通过“获取数据”→“Excel工作簿”→“转换数据”进入Power Query界面。

（2）对资产负债表、利润表、现金流量表均进行“将第一行用作标题”的操作，然后删除数据表中存在的空白列。

（3）对资产负债表、利润表、现金流量表分别进行“逆透视”的操作。以资产负债表为例，同时选中标题为“20221231”“20211231”“20201231”“20191231”“20181231”的五列数据，然后选择功能区“转换”→“逆透视列”进行列的逆透视，完成操作后将列名“属性”修改为“报表日期”，将列名“值”修改为“报表金额”，最后将“报表日期”列的数据类型修改为日期型。完成后的效果如图7-6所示。利润表和现金流量表的操作类似。

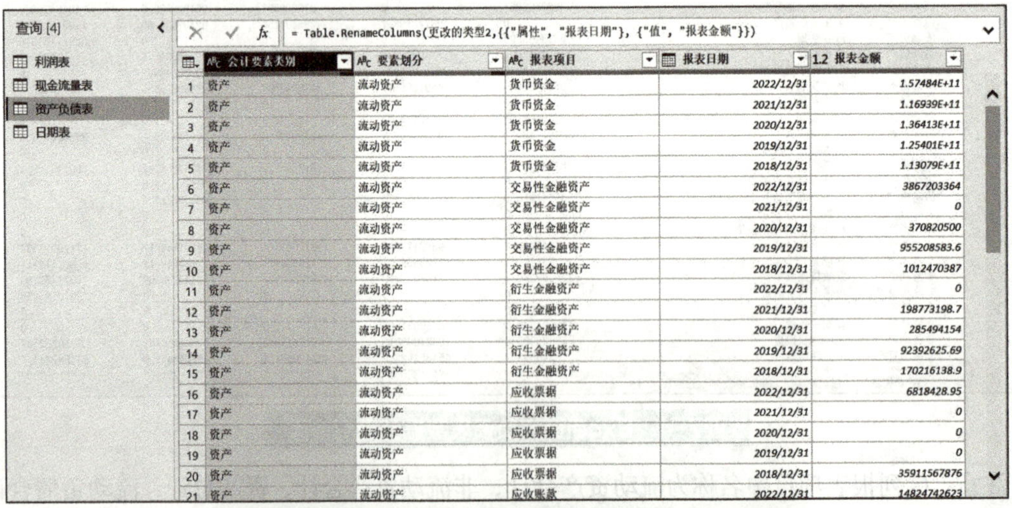

	会计要素类别	要素划分	报表项目	报表日期	报表金额
1	资产	流动资产	货币资金	2022/12/31	1.57484E+11
2	资产	流动资产	货币资金	2021/12/31	1.16939E+11
3	资产	流动资产	货币资金	2020/12/31	1.36413E+11
4	资产	流动资产	货币资金	2019/12/31	1.25401E+11
5	资产	流动资产	货币资金	2018/12/31	1.13079E+11
6	资产	流动资产	交易性金融资产	2022/12/31	3867203364
7	资产	流动资产	交易性金融资产	2021/12/31	0
8	资产	流动资产	交易性金融资产	2020/12/31	370820500
9	资产	流动资产	交易性金融资产	2019/12/31	955208583.6
10	资产	流动资产	交易性金融资产	2018/12/31	1012470387
11	资产	流动资产	衍生金融资产	2022/12/31	0
12	资产	流动资产	衍生金融资产	2021/12/31	198773198.7
13	资产	流动资产	衍生金融资产	2020/12/31	285494154
14	资产	流动资产	衍生金融资产	2019/12/31	92392625.69
15	资产	流动资产	衍生金融资产	2018/12/31	170216138.9
16	资产	流动资产	应收票据	2022/12/31	6818428.95
17	资产	流动资产	应收票据	2021/12/31	0
18	资产	流动资产	应收票据	2020/12/31	0
19	资产	流动资产	应收票据	2019/12/31	0
20	资产	流动资产	应收票据	2018/12/31	35911567876
21	资产	流动资产	应收账款	2022/12/31	14824742623

图7-6　Power Query资产负债表数据整理后效果

注意，此时资产负债表中的“会计要素类别”和“要素划分”列存在空值，对于本案例后续操作不产生影响，因此对空值进行保留处理。利润表、现金流量表、日期表清洗后的效果分别如图 7-7 ～图 7-9 所示。

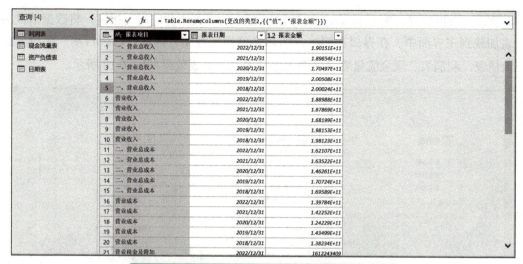

图7-7 Power Query利润表数据整理后效果

图7-8 Power Query现金流量表数据整理后效果

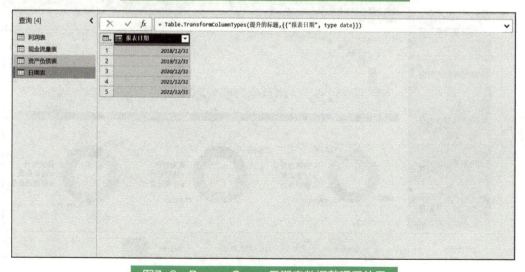

图7-9 Power Query日期表数据整理后效果

步骤三 数据建模。单击 Power Query 编辑器中的"关闭并应用"按钮,将数据清洗后的四张表加载到主界面中。在界面左侧将视图切换到模型视图,通过"报表日期"字段分别将资产负债表、利润表、现金流量表与日期表建立关系,完成效果如图 7-10 所示。

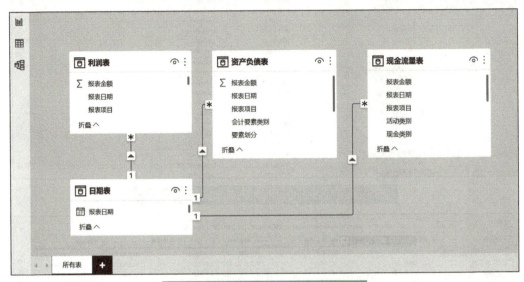

图7-10 模型视图建立关系后效果

步骤四 数据分析与可视化。为案例四张数据表建立相关关系后,即进入度量值的创建和选择适宜的可视化视觉对象进行展示的阶段。格力电器财务数据分析与可视化由五个画布组成,在左下角新建页区域选中任意一张画布,双击名称就可以对画布重新命名。本案例五张画布分别重命名为:资产负债表、利润表、现金流量表、财务指标分析(四大能力)、杜邦分析,最终效果呈现如图 7-11～图 7-15 所示。

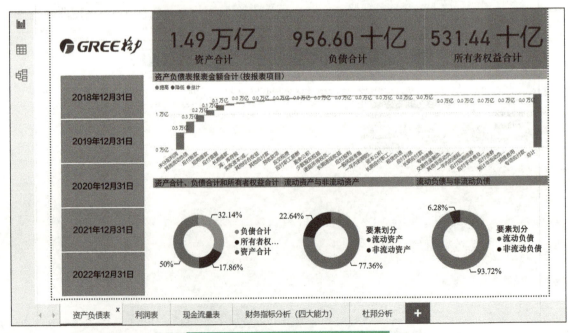

图7-11 资产负债表最终效果呈现

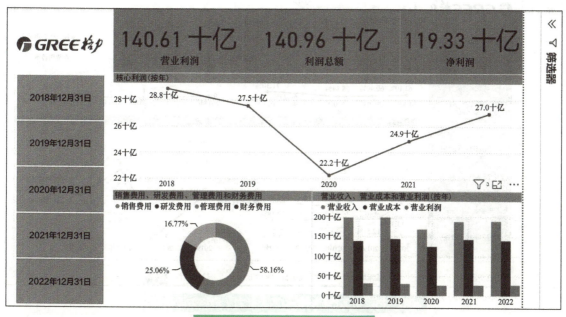

图7-12 利润表最终效果呈现

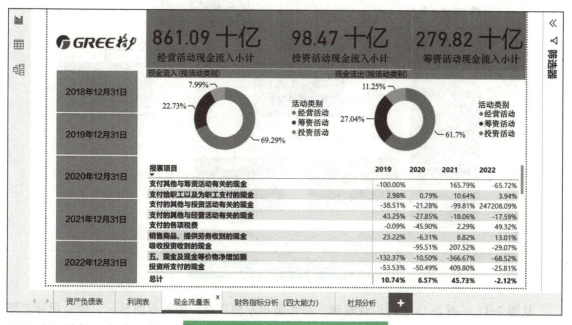

图7-13 现金流量表最终效果呈现

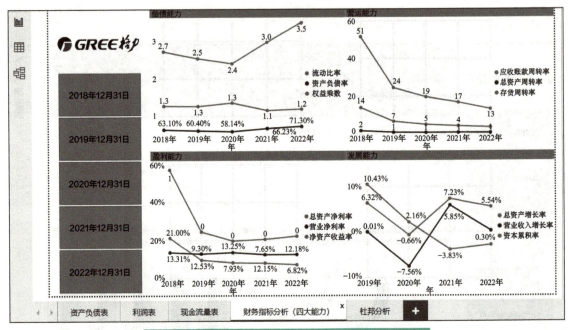

图7-14 财务指标分析（四大能力）最终效果呈现

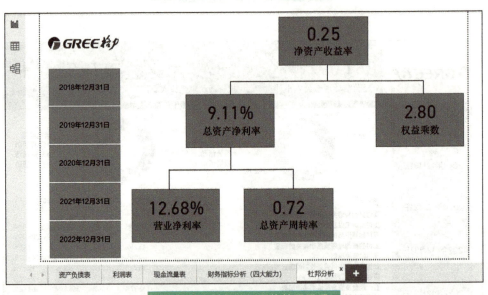

图7-15 杜邦分析最终效果呈现

从图7-11～图7-15中可以观察到，每张画布左侧存在一致的界面显示，即公司标志图片和报表日期切片器。以资产负债表为例，新增公司标志图片的具体操作为：选择功能区域"插入"→"图像"，选中提前下载好的公司标志图片后单击"确定"即可将其放置于画布中。具体如图7-16所示。注意，可以在画布中选中图片拖拽调整显示的大小。

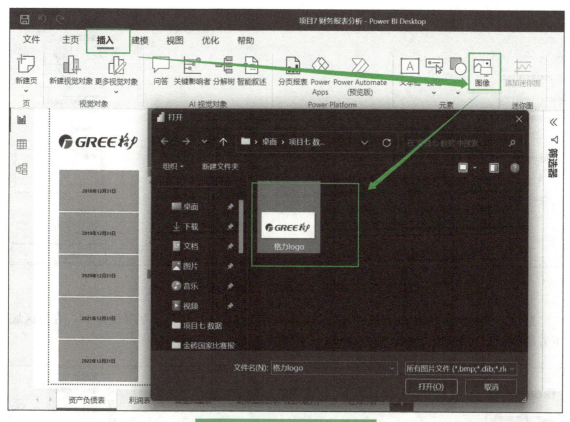

图7-16 画布中插入公司标志

同样以资产负债表为例,插入报表日期切片器的具体操作为:在可视化视觉对象中选择"切片器",在字段区域中放置日期表的"报表日期"字段。具体如图7-17所示。

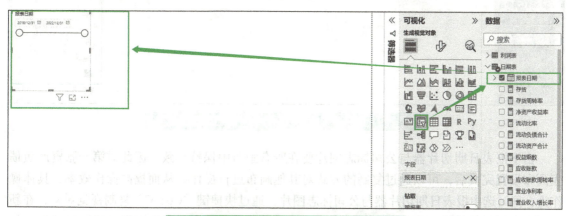

图7-17 画布中插入"报表日期"切片器

接下来选中切片器，切换到"设置视觉对象格式"区域，在"视觉对象"中选择"切片器设置"→"选项"，将样式修改为"磁贴"，随后关闭"切片器标头"，如图7-18所示。

图7-18　画布中修改"报表日期"切片器格式

最后，在视觉对象中展开"值"，加粗字体，修改颜色为黑色，字号设为14。在值区域下方修改背景为蓝色，最终"报表日期"切片器效果如图7-19所示。

图7-19　画布中"报表日期"切片器最终呈现效果

由于报表日期切片器与公司标志图片要在所有画布中保持一致，因此对第一张资产负债表画布设置完成后，可以通过复制的方式对其他画布进行操作，从而提高操作效率。具体操作为：同时选中报表日期切片器与公司标志图片，通过快捷键"Ctrl+C"复制视觉对象，在新的画布中通过快捷键"Ctrl+V"进行粘贴，此时界面中会弹出"同步视觉对象"对话框（见图7-20），此时选择"同步"按钮，就能够实现在一个画布中进行报表日期的选择后，其他画布同步选择该日期的效果。

图7-20 画布中"同步视觉对象"对话框

（1）资产负债表分析。资产负债表是反映企业某个时点资产、负债和所有者权益（股东）的规模及关系的报表。资产部分展示了企业的资源规模和结构，是企业拥有的实力；负债和所有者权益展示了企业资源实力的来路。了解一家企业的基本情况从资产负债表出发是较好的选择。在资产负债表画布中使用结构分析法分析格力电器2018—2022年资产负债表的情况。表7-2展示了资产负债表画布使用的度量值。

插入公司Logo和报表日期切片器

表7-2 资产负债表度量值的创建公式

度量值名称	度量值创建公式
资产负债表报表金额合计	资产负债表报表金额合计 =SUM(' 资产负债表 '[报表金额])
资产合计	资产合计 =CALCULATE([资产负债表报表金额合计],' 资产负债表 '[报表项目]=" 资产总计 ")
负债合计	负债合计 =CALCULATE([资产负债表报表金额合计],' 资产负债表 '[报表项目]=" 负债合计 ")
所有者权益合计	所有者权益合计 =CALCULATE([资产负债表报表金额合计],' 资产负债表 '[报表项目]=" 所有者权益 (或股东权益) 合计 ")

在数据区域资产负债表下方参考表7-2中度量值创建公式的书写，依次完成4个度量值的创建，完成效果如图7-21所示。

在表7-1中我们已经明确资产负债表画布由视觉对象卡片图、瀑布图、环形图、切片器以及公司Logo图案组成。日期切片器和公司Logo图案的制作不再复述，接下来将展示资产合计、负债合计、所有者权益合计三个卡片图，流动资产与非流动资产、流动负债与非流动负债、资产负债所有者权益合计三个环形图以及资产负债表报表项目瀑布图的制作。

图7-21 资产负债表画布度量值创建后效果

1）卡片图。选择"可视化"区域下方的卡片图图标，在画布中出现卡片图边框后选择"资产合计"度量值，将其放置于"可视化"区域"字段"下方，如图7-22所示。

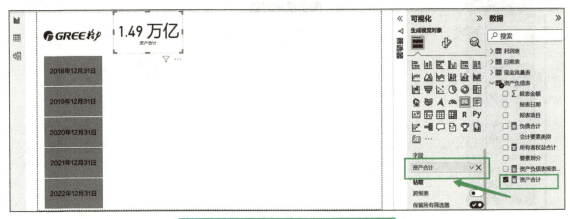

图7-22　资产负债表画布添加卡片图

在"可视化"区域单击"设置视觉对象格式"，对卡片图显示效果进行美化。找到"常规"→"效果"→"背景"，修改背景颜色为橘色。在画布中选中卡片图，手动将大小调整到适宜的效果。完成资产总计卡片图后，可以通过快捷键"Ctrl+C"复制卡片图，再通过快捷键"Ctrl+V"进行粘贴，从而实现统一格式卡片图的制作。最后，将粘贴的卡片图中的字段分别更改为度量值"负债合计"和"所有者权益合计"，卡片图即可完成制作，如图7-23所示。

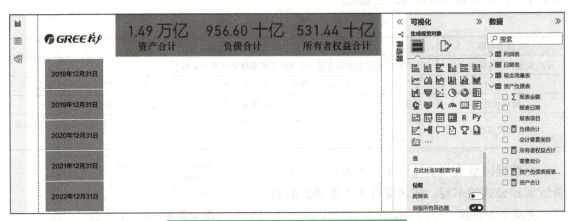

图7-23　资产负债表画布卡片图完成效果

2）瀑布图。选择"可视化"区域下方的瀑布图图标，在画布中出现瀑布图边框后将"报表项目"字段放置于视觉对象"类别"下方，将资产负债表"报表金额"度量值放置于视觉对象"Y轴"下方，如图7-24所示。

受画布和案例数据大小影响，瀑布图不能完全展示所有资产负债表报表项目。此时展开界面中的筛选器区域，将"会计要素类别"作为瀑布图筛选条件，在其下方勾选"负债"和"所有者权益"进行展示，如图7-25所示。

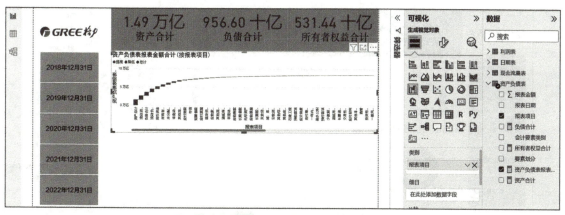

图7-24 资产负债表画布添加瀑布图

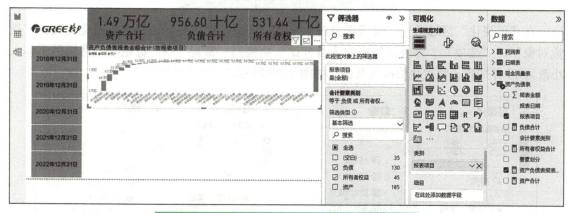

图7-25 资产负债表画布修改瀑布图显示设置

在"可视化"区域单击"设置视觉对象格式",对瀑布图显示效果进行美化。找到"常规"→"标题",修改背景颜色为灰色,将标题字体大小改为13并加粗,完成后效果如图7-26所示。

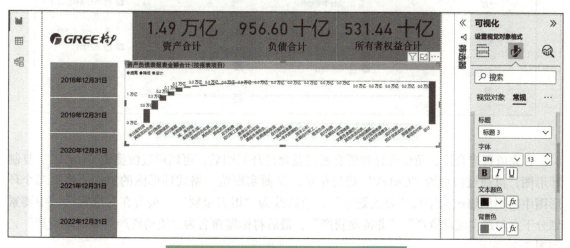

图7-26 资产负债表画布瀑布图完成效果

3)环形图。选择"可视化"区域下方的环形图图标,在画布中出现环形图边框后将度量值"资产合计""负债合计"以及"所有者权益合计"放置于视觉对象"值"下方,如图7-27所示。

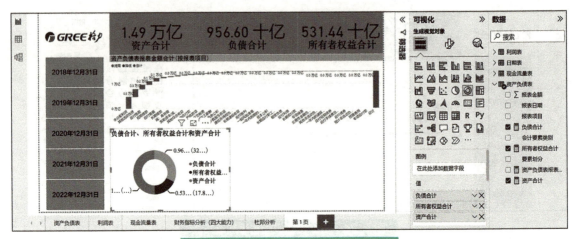

图7-27 资产负债表画布添加环形图

在"可视化"区域单击"设置视觉对象格式",对环形图显示效果进行美化。找到"视觉对象"→"选项",修改标签内容为百分比,切换到"常规"→"标题",将标题字体大小改为 13 并加粗,背景色修改为灰色,如图 7-28 所示。

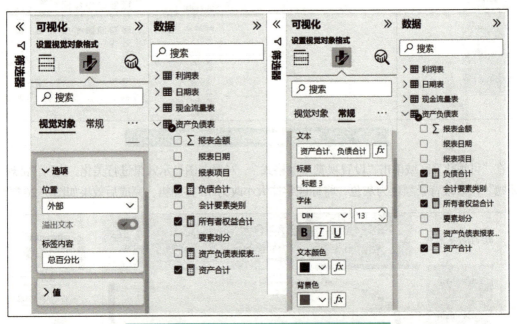

图7-28 资产负债表画布修改环形图显示设置

在完成资产合计、负债合计和所有者权益合计环形图后,可以通过快捷键"Ctrl+C"复制环形图,再通过快捷键"Ctrl+V"进行粘贴,从而实现统一格式环形图的制作。将第二个环形图中的图例修改为字段"要素划分",值修改为"报表金额",接着在筛选器区域中要素划分下方勾选"流动资产""非流动资产",最后将标题命名为"流动资产与非流动资产",如图 7-29 所示。

再复制一次环形图,将第三个环形图中的图例修改为字段"要素划分",值修改为"资产负债表报表金额合计",接着在"筛选器"区域中要素划分下方勾选"流动负债""非流动负债",最后将标题命名为"流动负债与非流动负债",如图 7-30 所示。至此,资产负债表画布制作完成。

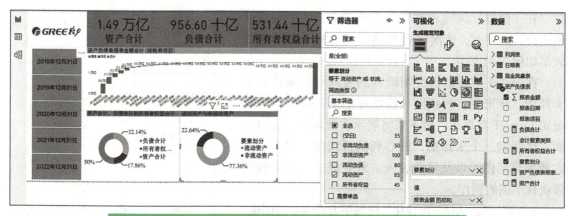

图7-29 资产负债表画布新增流动资产与非流动资产环形图设置

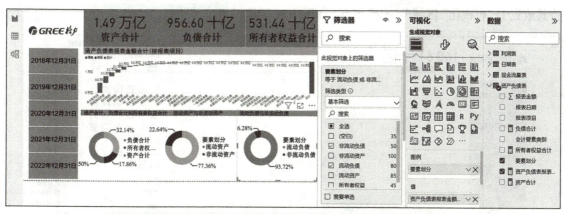

图7-30 资产负债表画布新增流动负债与非流动负债环形图设置

（2）利润表分析。利润表是反映企业一定时期盈利情况的报表。利润表能够展示企业的市场能力、战略执行结果以及企业的效益情况。简单来说，利润表反映了企业的营业收入变化情况和企业的盈亏状况。在利润表画布中使用结构分析法、趋势分析法分析格力电器2018—2022年利润表的具体情况。表7-3展示了利润表画布使用的度量值。

资产负债表画布操作

表7-3 利润表画布使用的度量值

度量值名称	度量值创建公式
利润表报表金额合计	利润表报表金额合计 =SUM('利润表 '[报表金额])
利润总额	利润总额 =CALCULATE([利润表报表金额合计],' 利润表 '[报表项目]=" 四、利润总额 ")
营业利润	营业利润 =CALCULATE([利润表报表金额合计],' 利润表 '[报表项目]=" 三、营业利润 ")
净利润	净利润 =CALCULATE([利润表报表金额合计],' 利润表 '[报表项目]=" 五、净利润 ")
财务费用	财务费用 =CALCULATE([利润表报表金额合计],' 利润表 '[报表项目]=" 财务费用 ")
管理费用	管理费用 =CALCULATE([利润表报表金额合计],' 利润表 '[报表项目]=" 管理费用 ")
销售费用	销售费用 =CALCULATE([利润表报表金额合计],' 利润表 '[报表项目]=" 销售费用 ")
研发费用	研发费用 =CALCULATE([利润表报表金额合计],' 利润表 '[报表项目]=" 研发费用 ")
营业收入	营业收入 =CALCULATE([利润表报表金额合计],' 利润表 '[报表项目]=" 营业收入 ")
营业成本	营业成本 =CALCULATE([利润表报表金额合计],' 利润表 '[报表项目]=" 营业成本 ")
营业税金及附加	营业税金及附加 =CALCULATE([利润表报表金额合计],' 利润表 '[报表项目]=" 营业税金及附加 ")
核心利润	核心利润 =[营业收入]-[营业成本]-[营业税金及附加]-[研发费用]-[管理费用]-[财务费用]-[销售费用]

在"数据"区域利润表下方参考表 7-3 中度量值创建公式的书写,依次完成 12 个度量值的创建,完成效果如图 7-31 所示。

在表 7-1 中我们已经明确利润表画布由视觉对象卡片图、环形图、折线图、簇状柱形图、切片器以及公司 Logo 图案组成。接下来将展示营业利润、利润总额、净利润三个卡片图,核心利润折线图,利润表四大费用环形图,以及营业收入、营业成本、营业利润簇状柱形图的制作。

图7-31 利润表画布度量值创建后效果

1)卡片图。选择"可视化"区域下方的卡片图图标,在画布中出现卡片图边框后选择"营业利润"度量值,将其放置于"可视化"区域"字段"下方,如图 7-32 所示。

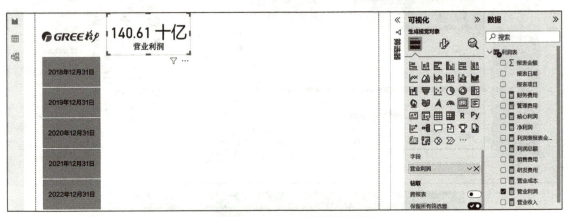

图7-32 利润表画布添加卡片图

在"可视化"区域单击"设置视觉对象格式",对卡片图显示效果进行美化。找到"常规"→"效果"→"背景",修改背景颜色为橘色。在画布中选中卡片图,手动将大小调整到适宜的效果。完成营业利润卡片图后,可以通过快捷键"Ctrl+C"复制卡片图,再通过快捷键"Ctrl+V"进行粘贴,从而实现统一格式卡片图的制作。最后,将粘贴的卡片图中的字段更改为度量值"利润总额"和"净利润",卡片图完成制作,如图 7-33 所示。

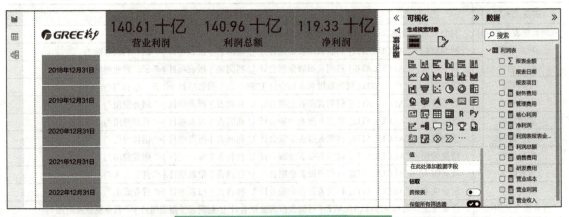

图7-33 利润表画布卡片图完成效果

2）折线图。选择"可视化"区域下方的折线图图标，在画布中出现折线图边框后将度量值"核心利润"放置于"可视化"区域"Y轴"下方，将"报表日期"字段放置于"X轴"下方，注意，"报表日期"只保留"年"层次，如图7-34所示。

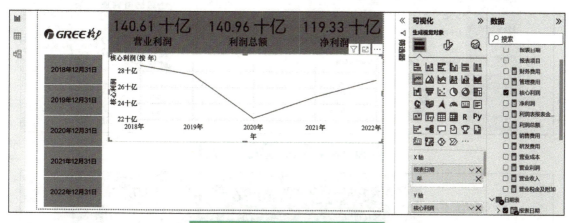

图7-34 利润表画布添加折线图

在"可视化"区域单击"设置视觉对象格式"，对折线图显示效果进行美化。找到"视觉对象"→"数据标签"，单击打开。分别在"X轴"和"Y轴"中关闭标题的显示。切换到"常规"→"标题"，将标题字体大小改为13并加粗，背景色修改为灰色，设置完成后如图7-35所示。

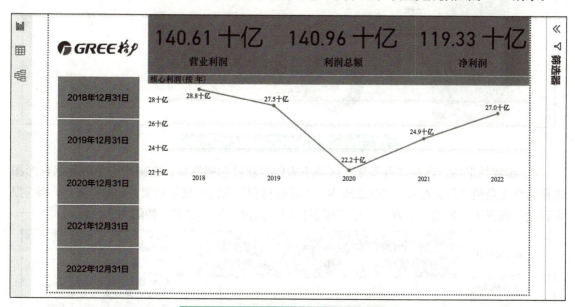

图7-35 利润表画布折线图完成效果

3）环形图。选择"可视化"区域下方的环形图图标，在画布中出现环形图边框后将度量值"销售费用""管理费用""财务费用"和"研发费用"放置于视觉对象"值"下方，如图7-36所示。

在"可视化"区域单击"设置视觉对象格式"，对环形图显示效果进行美化。找到"视觉对象"→"选项"，修改标签内容为百分比，将图例位置修改为靠上左对齐。切换到"常规"→"标题"，将标题字体大小改为13并加粗，背景色修改为灰色，如图7-37所示。

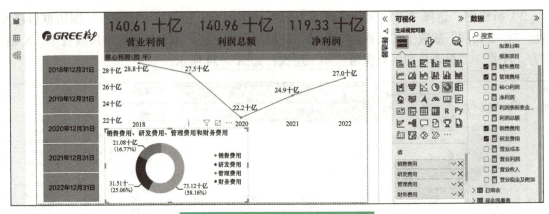

图7-36 利润表画布添加环形图

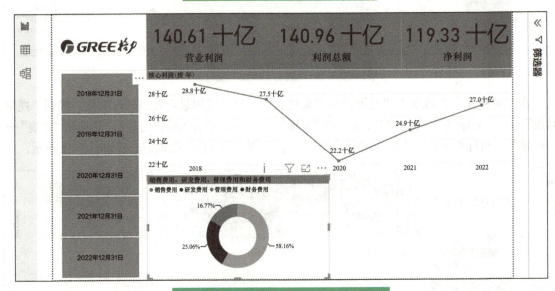

图7-37 利润表画布环形图完成效果

4)簇状柱形图。选择"可视化"区域下方的簇状柱形图图标,在画布中出现簇状柱形图边框后将度量值"营业收入""营业成本""营业利润"放置于视觉对象"Y轴"下方,将"报表日期"放置于"X轴"下方,注意"报表日期"保留"年"层次,如图7-38所示。

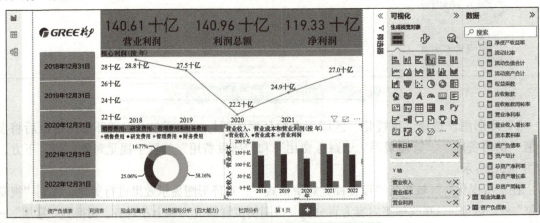

图7-38 利润表画布添加簇状柱形图

在"可视化"区域单击"设置视觉对象格式",对簇状柱形图显示效果进行美化。在视觉对象"X轴"和"Y轴"中关闭标题的显示。切换到"常规"→"标题",将标题字体大小改为13并加粗,背景色修改为灰色,如图7-39所示。至此,利润表画布制作完成。

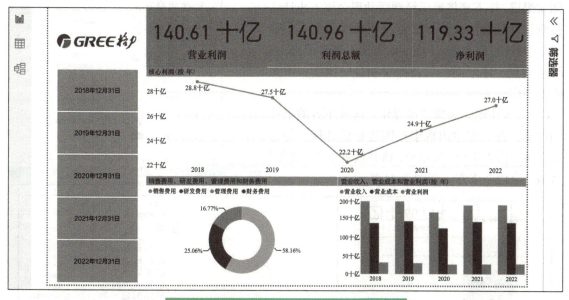

图7-39 利润表画布簇状柱形图完成效果

(3)现金流量表分析。现金流量表是反映企业一段时间内货币资金分类收支情况的报表。现金流量表将现金分为经营活动、投资活动和筹资活动。简单来说,现金流量表能够反映货币资金的流转情况。在现金流量表画布中使用结构分析法、趋势分析法、比较分析法分析格力电器2018—2022年现金流量表的情况。表7-4展示了现金流量表画布使用的度量值。

利润表画布操作

表7-4 现金流量表画布使用的度量值

度量值名称	度量值创建公式
现金流量表报表金额合计	现金流量表报表金额合计 = SUM(' 现金流量表 '[报表金额])
经营活动现金流入小计	经营活动现金流入小计 = CALCULATE([现金流量表报表金额合计],' 现金流量表 '[报表项目]=" 经营活动现金流入小计 ")
投资活动现金流入小计	投资活动现金流入小计 = CALCULATE([现金流量表报表金额合计],' 现金流量表 '[报表项目]=" 投资活动现金流入小计 ")
筹资活动现金流入小计	筹资活动现金流入小计 = CALCULATE([现金流量表报表金额合计],' 现金流量表 '[报表项目]=" 筹资活动现金流入小计 ")
现金流入	现金流入 = CALCULATE([现金流量表报表金额合计],' 现金流量表 '[现金类别]=" 现金流入 ")
现金流出	现金流出 = CALCULATE([现金流量表报表金额合计],' 现金流量表 '[现金类别]=" 现金流出 ")
同比增长	同比增长 = DIVIDE([现金流量表报表金额合计]-CALCULATE([现金流量表报表金额合计], SAMEPERIODLASTYEAR(' 日期表 '[报表日期])),CALCULATE([现金流量表报表金额合计], SAMEPERIODLASTYEAR(' 日期表 '[报表日期])))

在"数据"区域现金流量表下方参考表7-4中度量值创建公式的书写,依次完成7个度

量值的创建,完成效果如图7-40所示。

在表7-1中已经明确现金流量表画布由视觉对象卡片图、环形图、矩阵、切片器以及公司Logo图案组成。接下来将展示经营活动现金流入小计、投资活动现金流入小计、筹资活动现金流入小计三个卡片图,现金流入(按活动类别)、现金流出(按活动类别)环形图,以及报表项目同比增长率矩阵的制作。

1)卡片图。选择"可视化"区域下方的卡片图图标,在画布中出现卡片图边框后选择"经营活动现金流入小计"度量值,将其放置于"可视化"区域"字段"下方,如图7-41所示。

图7-40 现金流量表画布度量值创建后效果

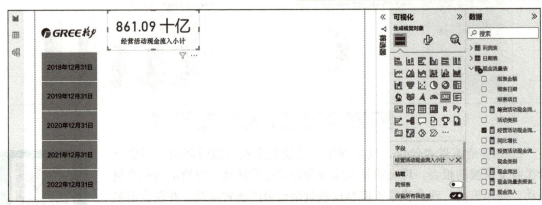

图7-41 现金流量表画布添加卡片图

在"可视化"区域单击"设置视觉对象格式",对卡片图显示效果进行美化。找到"常规"→"效果"→"背景",修改背景颜色为橘色。在画布中选中卡片图,手动将大小调整到适宜的效果。完成经营活动现金流入小计卡片图后,可以通过快捷键"Ctrl+C"复制卡片图,再通过快捷键"Ctrl+V"进行粘贴,从而实现统一格式卡片图的制作。最后,将粘贴的卡片图中的字段更改为度量值"投资活动现金流入小计"和"筹资活动现金流入小计"。卡片图制作完成的效果如图7-42所示。

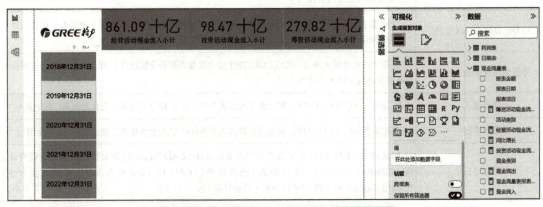

图7-42 现金流量表画布卡片图完成效果

2）环形图。选择"可视化"区域下方的环形图图标，在画布中出现环形图边框后将度量值"现金流入"放置于视觉对象"值"下方，字段"活动类别"放置于"图例"下方，如图7-43所示。

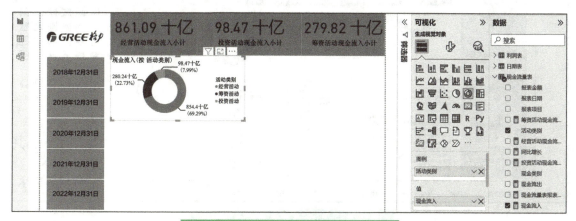

图7-43　现金流量表画布添加环形图

在"可视化"区域单击"设置视觉对象格式"，对环形图显示效果进行美化。找到"视觉对象"→"选项"，修改标签内容为百分比。切换到"常规"→"标题"，将标题字体大小改为13并加粗，背景色修改为灰色。完成现金流入（按活动类别）环形图后，通过快捷键"Ctrl+C"复制，再通过快捷键"Ctrl+V"进行粘贴，从而实现统一格式环形图的制作。最后，将粘贴的环形图中的"值"更改为度量值"现金流出"，如图7-44所示。

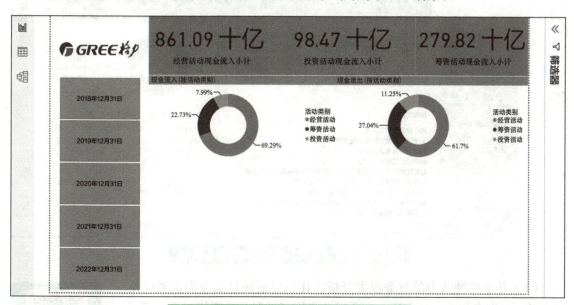

图7-44　现金流量表画布环形图完成效果

3）矩阵。选择"可视化"区域下方的矩阵图标，在画布中出现矩阵边框后，将字段"报表项目"放置于"可视化"区域"行"下方，将字段"报表日期"放置于"列"下方，注意仅保留"年"层级，将度量值"同比增长"放置于"值"下方，如图7-45所示。

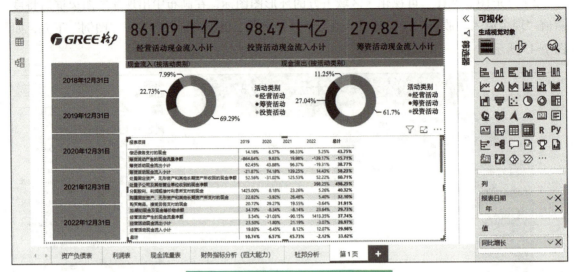

图7-45 现金流量表画布添加矩阵

在"可视化"区域单击"设置视觉对象格式",对矩阵显示效果进行美化。在视觉对象"值""列标题""行标题"中将字体大小改为14并加粗,关闭"列小计",如图7-46所示。至此,现金流量表画布制作完成。

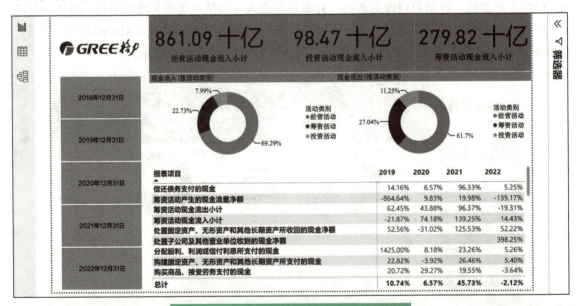

图7-46 现金流量表画布矩阵图完成效果

(4)基于四种能力的财务报表分析。比率分析法是迄今为止被广泛接受的一种财务报表分析方法。企业财务指标可以划分为偿债能力、营运能力、盈利能力、企业发展能力四大能力指标。在财务指标分析(四大能力)画布中选择四种能力中具有代表性的财务指标,使用趋势分析法分析格力电器2018—2022年财务指标的情况。表7-5展示了财务指标(四大能力)分析画布使用的度量值。

现金流量表画布操作

表7-5 基于四大能力的财务报表分析度量值的创建公式

度量值名称	度量值创建公式
资产总计	资产总计=CALCULATE([资产负债表报表金额合计],'资产负债表'[报表项目]="资产总计")
应收账款	应收账款=CALCULATE([资产负债表报表金额合计],'资产负债表'[报表项目]="应收账款")
存货	存货=CALCULATE([资产负债表报表金额合计],'资产负债表'[报表项目]="存货")
流动资产合计	流动资产合计=CALCULATE([资产负债表报表金额合计],'资产负债表'[报表项目]="流动资产合计")
流动负债合计	流动负债合计=CALCULATE([资产负债表报表金额合计],'资产负债表'[报表项目]="流动负债合计")
资产负债率	资产负债率=DIVIDE([负债合计],[资产合计])
流动比率	流动比率=DIVIDE([流动资产合计],[流动负债合计])
权益乘数	权益乘数=DIVIDE([资产合计],[所有者权益合计])
存货周转率	存货周转率=DIVIDE([营业成本],([存货]+CALCULATE([存货],SAMEPERIODLASTYEAR('日期表'[报表日期])))/2)
应收账款周转率	应收账款周转率=DIVIDE([营业收入],([应收账款]+CALCULATE([应收账款],SAMEPERIODLASTYEAR('日期表'[报表日期])))/2)
总资产周转率	总资产周转率=DIVIDE([营业收入],([资产总计]+CALCULATE([资产总计],SAMEPERIODLASTYEAR('日期表'[报表日期])))/2)
净资产收益率	净资产收益率=DIVIDE([净利润],([所有者权益合计]+CALCULATE([所有者权益合计],SAMEPERIODLASTYEAR('日期表'[报表日期])))/2)
营业净利率	营业净利率=DIVIDE([净利润],[营业收入])
总资产净利率	总资产净利率=DIVIDE([净利润],([资产总计]+CALCULATE([资产总计],SAMEPERIODLASTYEAR('日期表'[报表日期])))/2)
营业收入增长率	营业收入增长率=DIVIDE(([营业收入]-CALCULATE([营业收入],SAMEPERIODLASTYEAR('日期表'[报表日期])))/2,CALCULATE([营业收入],SAMEPERIODLASTYEAR('日期表'[报表日期])))
资本累积率	资本累积率=DIVIDE(([所有者权益合计]-CALCULATE([所有者权益合计],SAMEPERIODLASTYEAR('日期表'[报表日期])))/2,CALCULATE([所有者权益合计],SAMEPERIODLASTYEAR('日期表'[报表日期])))
总资产增长率	总资产增长率=DIVIDE(([资产总计]-CALCULATE([资产总计],SAMEPERIODLASTYEAR('日期表'[报表日期])))/2,CALCULATE([资产总计],SAMEPERIODLASTYEAR('日期表'[报表日期])))

在"数据"区域日期表下方参考表7-5中度量值创建公式的书写，依次完成17个度量值的创建，完成效果如图7-47所示。

在表7-1中已经明确财务指标（四大能力）分析画布由视觉对象折线图、切片器以及公司Logo图案组成。接下来将展示偿债能力、营运能力、盈利能力以及发展能力折线图的制作。

选择"可视化"区域下方的折线图图标，在画布中出现折线图边框后将度量值"流动比率""资产负债率""权益乘数"放置于"可视化"区域"Y轴"下方，将"报表日期"字段放置于"X轴"下方，注意"报表日期"只保留"年"层次，如图7-48所示。

图7-47 财务指标分析（四大能力）画布度量值创建后效果

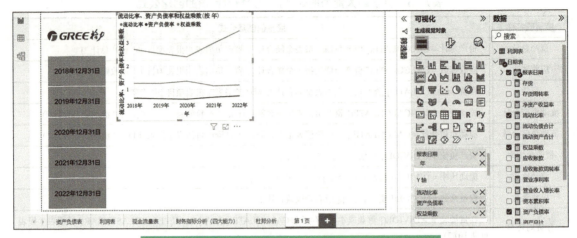

图7-48　财务指标分析（四大能力）画布添加折线图

在"可视化"区域单击"设置视觉对象格式"，对折线图显示效果进行美化。在视觉对象中打开"数据标签"和"标记"，将图例设置为居中右对齐，关闭"Y轴"标题。切换到"常规"→"标题"，将标题文本修改为"偿债能力"，字体大小改为13并加粗，背景色修改为灰色。完成偿债能力折线图的制作后，通过快捷键"Ctrl+C"复制，再通过快捷键"Ctrl+V"进行粘贴，从而实现统一格式的折线图制作。将偿债能力折线图粘贴三次，在第二个折线图中显示度量值"应收账款周转率""存货周转率""总资产周转率"，并将标题文本修改为"营运能力"；在第三个折线图中显示度量值"总资产净利率""营业净利率""净资产收益率"，并将标题文本修改为"盈利能力"；在最后一个折线图中显示度量值"总资产增长率""营业收入增长率""资本累积率"，并将标题文本修改为"发展能力"。调整四个折线图的大小和分布，最终效果如图7-49所示。至此，财务指标（四大能力）分析画布制作完成。

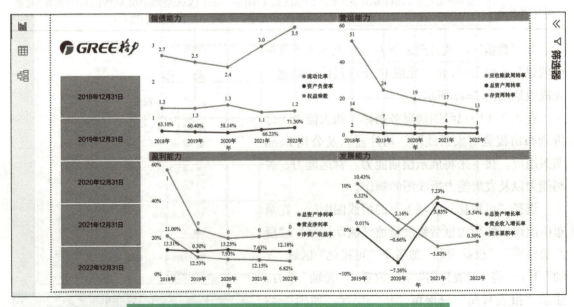

图7-49　财务指标分析（四大能力）画布折线图完成效果

（5）杜邦分析。财务指标（四大能力）分析是针对企业财务状况的一个方面进行分析，用不同比率来衡量企业某一方面的财务状况。这种比率分析法通常只能告诉我们这个企业目前的情况，难以进一步分析企业存在的问题，也就不能针对问题进行改进。杜邦公司提出了一套分析方法——杜邦财务分析体系，通过对净资产收益率（股东权益报酬率）指标进行层层分解，分析造成这个结果的因素，联系企业实际进行进一步调整。杜邦财务分析的优势在于提供了一个将不同数据和不同比率关联在一起的分析思路，而它的局限在于面对非经营活动占比较多的企业时，指标分解指导企业目标制定的效用不大。本案例的企业格力电器作为以家电生产销售为主营的公司，使用杜邦财务分析法进行分析具有一定的现实意义。杜邦财务分析法的公式为

财务指标（四大能力）分析画布操作

$$净资产收益率＝销售净利率×总资产周转率×权益乘数$$

在财务指标（四大能力）分析部分，已经创建了反映上述公式所需的度量值，接下来展示杜邦分析画布的制作。

选择"可视化"区域下方的卡片图图标，在画布中出现卡片图边框后选择"净资产收益率"度量值，将其放置于"可视化"区域"字段"下方。添加完成后在"可视化"区域单击"设置视觉对象格式"，找到"常规"→"效果"，修改背景颜色为灰色，接着打开"视觉对象边框"，如图7-50所示。

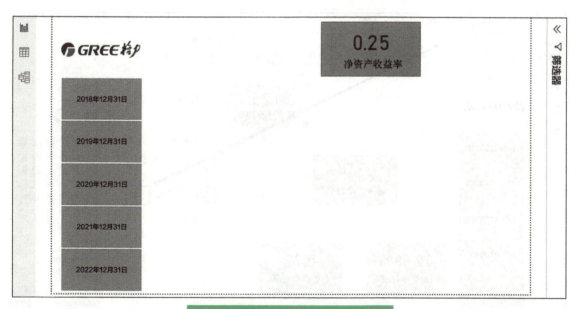

图7-50　杜邦分析画布添加卡片图

在完成净资产收益率卡片图后，可以通过快捷键"Ctrl+C"复制卡片图，再通过快捷键"Ctrl+V"进行4次粘贴，从而实现统一格式卡片图的制作。最后，将粘贴的卡片图中的字段内容依次更改为度量值"总资产净利率""权益乘数""营业净利率"以及"总资产周转率"，如图7-51所示。

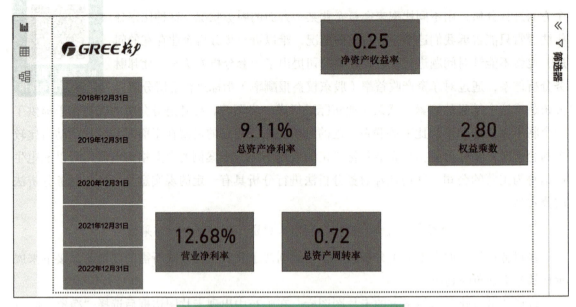

图7-51 杜邦分析画布卡片图完成效果

杜邦分析层次图之间的连线通过插入形状进行连接。单击功能区"插入"→"形状"，在"基本形状"区域找到"直线"，此时就可以将"直线"放置于画布中，如图7-52所示。

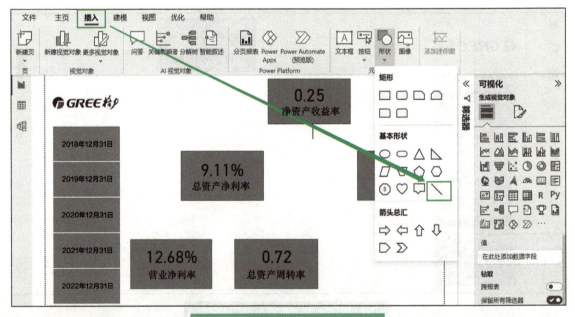

图7-52 杜邦分析画布插入直线

如果想要插入横线，则需要首先插入直线，然后在右侧"格式"区域中单击"形状"→"旋转"，将旋转的角度修改为"0"，如图7-53所示。

对插入画布中的所有横线和竖线手动进行大小的调整，完成后的效果如图7-54所示。

图7-53 杜邦分析画布修改直线格式

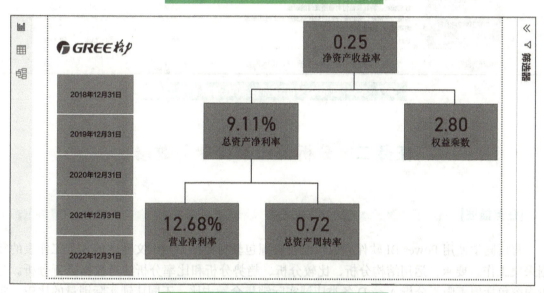

图7-54 杜邦分析画布制作完成后效果

针对本案例而言，利润表画布中的视觉对象折线图和簇状柱形图，现金流量表画布中的视觉对象矩阵，财务指标（四大能力）分析画布中的视觉对象折线图展示不需要随着日期切片器对日期的筛选而改变展示效果。因此，我们需要关闭视觉对象的交互功能。以现金流量表画布中的视觉对象矩阵为例，具体操作为：选中现金流量表画布中的日期切片器，在功能区选择"格式"→"编辑交互"，此时画布中视觉对象右上角区域会显示"筛选器"和"无"两个按钮，单击矩阵右上角的"无"就可以关闭交互功能，如图7-55所示。关闭交互功能后单击日期切片器，矩阵显示的数据内容不会产生变化。其他视觉对象关闭交互功能的操作类似，因此不再赘述。至此，本案例5张画布的所有制作过程结束。

243

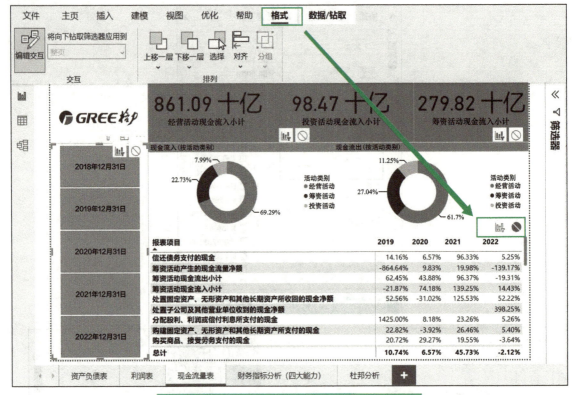

图7-55 画布中关闭可视化视觉对象交互功能

任务二 分析公司销售业务数据

[任务描述]

每位同学使用 Power BI 软件完成对配套资源包教材数据 D7-01 文件中的 3 个工作表的数据采集工作。要求：运用结构分析、比较分析、趋势分析和比率分析法对数据进行分析。分析内容包括但不限于分析 A～D 各类店铺实际销售金额占比，不同店铺实际销量的比较，实际销量趋势以及各店铺的平均折扣率（实际销售金额/挂牌金额）。最终将分析结果运用可视化视觉对象进行展示。

◆ 拓展知识 ◆

影响会计行业的十大信息技术

一、案例引入

"2023 年影响中国会计行业的十大信息技术"于 2023 年 6 月 18 日在上海发布，分别是：数电发票、会计大数据分析与处理技术、财务云、流程自动化、电子会计档案、中台技术、新一代 ERP、数据治理技术、商业智能（BI）、数据挖掘。五大潜在影响技术的排名是：生成式人工智能（AIGC），大数据多维引擎与增强分析，AI 信任、风险和安全管理，多模态预训练大模型，自适应人工智能。

2023 年是中共中央办公厅、国务院办公厅印发的《关于进一步加强财会监督工作的意见》实施的元年。上海国家会计学院党委书记指出，信息化是加强财会监督工作的重要基础，该意见对信息化的建设提出了明确要求，希望各界积极探索信息技术在会计领域的应用模式和规律，以会计信息化助推国家治理体系和治理能力现代化。

二、案例讨论

请讨论人工智能对财务工作的影响。

三、分析与建议

党的二十大报告指出："实施产业基础再造工程和重大技术装备攻关工程，支持专精特新企业发展，推动制造业高端化、智能化、绿色化发展。"人工智能技术可以通过自动化流程，实现财务工作的自动化处理，如自动记账、自动生成财务报表等。财务人员应该有有效运用人工智能技术提高工作效率，提高财务判断和决策的能力，如成本控制、投资决策、税务筹划、内部控制、风险管理等，并做好与其他部门和客户进行沟通和协调，以实现财务工作的有效实施。

项目评价

评价项目	评价要求	分值	得分
1. 课堂表现	按时出勤，认真听课并积极参与课堂活动	20	
2. 知识掌握	能够掌握数据分析工作的全部环节，强化数据分析思维和运用数据分析技术，综合把握数据分析的全过程	20	
3. 技能水平	能够区分传统数据和大数据，下载并安装 Power BI 软件，并掌握 Power BI 的基本操作	30	
4. 职业素养	具备较强的逻辑思维能力和分析解决问题能力，以及解决会计核算与监督中综合复杂性问题的能力	30	
合计		100	

参 考 文 献

[1] 孙万军，郝海霞. 财务大数据分析 [M]. 北京：高等教育出版社，2023.

[2] 陈娟. 财务大数据分析与可视化 [M]. 北京：机械工业出版社，2023.

[3] 程淮中，王浩. 财务大数据分析 [M]. 上海：立信会计出版社，2021.

[4] 尚西. Power BI 数据分析从入门到进阶 [M]. 北京：机械工业出版社，2022.

[5] 马世权. 从 Excel 到 Power BI：商业智能数据分析 [M]. 北京：电子工业出版社，2018.